Mirko Waniczek

BERICHTSWESEN OPTIMIEREN

So steigern Sie die Effizienz in Reporting und Controlling

REDLINE WIRTSCHAFT

bei ueberreuter

Die Deutsche Bibliothek – CIP-Einheitsaufnahme

Waniczek, Mirko
Berichtswesen optimieren : So steigern Sie die Effizienz in Reporting und
Controlling / Mirko Waniczek. –
Frankfurt/Wien : Redline Wirtschaft bei Ueberreuter
    ISBN 3-8323-0865-2

Unsere Web-Adressen:

http://www.redline-wirtschaft.de
http://www.redline-wirtschaft.at

1   2   3   / 2004   2003   2002

Umschlag: INIT, Büro für Gestaltung, Bielefeld
unter Verwendung eines Bildes der Bildagentur *ZEFA*, Düsseldorf
Copyright © 2002 by Wirtschaftsverlag Carl Ueberreuter, Frankfurt/Wien
Printed in Hungary

Vorwort

Es ist vollbracht! Da der Anfang eines Buches am Schluss geschrieben wird, geht dieser vermeintliche Widerspruch mit Erleichterung einher.

„Berichtswesen optimieren" basiert neben den allgemein verfügbaren theoretischen Grundlagen auf den Erfahrungen aus meiner Beratungs- und Referententätigkeit für die Contrast Management-Consulting und das Österreichische Controller-Institut. „Berichtswesen optimieren" ist kein wissenschaftliches Werk. Sie werden dies an der Verwendung einer bisweilen saloppen Sprache merken. Meine Meinung ist ohnehin, dass Fachbücher zu trocken sind und ich hoffe, dass Sie das ähnlich sehen.

Sind in diesem Buch geschlechtsspezifische Ausdrücke vorhanden, so soll dies allein der Lesbarkeit dienen. Selbstbewusste Controllerinnen und Managerinnen verkraften das.

Die Idee zu diesem Buch wurde, angeregt durch das gleichnamige Seminar des Österreichischen Controller-Instituts, von Dr. Oskar Mennel, Geschäftsführer des Wirtschaftsverlags Carl Ueberreuter, geboren. Prof. Dr. Johann Risak hat dafür gesorgt, dass sie in meinen Händen gelandet ist. Beiden danke ich dafür.

Weiters danke ich Jürgen Diessl (Verlagsleitung) und Eva Strohmeier (Lektorat) für die stressfreie Zusammenarbeit. Meine Kollegen Angelika Della Pietra und Bernd Gassner haben dafür gesorgt, dass Dinge, die 5 vor 12 beauftragt wurden, 1 vor 12 fertig waren. Auch dafür Danke.

Es gibt einige Menschen in meinem Leben, die ich menschlich und fachlich hoch schätze. Da Sie aber mit der Entstehung dieses Buches nichts zu tun hatten, ist eine Nennung hier wohl unpassend. Ich muss auf deren Fähigkeit, zwischen den Zeilen zu lesen, vertrauen.

Wien, November 2001   Mirko Waniczek

Für S. Es ist was es ist.

Inhaltsverzeichnis

Einleitung

„Berichtswesen optimieren" versucht das Thema Reporting in umfassender und praxisorientierter Form abzudecken. Die Aspekte der inhaltlichen Konzeption des Berichtswesens werden gegenüber den EDV-technischen Aspekten des Reporting betont. Das Konzept muss immer wichtiger sein als das EDV-Tool, für das es letztendlich die Messlatte darstellt.

Bisweilen ist schwierig abzugrenzen, was „noch" Reporting- oder „schon" Planungs- und Kostenrechnungsthematik ist. Planung, Kosten- und Leistungsrechnung sowie Berichtswesen sind als integrative Elemente des Controlling-Regelkreises zu sehen.

Kapitel 1 „Berichtswesen als Schnittstelle zwischen Controlling und Management" greift die aktuelle Situation der Reporting-Praxis auf und stellt ihr die Anforderungen aus Sicht eines zeitgemäßen Balanced Controlling gegenüber.

Kapitel 2 „Moderne Unternehmenssteuerung als Basis für ein effizientes Berichtswesen" widmet sich dem Controlling-Regelkreis als konzeptioneller Basis der Unternehmenssteuerung sowie aktuellen Trends, die für das Reporting wichtig sind.

Kapitel 3 „Berichtswesen–Optimierung" behandelt den Entwicklungspfad zu einem verbesserten, steuerungsrelevanten Berichtswesen. Aspekte der Berichtswesen-Optimierung als Projekt, inhaltliche Optimierungsansätze, die optimale adressatenorientierte Informationsverteilung, sowie die kommunikativen Aspekte werden behandelt. Demo-Beispiele runden dieses Kapitel ab.

Kapitel 4 „Tools und Trends" ergänzt die konzeptionellen Ausführungen um technische Umsetzungsaspekte, gibt einen Marktüberblick über die wichtigsten Softwareprodukte und beleuchtet zukünftige Anforderungen an das Berichtswesen.

Kapitel 5 fasst die Aussagen zusammen. Nützliche Links bilden den Auschluss.

1 Berichtswesen als Schnittstelle zwischen Controlling und Management

1.1 Ist-Situation im Berichtswesen

Kennen Sie jemanden, der vom Berichtswesen im eigenen Unternehmen schwärmt? In der Unternehmenspraxis sind leider (noch) wenig Schwärmer zu finden. Viele Manager sind mit ihren Reports, seien es die Inhalte, sei es das Kommunikationsmedium oder die Kooperation mit dem Controlling im Allgemeinen eher unzufrieden. Ein paar Beispiele zum „O-Ton" aus der Beratungs- und Unternehmenspraxis sollen diesen Umstand illustrieren:

„...Das Informationswesen ist sowohl für die Adressaten als auch für die Ersteller nicht befriedigend und vor allem vergangenheitsorientiert..." (Bauwesen)

„...Das Reporting-System ist nicht management-orientiert..." (Haushaltsgeräte)

„...Analyse und Reaktion dominieren Steuerung und Aktion..." (Forstwirtschaft)

„...Informationsüberflutung, Reporting-Wildwuchs, mangelhafte Datenqualität und -aktualität sowie ineffiziente Abläufe..." (Automobilzulieferer)

„...Das Berichtswesen ist nicht standardisiert, die Unterstützung der Unternehmensführung durch das Controlling ist gering..." (IT-Dienstleister)

„...Das Berichtswesen ist den neuen Anforderungen der Gruppe anzupassen, um ertragsstarkes Wachstum sicherzustellen..." (Möbelindustrie)

„...Die Berichte orientieren sich eher am Informationsangebot als am Informationsbedarf..." (Elektronik)

Man kann den Entwicklungsstand des Reporting mit ein paar Zitaten zusammenfassen:

„Alles Menschliche geht den Weg vom Primitiven über das Komplizierte zum Einfachen." (Antoine de Saint-Exupéry: „Wind, Sand und Sterne")

Gab es früher hauptsächlich Informationen aus dem externen Rechnungswesen, mit all deren Mängeln betreffend die Steuerungsrelevanz, so folgten darauf Zahlenfriedhöfe des internen Rechnungswesens, die das Management mit ihrem Wust an Daten und dem Fehlen an priorisierter Information erdrückten. Das Controlling unternahm ständige Versuche der Verbesserung des Berichtswesens. Im Wesentlichen wurden neue Inhalte abgedeckt, ohne die bestehenden Berichtselemente kritisch zu hinterfragen.

„Vollkommenheit entsteht offensichtlich nicht dann, wenn man nichts mehr hinzuzufügen hat, sondern wenn man nichts mehr wegnehmen kann." (Antoine de Saint-Exupéry: „Wind, Sand und Sterne")

Diese Erkenntnis setzt sich durch und „Measure more by measuring less" (zit. n. Peters 1991, S. 580) bringt diese Forderung auf den Punkt. Die Konzentration auf weniger, dafür steuerungsrelevantere Größen ermöglicht die Umsetzung der Grundsatzforderung des Controlling nach dezentraler Verantwortungsübernahme. „Ein Individuum ohne Information kann keine Verantwortung übernehmen, ein Individuum, das Informationen bekommt, kann nicht anders, als Verantwortung zu übernehmen." (zit. n. Carlzon in Peters 1991, S. 609)

Sollten Sie zu den wenigen Unternehmen gehören, die ihre Datenbasis im Griff haben, dann sind Ihnen folgende Probleme fremd:

- für ein und dieselbe Fragestellung sind unterschiedliche Zahlen verfügbar
- die Datenbasis muss erst abgestimmt werden, bevor man das eigentliche inhaltliche Problem angehen kann
- Abstimmungsbrücken und Überleitungen müssen händisch gebaut werden
- Zweifel an ausgewiesenen Daten und Abweichungen kommen auf
- auftretende Abweichungen sind nicht oder nur mit hohem Aufwand zu erklären
- Fragen können nicht beantworten werden, weil Zahlen fehlen
- Entwicklungen, die korrekturbedürftig sind, werden übersehen
- Fehleinschätzungen des laufenden Unternehmenserfolges passieren
- Liquiditätsprobleme treten überraschend auf
- Insellösungen entstehen
- Interpretationsschwierigkeiten bei der Ergebnisbetrachtung existieren
- Controller sind tendenziell „unglücklich"
- Unsicherheiten im Berichtswesen entstehen.

„Berichtswesen optimieren" greift konkrete Probleme im Berichtswesen auf und versucht Lösungsansätze zur Berichtswesen-Optimierung zu zeigen.

Wenn von Berichtswesen-Optimierung die Rede ist, so ist im Allgemeinen die Optimierung des Standard-Berichtswesens gemeint. Ad-hoc-Abfragen sind wichtig, allerdings aufgrund des Charakters der „Einmaligkeit" in Vorgehensweise und Umsetzung kaum zu standardisieren. Die Optimierung liegt hier stärker in den technischen Aspekten des Berichtswesens, v.a. in der Aufwändigkeit des Zugangs zu Daten. Aus diesem Grund konzentriert sich „Berichtswesen optimieren" auf die Optimierung des Standardreporting, d.h. der Basisversorgung der Controlling-Kunden mit Informationen. Die Aspekte des Ad-hoc- oder Exception-Reporting werden in Ergänzung v.a. unter dem Aspekt der Datenanalyse behandelt.

> Im Reporting ist vor allem ein Leitmotiv wichtig:
> „Im Berichtswesen kann man nichts mehr heilen, aber noch alles falsch machen."

Das Detaillierungsniveau und die Aussagekraft des Berichtswesens werden bereits in Planung und Istrechnung festgelegt. Im Berichtswesen geht es dann v.a. darum, die verfügbaren Daten in steuerungsrelevante Information für die Controlling-Kunden umzusetzen.

Die Qualität und Aussagekraft des Basisrechenwerks werden noch in weiterer Folge kurz behandelt, der Fokus liegt allerdings auf dem Berichtswesen im engeren Sinne, d.h. ein funktionierender Controlling-Regelkreis wird vorausgesetzt.

In der Praxis lassen sich in Unternehmen v.a. zwei große Problemkreise im Berichtswesen feststellen:

▸ **Konzeptionelle Probleme:** unter diesen Problemkreis fallen sämtliche Aspekte eines inhaltlich schlecht aufgesetzten und konzipierten Berichtswesens

▸ **Probleme im Berichtswesen-Prozess:** das beste Berichtswesen stiftet keinen ausreichenden Nutzen, wenn der Erstellungsaufwand hoch und damit teuer ist und die Berichte spät verfügbar sind.

Um ein genaueres Bild über die praxisrelevanten Probleme zu erhalten, ist es sinnvoll, die Problemkreise weiter zu unterteilen und die konkreten Ausprägungen zu diskutieren.

1.1.1 Konzeptionelle Probleme

Datenbasis (Planung, KLR)	Orientierung an den internen Kunden / Entscheidungsrelevanz	Strukturierung des Berichtswesens	Abweichungsanalyse (Feed-Back)	Erwartungsrechnung (Feed-Forward)	Weiße Flecken / fehlender Funktionsumfang
• problematische (zu geringe) Detaillierung • fehlende Strukturgleichheit zwischen Plan und Ist • ungeeignete Erlös- und Kostenartenstruktur • mangelnde oder verspätete Verfügbarkeit steuerungsrelevanter Informationen • fehlende Berücksichtigung der Saisonalität im Plan • fehlende Planfortschreibung • fehlende Normalisierung	• problematische (zu hohe) Detaillierung (Zahlenfriedhöfe) • keine Reporting-Hierarchie • dominante Vergangenheitsorientierung (Zeitreihenanalysen) • keine Kommentare und Erläuterungen • unklare Begriffsdefinitionen • mangelhafte konzeptionelle Stabilität im Standard-Berichtswesen • fehlende Verknüpfung der Informationen (Ursache-Wirkungs-beziehungen) • fehlende Anforderungen seitens der Kunden	• strikte Trennung in Kosten- und Erlös-Berichtswesen, fehlende Integration über eine Deckungsbeitragsrechnung • unterschiedliche berichtende Abteilungen • Vielzahl an Berichtselementen und -medien • fehlende Standardisierung • keine Überleitung zwischen kalk. und pagatorischer Sicht • informelle Berichte überlagern das formale Berichtswesen	• Plan-Ist-Vergleich nicht institutionalisiert, Dominanz Ist-Ist-Vergleich • Plan- und Ist-rechnung nicht in derselben Struktur • zuviel Detailinformation, um das Wesentliche noch erkennen zu können • keine Ursachenforschung • keine Kommentare	• kein Forecast bzw. nur Trendextrapolation oder Restplanergänzung	• Fehlen einzelner vitaler Funktionen (z.B. Vertrieb, Personal, o.ä.) • fehlende Abb. einzelner Ebenen in der Organisation (z.B. KST-Ebene) • problematisches Zeitintervall (z.B. kein Monatsreporting) • fehlende Berichtswesen-Dokumentation • Projekte (oder Produkte, Kunden) nicht abgebildet • Fehlen nicht-monetärer Information • keine Kennzahlen • kein Früherkennungssystem

Abb. 1: Konzeptionelle Probleme im Berichtswesen

▌ Datenbasis (Planung und Kosten- und Leistungsrechnung)

Die Verfügbarkeit steuerungsrelevanter Informationen muss bereits im Basisrechenwerk sichergestellt werden. Wenn wichtige Informationen (z.B. über Kunden oder Kundengruppen) nicht verfügbar sind, kann es weder sinnvoll sein, auf diese Information dauerhaft zu verzichten, noch diese für Berichtszwecke manuell zu erheben, Einzelbelege zu durchforsten oder quasi eine Schattenbuchhaltung zu führen. In diesem Fall ist die Kostenrechnung um die fehlenden Merkmale, die in weiterer Folge auch zu beplanen sind, zu ergänzen.

Ein weiteres Problem, das sich im Zusammenhang mit dem Basisrechenwerk feststellen lässt, sind heterogene Erlös- und Kostenartenstrukturen, d.h. es werden im Berichtswesen unterschiedliche Kostenartenhierarchien verwendet. Dies führt zu verringerter Aussagekraft. Gerade in mächtigen ERP-Systemen wie SAP R/3 besteht die Möglichkeit, für unterschiedliche Berichtstypen eine Vielzahl divergierender Hierarchien anzulegen. Hier wird über das Ziel hinaus geschossen.

Wenn in der Istrechnung nicht ausreichend abgegrenzt wird (z.B. im Bereich der Personalkosten oder anderen Bereichen mit aperiodischem Kostenanfall), schlägt dies ebenfalls auf das Berichtswesen durch, indem es zu starken monatlichen Schwankungen kommen kann. Es ist wichtig, sich explizit für einen Weg zu entscheiden. Eine Sichtweise ohne Abgrenzungen entspräche der Liquiditätsorientierung, mit entsprechenden Ausschlägen im Berichtswesen. Dies bedingt allerdings auch, dass unter diesen Prämissen geplant wurde, ansonsten wird jeglicher Plan-Ist-Vergleich unterminiert. Eine alternative Sichtweise wäre eine kostenrechnungsorientierte Betrachtungsweise mit Blickpunkt auf Kostenwahrheit. Per Definition entstehen Kosten erst dann, wenn Ressourcen verbraucht wurden, d.h. hier kommen verstärkt Normalisierungen zum Tragen. Aus Sicht des Controlling ist die kostenrechnungsorientierte Sicht zu empfehlen.

Damit der Plan eine steuerungsrelevante Messlatte darstellt, muss er saisonale Verläufe berücksichtigen und tatsächlich „geplant", d.h. nicht fortgeschrieben werden.

▌ Orientierung an den internen Kunden / Entscheidungsrelevanz

Aus verschiedenen Gründen ist es in der Unternehmenspraxis mit der Kundenorientierung im Controlling nicht weit her. Zum einem werden von der Unternehmensleitung und anderen wichtigen Controlling-Kunden keine klaren Anforderungen an die Informationsversorgung definiert, zum anderen werden gerade im Berichtswesen viele Dinge so getan, wie sie schon immer getan wurden, ohne auf geänderte Rahmenbedingungen zu reagieren.

Diese mangelnde Kundenorientierung und die damit verbundene fehlende Entscheidungsrelevanz äußert sich in folgenden Symptomen:

▶ Das Detaillierungsniveau ist nicht an die Adressaten angepasst. Wichtige Entscheidungsträger werden häufig mit einer Vielzahl an Detailinformationen überfrachtet. Es ist dabei meist nicht ersichtlich, welche Details i.S.v. Indikatoren relevant sind und welche Information bestenfalls für nachgelagerte Ebenen Steuerungsrelevanz hat („Zahlenfriedhöfe"). Es ist wesentlich häufiger, dass aus gutem Willen oder Absicherungsdenken „lieber zu viel als zu wenig" Information geliefert wird. Im operativen Tagesgeschäft ist beides suboptimal.

▶ In der Regel existiert in diesen Fällen auch keine Reporting-Hierarchie, d.h. es gibt keine dezidierten Berichtselemente für unterschiedliche Adressatenkreise. Je höher die Adressaten in der Organisation angesiedelt sind, desto mehr Berichte erhalten sie einfach.

▶ Häufig dominiert die Vergangenheitsorientierung (Zeitreihenanalysen o.ä.) im Berichtswesen. Dies hat eher dokumentative Zwecke, als dass damit eine aktive Steuerung des Unternehmens unterstützt wird.

▶ In den wenigsten Fällen verfügen Berichte über Kommentare, d.h. es bleibt dem Berichtsempfänger selbst überlassen, die Inhalte und die Abweichungen zu interpretieren. Die Empfänger sind damit häufig überfordert und aus Zeitmangel nicht in der Lage, selbst Ursachenforschung zu betreiben. Zusammenhänge mit Entwicklungen anderer Unternehmensbereiche bleiben damit meist unerkannt.

▶ In jedem Fall besteht die Notwendigkeit, Begriffe eindeutig zu definieren, die klassischen Beispiele für unklare Kennzahlen sind Umsatz (brutto, netto, netto-netto, etc.) und Personalstand (in Köpfen oder Vollzeitkräften, mit oder ohne Karenzen etc.). Fehlen diese Definitionen, fliesst viel Zeit in die Debatte über unterschiedliche Werte zu der vermeintlich selben Kennzahl.

▶ Wurde zuerst kritisiert, dass im Berichtswesen häufig Änderungen in Strukturen oder Rahmenbedingungen nicht nachgezogen werden, so ist es ebenfalls problematisch, wenn das Standard-Berichtswesen aufgrund der Häufigkeit der Änderungen diesen Begriff nicht verdient. Es muss eine klare Trennlinie zwischen einem stabilen Standard-Berichtswesen und flexiblen Ad-Hoc-Analysen geben.

▶ Im klassischen Berichtswesen erfolgt entweder eine einseitige Fokussierung auf monetäre Kennzahlen oder eine parallele Darstellung von Sachverhalten, ohne Verknüpfungen i.S.v. Ursache-Wirkungsbeziehungen darzustellen.

▮ Strukturierung des Berichtswesens

Eine klare und an den Empfängern orientierte Strukturierung des Reporting ist unabdingbar, wenngleich in der Praxis häufig nicht gegeben. Als problematisch erscheint es, Kosten- und Erlös-Berichtswesen strikt voneinander zu trennen. Viele Unternehmen steuern anhand von Deckungsbeitragsauswertungen auf der einen Seite und Kostenstellenberichten auf der anderen. An Stelle der Verbindung über eine mehrstufige Ergebnisrechnung existiert aber nur eine an einer Gewinn- und Verlustrechnung orientierte Gesamtsicht.

Des Weiteren ist es problematisch, wenn mehrere organisatorische Berichts- schienen exisitieren (z.B. Vertriebsberichte direkt aus dem Vertrieb an die Unter- nehmensleitung, Produktionberichte aus der Produktion etc.). Hier ist es wichtig, dass das Controlling zumindest im Sinne einer Informationsdrehscheibe und Qualitätssicherung für das Gesamtunternehmen eingebunden ist. Ein Bottleneck darf damit aber nicht geschaffen werden.

Die häufig anzutreffende Vielzahl an Berichtselementen und –medien ist eben- falls kritisch zu hinterfragen, da dies meist ein Reihe von redundanten Berichts- informationen beinhaltet.

In einzelnen Unternehmen fehlt ein standardisiertes Berichtswesen noch im- mer, d.h. es dominieren Ad-Hoc-Abfragen über das eigentlich notwendige Maß hinaus.

Mit der Verbreitung des Controlling-Gedankenguts kommt es zur Verbreitung einer auf kalkulatorischen Ansätzen basierenden Unternehmenssteuerung. Aus Sicht des Berichtswesens ist es hier v.a. wichtig, dass eine Überleitung zwischen kalkulatorischer und pagatorischer Sicht besteht, um die Akzeptanz trotz zweier unterschiedlicher Unternehmensergebnisse sicherzustellen.

In Kapitel 3.6 wird noch auf wichtige Aspekte der Kommunikation eingegan- gen. Informelle Informationsflüsse spielen in den Unternehmen, v.a. auch in grö- ßeren Unternehmen, eine bedeutende Rolle. Wichtig ist hiebei, dass informelle Berichte das formale Berichtswesen nicht überlagern oder konterkarieren.

▮ Abweichungsanalyse (Feed-Back)

Ein wesentlicher Nutzen des Berichtswesens liegt in der Ermöglichung und Unter- stützung der Abweichungsanalyse. Abgesehen von der bereits erwähnten Proble- matik, dass wichtige Kommentare häufig nicht vorhanden sind, ist weiters festzu- stellen, dass Plan-Ist-Vergleiche nicht institutionalisiert bzw. nicht flächendeckend im Unternehmen implementiert sind. Diese Problematik rührt v.a. daher, dass die Planung noch immer in vielen Unternehmen als lästige Pflichtübung gesehen wird.

Im Extremfall führt dies dazu, dass Bereiche im Unternehmen entweder nicht beplant werden oder die Planung in einer anderen Struktur als die Istrechnung erfolgt, was einen sinnvollen Plan-Ist-Vergleich verunmöglicht.

Darüber hinaus muss man die Abweichungsanalyse in den meisten Fällen eigentlich eher als „Abweichungsfeststellung" titulieren, da nur ein Delta festgestellt, aber (z.T. aus Zeitmangel) keine Ursachenforschung betrieben wird. Wenn dann noch ein hohes Maß an Abweichungsdetailinformation geliefert wird, ist es noch schwieriger, die wesentlichen positiven oder negativen Entwicklungen zu erkennen.

Unter einer steuerungsrelevanten Abweichungsanalyse wird v.a der Plan-Ist-Vergleich verstanden. Sollte es auch Ist-Ist-Vergleiche geben, so kann dies nur zu Abrundung und Ergänzung des Berichtswesens sinnvoll sein, etwa bei starken saisonalen Schwankungen oder notwendiger tagesbezogener Information (z.B. Einkaufssamstage im Einzelhandel). Der Ist-Ist-Vergleich darf keinesfalls dominieren, denn man fährt ja auch nicht mit dem Auto und sieht dabei nur durch den Rückspiegel.

In jenen Unternehmen, die eine Abweichungsanalyse betreiben, wird deutlich, wie gut das Controlling-Gedankengut verankert ist. Gerade die Abweichungsanalyse wird vielfach als revisionistische Kontrolle und Sündenbocksuche missbraucht. Es muss betont werden, dass Controlling auch, aber nicht primär Kontrolle ist.

■ Erwartungsrechnung (Feed-Forward)

In der Erwartungsrechnung kommt der aktive und zukunftsgerichtete Aspekt des Controlling zum Ausdruck. Gleichzeitig muss festgestellt werden, dass gerade in diesem Bereich noch großer Aufholbedarf in der Unternehmenspraxis besteht. Bislang nutzen hauptsächlich große Unternehmen das Instrument der Erwartungsrechnung, häufig auch unter der Bezeichnung „Forecast".

Ein controllinggerechter Erwartungs- oder Wird-Wert basiert auf dem realisierten Ist und der Erwartung im Sinne der kritischen Planüberprüfung für das Restjahr. Die Erwartung darf keine Trendextrapolation oder simple Ergänzung des Restplans sein, in diesen Fällen wird ein Plan-Wird-Vergleich von seiner Aussagekraft und Steuerungsrelevanz stark eingeschränkt (s. 2.1.3).

■ Weiße Flecken / fehlender Funktionsumfang

Häufig deckt das Berichtswesen nicht alle steuerungsrelevanten Teilbereiche des Unternehmens ab. Dies zeigt sich z.B. an einer Dominanz des externen Berichtswesens, wodurch zu wenig Augenmerk auf wichtige interne Bereiche gelegt wird. Häufig sind einzelne vitale Funktionen im Unternehmen (z.B. Vertrieb, Personal, o.ä.) unterrepräsentiert, vielfach ist die Organisation nicht vollständig abgebildet (z.B. Fehlen der untersten organisatorischen Ebene). In Unternehmen, die nicht rein projektorientiert agieren, ist meistens das Projektberichtswesen unterentwickelt. Die Kundensicht bekommt erst jetzt wieder durch Customer Relationship Management (CRM) die Aufmerksamkeit, die ihr aufgrund der tatsächlichen Bedeutung zusteht.

In jenen Unternehmen, die ein längeres Standardberichtsintervall als den Monat eingerichtet haben, ist dies kritsch zu hinterfragen.

Mit der zunehmenden Verbreitung der Balanced Scorecard (s. 2.3) wird die Bedeutung von Kennzahlen als aggregierte Träger von Information im Allgemeinen und nicht-monetären Kennzahlen im Speziellen in den Blickpunkt des Interesses gerückt. Gleichzeitig werden damit wesentliche weiße Flecken im derzeitigen Berichtswesen offensichtlich. Ähnliches gilt für Indikatoren zur Früherkennung von Entwicklungen.

Ein großer weißer Fleck ist in der Regel die Dokumentation des Berichtswesens selbst. Nur wenige Unternehmen verfügen über ein Berichtswesen-Handbuch (s. 3.3.7).

1.1.2 Probleme im Berichtswesen-Prozess

■ Vorsysteme

Das Berichtswesen hängt bezogen auf Zeitnähe, Qualität und Detaillierung der Daten sehr stark von den Vorsystemen ab. Ein später Datenerfassungsschluss der Vorsysteme führt häufig zu notwendigen Zeiteinsparungen bei der Datenanalyse, um einen noch einigermaßen akzeptablen Vorlagezeitpunkt der Reports zu realisieren. Mangelhafte Datenqualität oder fehlende Detaillierung der Daten in den Vorsystemen schlägt voll in das Berichtswesen durch, frei nach dem Motto „Mist rein – Mist raus".

Problematisch sind meist auch all jene Bereiche, in denen Daten manuell erfasst oder ergänzt werden müssen (z.B. von Projektleitern zu meldende Projektfertigstellungsgrade). Diese Daten sind meist spät und häufig in zweifelhafter Qualität verfügbar (z.B. Projekte, die monatelang 95% Fertigstellungsgrad aufweisen und dennoch die Kosten weiterlaufen).

In Bezug auf die Vorsysteme ist es auch wichtig, zu definieren, welche Systeme datentreibend sind. Die Stammdatenergänzung muss von diesen Systemen ausgehen und in das Berichtswesen übernommen werden.

Vorsysteme	EDV-Unterstützung im Datenzugriff und -aufbereitung	Ergebniskommunikation (Selbst-Controlling vs Mgt-Beratung)	Organisatorische Verankerung
• später Schluss der Vorsysteme • mangelhafte Disziplin in Belegfluss und Verbuchung • geringer Anteil vollautomatisierter Buchungen • fragwürdige Datenqualität • manuell zu ergänzende Daten • datentreibende Syteme nicht klar definiert • manuelle Nachbearbeitung von Daten aus ERP-Systemen nötig	• kein MIS-Tool vorhanden • Inhalte nur über Zentralsysteme änderbar • Vielzahl an (dezentralen) Insellösungen • hoher Aufwand für die Berichterstellung (manuelle Eingriffe nötig, Abstimmung der Daten nötig, Systeme nicht integriert) • viele Auswertungen direkt aus dem Transaktionssystem • verteilte Informationsspeicherung • heterogene Systemlandschaft, Vielzahl an Insellösungen • Zugang zu Detailinformation großteils nur über Ausdruck möglich • keine OLAP-Fähigkeit • keine graphische Unterstützung • aufwändige Erstellung präsentationsfähiger Unterlagen • too quick and too dirty bzw. slow and dirty	• Informationen v.a. zentral • kein Datenzugang durch den Enduser möglich • kein Selbstcontrolling möglich • hoher Verarbeitungsaufwand beim Management • keine laufende Führungskräfte-beratung • Controllergespräche nicht institutionalisiert	• unterschiedl Reporting-Abteilungen (redundante Berichte, keine unternehmensweite Akzeptanz) • Parallelarbeiten • Datendivergenzen • Mehrfacherfassungen • Filterung der Infos • fehlende gesamthafte konzeptionelle Verantwortung • nachträgliche Änderungen in den Daten

Abb. 2: Probleme im Berichtswesen-Prozess

Schnittstellen zwischen den Vorsystemen bzw. von den Vorsystemen zum Reporting führen häufig zu Problemen. Die Folge sind aufwändige manuelle Nachbearbeitungs- und Kontrollschritte. Innerhalb der Vorsysteme muss die Zielsetzung auf der Maximierung des Anteils vollautomatisierter Buchungen liegen.

Wichtig ist auch zu beachten, dass die Vorsysteme, im Wesentlichen die Buchhaltung, selbst stark von der Organisation und der Disziplin im Belegfluss abhängig sind.

■ EDV-Unterstützung in Datenzugriff und -aufbereitung

Gerade im Berichtswesen wird die Heterogenität der Software-Landschaft, die noch immer für viele Unternehmen typisch ist, offensichtlich. Eine Vielzahl dezentraler Insellösungen und die dadurch bedingte verteilte Informationsspeicherung erschwert die Integration der Daten ebenso, wie die Erreichung der notwendigen Datenqualität. Im Extremfall sind einzelne Daten aus Altsystemen überhaupt nur über Ausdruck verfügbar oder können nur über aufwändige Export-, Bearbeitungs- und Importroutinen weiterverarbeitet werden.

Jene Unternehmen, die eine Vielzahl dezentraler Insellösungen aufweisen, benötigen auch aufwändige manuelle Eingriffe im Rahmen der Berichtserstellung. In solchen Situationen gibt es häufig auch keine definierten Monatsstände, d.h. Monatsberichte ändern sich durch Buchungen nach Berichtsschluss noch, was die Adressaten verunsichert.

Unternehmen, die über eine integrierte Standardsoftware verfügen, haben dann Probleme im Berichtswesen, wenn das Reporting direkt auf die Transaktionssysteme aufsetzt. Zum einen sind die Reporting-Tools selbst bei mächtigen ERP-Lösungen wie SAP R/3 in ihrer Funktion und Benutzerfreundlichkeit limitiert, zum anderen leidet die Performance im operativen Betrieb (z.B. drastische Verlängerung der Antwortzeiten). Häufig wird versucht, das Layoutierungsmanko durch exzessiven Einsatz von Access oder Excel im Frontend-Bereich zu lösen. Diese Variante stösst aber mit zunehmenden Anforderungen an die Grenzen betreffend Datensicherheit, Wartbarkeit und Performance.

Die Anforderungen der Nutzer, z.B. einfacher und transparenter Datenzugriff, OLAP-Fähigkeit (s. 4.3), Layoutierungsmöglichkeiten und graphische Unterstützung sind in vielen Fällen nicht gegeben. Zu viele Kapazitäten fließen in nicht wertschöpfende Tätigkeiten, wie Prüfung und Aufbereitung der Daten oder die Erstellung präsentationsfähiger Unterlagen.

Eine Faustregel im Controlling besagt, dass „quick und dirty" akzeptabel, eigentlich sogar im Gegensatz zur materiellen Genauigkeit der Finanzbuchhaltung anzustreben ist. In der Praxis wird dieses Ziel häufig über- oder unterschossen, indem entweder zu rasch auf noch stark unvollständige Forecasts aufgesetzt wird („too quick and too dirty") oder noch häufiger Daten zwar noch nicht 100% Genauigkeit erreicht haben und das Berichtswesen dennoch nicht zeitnahe ist („slow and dirty").

Unternehmen, die in ihrem Berichtswesen ein MIS-Tool zum Einsatz bringen, haben in den meisten Fällen zumindest die Berichtswesen-Prozessprobleme gelöst, konzeptionell bestehen meistens weiterhin eine Vielzahl an Problemen.

▌ Organisatorische Verankerung

Der Berichtswesen-Prozess hat natürlich nicht nur EDV-technische Implikationen, auch wenn entstandene Probleme häufig als technische Probleme wahrgenommen werden und meist auch nach einer technischen Problemlösung gesucht wird.

In der Praxis findet man häufig unterschiedliche Reporting-Abteilungen oder Informationsschienen im Berichtswesen. In solchen Fällen werden häufig Berichte mit stark überschneidenden oder redundanten Inhalten parallel erstellt. In vielen Fällen werden zu denselben Inhalten oder Kennzahlen unterschiedliche Werte ausgewiesen. Klassische Beispiele sind hier vermeintlich einfach zu beantwortende Fragen nach dem Umsatz oder der Mitarbeiteranzahl. Als logische Folge daraus finden weder die Berichte noch die Berichtsersteller Akzeptanz beim Management.

Neben dem Akzeptanzproblem ist ein solcher Erstellungsprozess aufgrund der Parallel- und Doppelarbeiten sowie der Mehrfacherfassungen im Vorfeld ineffizient. Diese Probleme können nur die eine konzeptionelle Gesamtverantwortung des Berichtswesens im Controlling gelöst werden. Wichtig ist hierbei zu beachten, dass dies weder zu einer inhaltlichen Filterung der Informationen, noch zu einem zeitraubenden Flaschenhals im Berichtswesen-Prozess führen darf.

▌ Ergebniskommunikation (Selbstcontrolling vs. Management-Beratung)

Die Ergebniskommunikation ist ein wichtiger, wenn nicht der wichtigste Teil im Berichtswesen. Aus Controllingsicht wird das Augenmerk meist primär auf die konzeptionellen Inhalte des Berichtswesens gelegt (mit wechselhaftem Erfolg, wie bereits ausgeführt wurde). Wirklichen Nutzen stiftet das Controlling aber nur dann, wenn die Information auch wirkungsvoll an die Empfänger transportiert wird. Die Probleme, die hierbei auftauchen, liegen zum einen in einem vielfach zentralisierten Zugang zu den Daten, d.h. dass jene Empfänger, die Selbstcontrolling betreiben wollen, aus technischen Gründen nicht dazu in der Lage sind und jede Informationsanforderung an das Controlling oder die EDV-Abteilung herangetragen werden muss. Zum anderen kann die Zukunft des Berichtswesens nicht in der Vollautomatisierung liegen (z.B. vollständige Verteilung der Information via Intranet oder direkter Zugang der Enduser zur Datenbasis). Controlling muss in Zukunft stärker die Rolle des internen Beraters und Sparringpartners für das Management wahrnehmen. Controllergespräche, Management-Jour-Fixes, Berichtsmeetings oder wie immer diese Besprechungen getauft werden, müssen stärker genutzt werden, um die Ergebnisse zu diskutieren, Maßnahmen abzuleiten und umzusetzen. Gerade die Kommunikation zwischen Management und Controlling liegt in der Praxis meist im Argen, denn Meetingroutinen sind häufig nicht institutionalisiert, d.h. das Controlling hat keinen ausreichenden Zugang zum Management. Damit kann Controlling einerseits nicht den maximalen Nutzen stiften und andererseits ist die Gefahr groß, dass der Informationsverarbeitungsaufwand beim Management entweder aufgrund der eigenen Beschäftigung mit den Berichten zu hoch oder im Falle der Kapitulation vor der Aufgabe zu niedrig ist.

Im Trade-Off zwischen Management-Beratung und Selbstcontrolling muss ein Optimum gefunden werden, dass die Aspekte effizienter Datenhaltung, eines (end-) benutzerfreundlichen Zugriffs und der gemeinschaftlichen Aufarbeitung der Informationen berücksichtigt.

1.1.3 Konsequenzen der bestehenden Berichtswesen-Probleme

Die einzelnen in der Praxis in unterschiedlichen Kombinationen auftretenden Detailprobleme können in folgenden Gleichungen zusammengefasst werden:

1. Informationsangebot ≠ Informationsnachfrage

Das Controlling liefert Zahlen an die Controlling-Kunden. Ein Teil der Informationen wird von den Adressaten aber nicht nachgefragt oder anders formuliert: wandert in den Mistkübel. Dafür hätten die Adressaten bisweilen gerne Informationen, die das Controlling nicht liefern kann.

2. Informationsnachfrage ≠ Informationsbedarf

Die Informationsnachfrage des Managements greift häufig zu kurz, indem sie rein vergangenheits- oder monetär orientiert ist. Ein hoher Anteil steuerungsrelevanter Information wird gar nicht nachgefragt, da das Bewusstsein dafür nicht vorhanden ist (s. 2.3). Ein Teil dieser Information kann durchaus bereits vorhanden sein, ist aber mangels Nachfrage nie in das Reporting eingeflossen.

Damit resultiert:

> 3. Informationsangebot ≠ Informationsbedarf

Abb. 3 stellt diese Problematik ausführlicher in pointierter Form dar (in Anlehnung an Weber 1998, S.316).

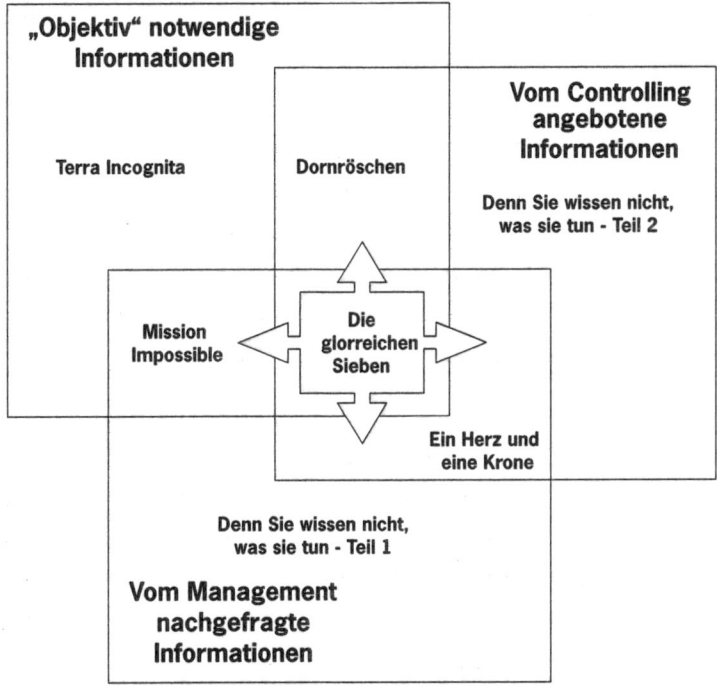

Abb. 3: Informationsbedarf, -nachfrage und -angebot

1. Objektiv notwendige Informationen

Oberstes Ziel im Reporting muss sein, steuerungsrelevante Informationen zu liefern. Tatsächlich wird darunter in der Praxis nur die 100%ige Abdeckung der Wünsche der Controlling-Kunden verstanden. Die Kunden- und Serviceorientierung im Controlling ist zwar wichtig, allerdings muss sich das Controlling gemeinsam mit den Führungskräften Gedanken über die „Natur" des Geschäftes machen. Die Führungskräfte definieren ihren Informationsbedarf häufig aus den Zwängen des Tagesgeschäftes heraus, was dazu führt, dass die verlangten Berichte und Kennzahlen meist zu operativ, zu detailliert, zu monetär und nicht miteinander verknüpfbar sind. Die subjektive Informationsnachfrage muss hinterfragt und mit dem objektivem Bedarf bestmöglich zur Deckung gebracht werden. Das Management muss die Bedeutung der Kennzahlen verstehen und das Controlling muss für die Verfügbarkeit der Daten sorgen.

- Die Glorreichen Sieben (Prozent der verarbeiteten Datenflut[1])
  Für einen kleinen Teil des Berichtswesens gilt bereits jetzt
  Bedarf = Nachfrage = Angebot.
  V.a. im monetären Bereich des Reportings werden bereits einige Inhalte gut abgedeckt (z.B. mehrstufige Ergebnisrechnung). Diese Bereiche sind zu erweitern und zu ergänzen.

- Terra Incognita
  Um das Unternehmen aktiv steuern zu können, gibt es einen Informationsbedarf, der weder den Entscheidungsträgern, noch dem Controlling bewusst ist (z.B. Auftragsabwicklungszeiten und Termintreue). Entsprechende Daten sind derzeit möglicherweise in der Organisation nicht vorhanden. Das Controlling kann wesentlichen Nutzen stiften, indem es immer aktiv auf der Suche nach Verbesserungen, neuen Instrumenten und Bedarfen ist.

- Dornröschen
  Der Informationsbedarf ist bewusst, die Informationen sind auch vorhanden, werden aber vom Management nicht nachgefragt (z.B. Prozesskosten, die ermittelt wurden, aber nicht zur Produkt- oder Kundenportfoliooptimierung eingesetzt werden). Das Controlling kann den Dornröschenschlaf beenden, indem die Berichte aktiv an das Management herangetragen („verkauft") werden. Einer Erweiterung des Reportings steht nichts im Wege.

- Mission Impossible
  Das Problembewusstsein beim Management ist vorhanden, man scheitert aber vorerst an der Nicht-Verfügbarkeit der Daten (z.B. time-to-market in der Produktentwicklung). Die Gründe für die Nicht-Verfügbarkeit sind zu hinterfragen. Bei mangelnder Automatisierbarkeit können Daten auch manuell zu ergänzen sein. Controlling muss diese Aufgabe für sich priorisieren, solange das Kosten-Nutzen-Verhältnis stimmt.

---

1   Anm. des Verfassers: zur Illustration, kein empirischer Wert!

2. Vom Management nachgefragte Informationen

▌ Denn Sie wissen nicht, was sie tun (Teil 1)
Wie bereits erwähnt, definiert das Management seinen Informationsbedarf häufig aus dem Tagesgeschäft heraus. Mit Berichtsanfragen wird über das Ziel geschossen bzw. die Grenze zwischen Standard- und Ad-hoc-oder Ausnahmeberichten verwischt (z.B. Reisekosten nach Einzelkostenarten für die Kostenstellengruppe 4711 im Zeitverlauf über die letzten x Jahre). Eine Vielzahl der Anfragen wird daher vom Controlling aus Kapazitätsgründen oder aufgrund der Nichtverfügbarkeit von Daten nicht beantwortbar sein. Nach Schaffung eines gemeinsamen Verständnisses über „objektiv" wichtige Informationen sollten diese Berichtswünsche abnehmen.

▌ Mission Impossible (s.o.)
Das Management kann nach Berichtswesenoptimierung berechtigterweise davon ausgehen, dass dieser Bedarf gedeckt wird.

▌ Ein Herz und eine Krone
Das Controlling liefert den Kunden jene Berichte, die sie gerne hätten. Die formale Anforderung ist damit zur Zufriedenheit aller erfüllt. Steuerungsrelevant müssen diese Informationen aber nicht sein (n-dimensionale Umsatz- statt Deckungsbeitragsauswertungen). Auch diese Berichtselemente müssen zur Disposition gestellt werden. Verrechnungspreise für Berichte würden die Nachfrager zwar diesbezüglich sensibilisieren, in der Praxis sollte eher eine Einmalanalyse der darauf entfallenden Kosten eine entsprechende Sensibilisierung schaffen.

3. Vom Controlling angebotene Informationen

▌ Denn Sie wissen nicht, was sie tun (Teil 2)
Aufgrund unklarer Spezifikationen seitens der Controlling-Kunden und/oder dem Wunsch, die Leistungsfähigkeit der Controlling-Abteilung zu demonstrieren, wird eine Vielzahl an Berichtselementen produziert, die unter dem Stichwort „Zahlenfriedhof" hinlänglich bekannt sind. Das Management arbeitet nicht mit diesen Berichten, aber im Controlling wird wertvolle Zeit gebunden (z.B. Kostenstellen- oder Kostenartenberichte nach x Alternativhierarchien). Weg damit! Sie schaffen damit freie Kapazitäten für wertschöpfendere Tätigkeiten.

■ Dornröschen (s.o.)

Das aktive Herantragen von Information durch das Controlling wird in der Regel vom Management positiv aufgenommen.

■ Ein Herz und eine Krone (s.o.)

Das Controlling muss auch die dezidiert angeforderten Berichte hinterfragen dürfen.

Dass das Berichtswesen in vielen Unternehmen unbefriedigend gelöst ist und in Zukunft einen Schwerpunkt in der Weiterentwicklung der Controlling-Systeme darstellen wird, ergibt auch eine empirische Untersuchung des Österreichischen Controller Instituts, in der nach Entwicklungsprojekten im Controlling gefragt wurde (vgl. Schadenhofer 2000, S. 93):

Entwicklungsprojekt	Bei % mittlerer Unternehmen*	Bei % großer Unternehmen*
Aufbau eines integrierten EDV-gestützten Informationssystems geplant	53,2%	69,9%
Standardisierung und Verbesserung des Berichtswesens geplant	58,2%	62,4%

*Definition „mittlere" Unternehmen: 100-500 Mitarbeiter; Definition „große" Unternehmen: >500 Mitarbeiter

1.1.4 Organisationstypen als Rahmenbedingung im Reporting

Die Organisationsform eines Unternehmens ist eine wesentliche Basisdeterminante des Controlling und damit auch für das Berichtswesen von großer Bedeutung. Das Berichtswesen muss die Organisationsform reflektieren. Je nach Entwicklungsstand, Größe, Historie und Branchenspezifika kann unter den in Abb. 4 dargestellten Organisationsformen unterschieden werden (vgl. Laudon 2001, S. 80):

Organisationstyp	Beschreibung	Beispiel
Unternehmerische Struktur	Junge, kleine Firmen in sich rasch ändernden Umgebungen. Diese Firmen haben eine einfache Struktur und werden von einem Unternehmer als Alleinverantwortlichem geführt.	Kleine Start-Ups
Produktionsbürokratie	Große Bürokratie in einem sich nur langsam verändernden Umfeld, Produzent von Standardprodukten. Die Organisation ist durch ein zentrales Managementteam und zentralisierte Entscheidungsfindung gekennzeichnet.	Mittelgroße Produzenten
Divisionsbürokratie	Kombination mehrerer Produktionsbürokratien, jede produziert unterschiedliche Produkte oder Services, mit einem übergeordnetem zentralen Headquarter	(börsennotierte) Großunternehmen oder Konzerne
Professionelle Bürokratie	Wissensbasierte Organisation, in der Güter und Dienstleistungen auf Expertise und Wissen von Spezialisten basieren. Dominierende Abteilungs-/Bereichsleiter mit schwacher zentraler Autorität	Dienstleistungssektor, Bildung, Krankenhäuser
Adhocratie	„Task force"-Organisation die schnell auf rasch ändernde Umweltanforderungen reagieren muss. Besteht aus großen Gruppen von Spezialisten, die in zeitlich begrenzten multidisziplinären Teams organisiert werden, mit schwachem zentralen Management.	Dienstleistungssektor, TelCos, IT- und projektorientierte Unternehmen

Abb. 4: Organisationstypen

Unterscheidet man das Berichtswesen nach den Dimensionen

▶ quantitativer Umfang und

▶ Steuerungsrelevanz,

kann man die Unterschiede des für die jeweiligen Organisationstypen typischen Berichtswesens zeigen. Wichtig ist zu beachten, dass „quantitativer Umfang" auf die Elaboriertheit des Reporting abstellt, „hoch" muss hier nicht unbedingt „mehr" i.S. der Steuerungsrelevanz bedeuten. Sind eigentümerdominierte Unternehmen eher von intuitiven oder auf der Erfahrung des Eigentümers beruhenden Entscheidungen geprägt und ist deswegen das Berichtswesen nicht voll ausgebaut, so sind junge und dynamische Unternehmen häufig vom Fehlen von Informationen geprägt, indem Steuerungssysteme noch nicht aufgebaut wurden oder man vor der (vermeintlich) zu hohen Dynamik kapituliert.

Bürokratischere Unternehmen leiden in der Regel nicht an einem quantitativen Mangel im Berichtswesen, sondern eher darunter, dass die Konzentration auf das Wesentliche nicht gelingt. Das Berichtswesen ufert aus, da Neuerung immer in Ergänzung zu bestehenden Berichtselementen implementiert werden. Ein Mehr an Steuerungsrelevanz wird damit auch immer über ein quantitatives Mehr an Berichten erkauft.

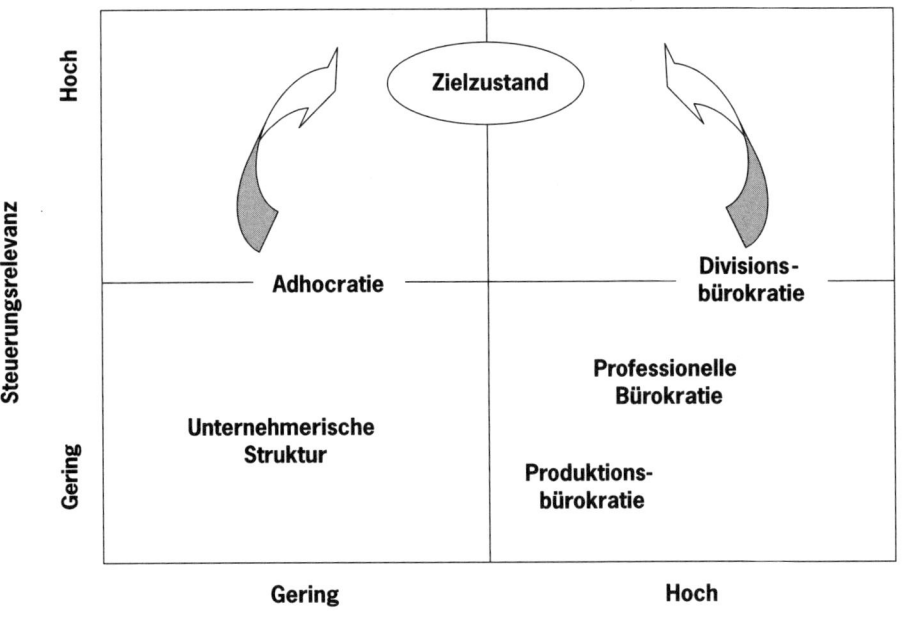

Abb. 5: Ausbau des Berichtswesens in unterschiedlichen Organisationstypen

Fazit:

- Das Steuerungsverständnis des Managements ist häufig zu stark monetär ausgerichtet und greift damit zu kurz.
- Das Berichtswesen ist nur eingeschränkt adressatengerecht, die Akzeptanz bei den Empfängern ist zu niedrig und es wird zu wenig mit den Berichten gearbeitet.
- Controlling-Kapazitäten werden in hohem Maße in „nicht-wertschöpfenden" Aktivitäten, wie z.B. der Datensammlung und -aufbereitung gebunden.
- Es mangelt an Entscheidungsrelevanz und Unterstützung des Managements durch das Controlling.
- Ein optimal konfiguriertes Berichtswesen basiert auf einer anspruchsvollen Planung und sauberen Ist-Daten aus den Vorsystemen.
- Die Organisationsstruktur stellt eine wesentliche Determinante im Reporting dar.

1.2   Anforderungen der Controlling-Kunden

Im Unternehmen finden sich unterschiedliche Controlling-Kundenkreise. Die Anforderungen hinsichtlich Detaillierungsniveau, Inhalten und Informationsmedien unterscheiden sich sehr stark. Die Adressaten lassen sich gut anhand des Organigramms charakterisieren, weitere permanente Adressaten, etwa Prozessverantwortliche, externe oder temporäre Adressaten (z.B. Projektleiter) dürfen dabei aber nicht vergessen werden.

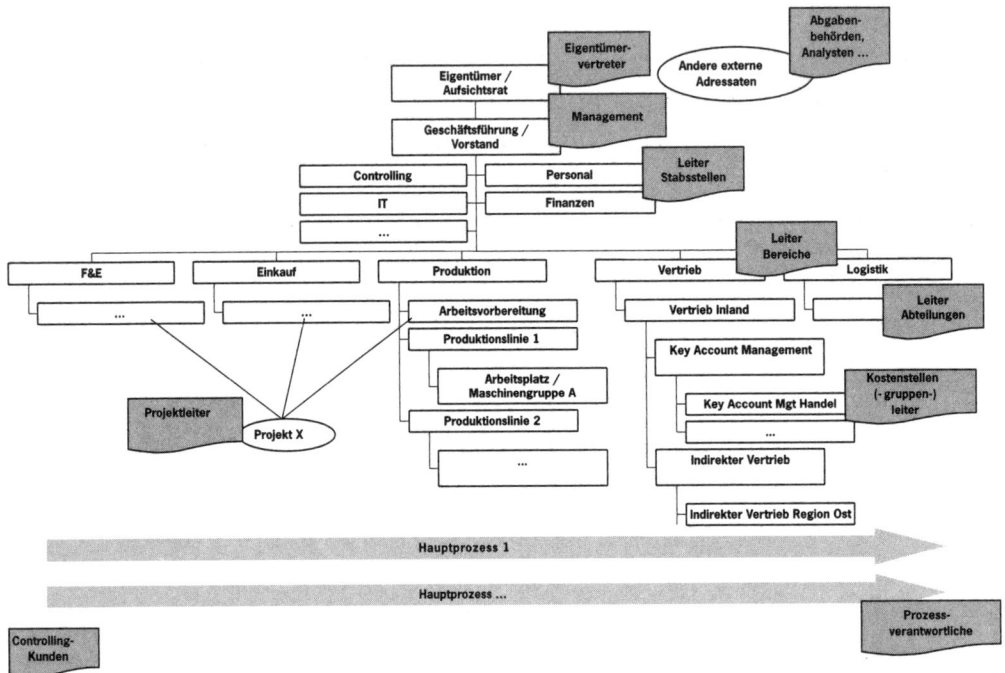

Abb. 6: Übersicht Controlling-Kunden

1.2.1   Die 5 Anforderungen des Managements an das Reporting

Innerhalb der unterschiedlichen Controlling-Kundenkreise stellt das Management den wichtigsten Kundenkreis dar. Die Leistung, die das Controlling erbringt, wird vom Management auch primär am Berichtswesen gemessen. Die Planung, v.a. aber die Kosten- und Leistungsrechnung spielen in der Wahrnehmung der Führungskräfte nur eine untergeordnete Rolle.

Die 5 Anforderungen des Managements an das Reporting

1. Überblick bekommen und bewahren
2. Priorisierungen vornehmen können
3. Entscheidungen unterstützen und Aktionen einleiten können
4. Ursache-Wirkungszusammenhänge erkennen und beurteilen können
5. Selbstcontrolling betreiben

1. Überblick bekommen und bewahren

Das Management läuft immer Gefahr, in der Komplexität des Tagesgeschäfts unterzugehen. Auf formellen und informellen Wegen werden Unmengen an Informationen und Entscheidungswünschen herangetragen. Aus Controllingsicht wird diese Thematik durch unzählige Berichte aus unterschiedlichen Quellen weiter verschärft. Die Qualität muss hier eindeutig vor Quantität gehen. Ziel des Managements ist es, den Überblick über die wirtschaftliche Gesamtlage des Unternehmens zu haben, dies dafür nicht nur temporär, sondern permanent. Sollten sich Abweichungen auf aggregierter Ebene zeigen, kann und muss das Controlling ohnehin die Details bereitstellen. Von vornherein alle verfügbaren Informationen zu liefern, um Rückfragen zu vermeiden, ist ebenso unmöglich wie sinnlos.

2. Priorisierungen vornehmen können

Abgeleitet aus aggregierten Informationen werden Chancen oder Problembereiche erkannt. Es ist in jedem Fall sinnvoll, Prioritäten zu setzen, denn nicht alle Abweichungen sind gleich gravierend, bzw. nicht alle Probleme sind gleich dringend zu lösen. Eine Organisation wird aufgrund knapper Ressourcen auch nie alle Probleme gleichzeitig lösen können, damit müssen Schwerpunkte gesetzt werden. Damit diese Prioritäten sich nicht nur auf ein Bauchgefühl bzw. die Anforderung dessen, der am lautesten schreit, gründen, muss das Berichtswesen die objektive Grundlage für diese Schwerpunktsetzung bilden.

3. Entscheidungen unterstützen und Aktionen einleiten können

Werden im Zuge der Priorisierung Bereiche herauskristallisiert, die vorrangig zu verbessern sind, so ist noch unklar, wie dies konkret zu geschehen hat. Hier ist die Anforderung der Führungskräfte, eindeutige Entscheidungen (z.B. Überstunden stoppen, Investitionen verschieben, Schulungsbudget erhöhen,...) treffen und die entsprechenden Aktionen einleiten zu können.

4. Ursache-Wirkungszusammenhänge erkennen und beurteilen können

Idealerweise werden im Berichtswesen die Informationen nicht „stand-alone" an das Management transportiert, sondern zeigen kausale Zusammenhänge auf. Dies hat den Vorteil, bei Abweichungen nicht die Symptome, sondern die Ursachen zu bekämpfen und erleichtert darüber hinaus die Erfolgsmessung der eingeleiteten Maßnahmen. Das Erkennen dieser Wirkungsketten wird aber erst seit der Verbreitung der Balanced Scorecard im Berichtswesen wirkungsvoll ermöglicht (s. 2.3).

5. Selbstcontrolling betreiben

Aus dem Management wird zunehmend die Forderung laut, Selbstcontrolling betreiben zu können. Diese Entwicklung wird auch durch die Verbreitung anwenderfreundlicher MIS-Tools getrieben (s. 4.3). Das Management möchte sich quasi selbst im Datensupermarkt bedienen. Während man sich den obigen Anforderungen vorbehaltlos anschließen kann, birgt diese Forderung durchaus auch einige Gefahren in sich. Zum einen betreiben die Führungskräfte tatsächlich dieses Selbstcontrolling dann nicht, z.B. weil die Software doch ein gewisses Maß spezifischen Know-hows – und damit regelmäßige Anwendung – erfordert oder die verfügbare Zeit zu knapp ist. Durch den Wegfall des Controlling-Berichtswesens wird dann in Summe weniger Information an das Management transportiert. Zum anderen besteht die Gefahr, dass wertvolle Zeit der Führungskräfte nicht in den Markt sondern die „Administration" investiert wird.

Wichtig ist festzuhalten, dass die Zukunft des Berichtswesens nicht in der Vollautomatisierung liegen kann oder soll, denn der wirkliche Nutzen entsteht erst aus der gemeinsamen Diskussion der Ergebnisse durch die Führungskräfte und das Controlling.

Das Österreichische Controller-Institut hat in einer empirischen Erhebung bei 363 mittleren und großen österreichischen Unternehmen die Aufgaben des Controlling erfasst und diese sowohl aus Sicht der Manager, als auch aus Sicht der Controller auf den zukünftigen Entwicklungsbedarf hin bewerten lassen. Abb. 7 zeigt die wesentlichen Ergebnisse bezogen auf große Unternehmen (in Anlehnung an Schadenhofer 2000, S. 30; berichtswesenrelevante Aufgaben sind fett und kursiv dargestellt):

in Zukunft wichtiger: +2 in Zukunft weniger wichtig: -2	Rang lt. Mgt-Einschätzung	Mgt-Einschätzung	Co-Einschätzung	Differenz
Abweichungs- und Ursachenanalysen	**1**	**1,45**	**1,06**	**0,39**
Laufende Weiterentwicklung des Controlling-Systems	**2**	**1,38**	**0,96**	**0,42**
Bedarfsgerechter Informationsservice / Berichtsinterpretation	**3**	**1,35**	**1,02**	**0,33**
Budgetkoordination / Integration	4	1,30	0,74	0,56
Soll-Ist- / Plan-Ist-Vergleiche	**5**	**1,15**	**0,70**	**0,45**
Vorantreiben von Korrekturmaßnahmen	**6**	**1,15**	**0,87**	**0,28**
Interne betriebswirtschaftliche Beratung	**7**	**1,12**	**0,57**	**0,55**
Entwicklung und Betreiben eines EDV-gestützten MIS	**8**	**1,08**	**1,14**	**-0,06**
Federführung bei der Budgetierung	9	1,03	0,59	0,44
Mitarbeit bei der Strategieplanung	10	0,98	0,48	0,50
Vermittlung von BWL-Wissen und Controller-Know-how	**11**	**0,98**	**0,63**	**0,35**
Mitarbeit an Restrukturierungen im Unternehmen	12	0,93	0,71	0,22
Bewertung und Investitionen	13	0,92	0,57	0,35
Früherkennen von Chancen und Risiken	**14**	**0,90**	**0,58**	**0,32**
Bewerten von strategischen Entscheidungsalternativen	15	0,87	0,47	0,40
Durchführung der Kostenrechnung	16	0,35	0,31	0,04
Externes Berichtswesen für Eigentümer, Banken, Medien	**17**	**0,20**	**0,37**	**-0,17**
Analyse und Kostenplanung bei F&E-Projekten	18	0,15	0,20	-0,05
Durchführung von Markt- und Wettbewerbsanalysen	19	0,07	0,18	-0,11
Mitarbeit in einem operativen Unternehmensbereich	20	-0,12	0,06	-0,18
Allgemeine Organisation und Verwaltung	21	-0,52	0,24	-0,76
Finanzierung und Finanzwesen	22	-0,58	-0,23	-0,35
Bilanzierung und Jahresabschluss	23	-0,60	-0,25	-0,35

Abb. 7: Aufgaben im Controlling

Die Darstellung der Ergebnisse orientiert sich an der Einschätzung der Manager, dies entspricht auch der gewollten Kundenorientierung im Controlling. Die Ergebnisse zeigen ganz klar, dass Entwicklungsbedarf besteht und dieser von den Managern generell höher eingeschätzt wird, als vom Controlling selbst.

Innerhalb der aus Managementsicht weiterzuentwickelnden Aufgaben dominieren die Berichtswesen-Thematiken stark. 7 der 8 top-gereihten Zukunftsaufgaben liegen im Bereich Berichtswesen. Interessant ist weiters festzustellen, dass gerade auch in diesen Thematiken der Entwicklungsbedarf aus Sicht des Managements größer eingeschätzt wird, als aus Sicht des Controlling.

Die Kundenorientierung sollte aber gerade im Bereich des Reporting keine bedingungslose sein, denn in der Praxis sind oft genug auch nicht controllinggerechte Anforderungen zu finden. Das Controlling muss versuchen, die Kunden zu „erziehen", um folgende in der Praxis anzutreffende problematische Anforderungen zu vermeiden:

▌ **Extremes Informationsdetail**
In Organisationen, die sehr stark top-down geführt werden (was generell nicht optimal für die Umsetzung von Controlling) ist, findet man häufig die Forderung nach sehr vielen Detailinformationen. Das Vorstandsberichtswesen enthält dann z.B. alle Kostenstellenberichte. Es muss stark bezweifelt werden, ob diese Konzentration an Entscheidungskompetenz sinnvoll ist und ob Steuerungsimpulse aus einem Managementreporting in der sprichwörtlichen Stärke eines Telefonbuches ausgelöst werden.

▌ **Zu starke Vergangenheitsorientierung**
In vielen Unternehmen ist eine hohe Affinität zu Vergangenheitsdaten, im Extremfall Zeitreihen über die letzten 10 oder mehr Jahre festzustellen. Zeitreihen sind dann beliebt, wenn damit „bewiesen" werden kann, dass man immer besser wird. Ob man die geplanten Ziele erreicht hat oder das Unternehmen im Sinne eines Benchmarking einem externen Vergleich standhalten kann, ist damit noch lange nicht erwiesen. Zeitreihen können, um Trends zu erkennen, wertvoll sein, sie dürfen aber nicht in den Mittelpunkt des Interesses gerückt werden (s.a. 2.1.3.3).

▌ **Zu langes Berichtsintervall**
Vielfach wird ein Quartalsreporting als ausreichend angesehen. Dem ist jedenfalls zu widersprechen. Das Berichtsintervall muss immer je Berichtsinhalt festgelegt werden und kann von Real-time-Auswertungen (z.B. aus technischen Betriebsdatenerfassungssystemen) bis zu jährlichen Berichten (z.B. externe Benchmarks) reichen. Das Standardberichtsintervall sollte aus Gründen der Zeitnähe jedenfalls der Monat sein.

▌ **Reine Berichtsvorlage, keine Diskussion**
Während der Wunsch nach Selbstcontrolling, wenn es richtig gehandhabt wird, sinnvoll ist, so ist es problematisch, wenn Berichte vom Controlling nur vorgelegt, nicht aber präsentiert und diskutiert werden können. „Papier ist geduldig" und

ein Gutteil der Steuerungsrelevanz geht verloren, wenn nicht über die Ergebnisse diskutiert wird und Gegensteuerungsmaßnahmen eingeleitet werden.

1.2.2 Anforderungen der anderen Controlling-Kunden

Aus Abb. 6 ist ersichtlich, dass das Controlling ein Vielzahl unterschiedlicher Adressaten bedient. Aus Sicht des Berichtswesens ist eine Trennung in permanente und temporäre Kunden wichtig, denn v.a. die permanenten Kunden sind in das Standardreporting, das primärer Gegenstand der Optimierungsüberlegungen ist, einzubeziehen. Die grundsätzlichen Anforderungen dieser Adressatenkreise unterscheiden sich nicht grundlegend von jenen des Managements, in der Regel ist aber nur ein auf den Adressaten zugeschnittener Auszug aus den Daten relevant.

▌ Permanente Controlling-Kunden
Zu den permanenten Controlling-Kunden zählen

▸ Alle Führungskräfte entlang der Kostenstellenstruktur bis zur Ebene der Kostenstellenleitung
Die unterste Ebene in dieser Informationspyramide ist jene organisatorische Ebene, auf der noch Ziele vereinbart werden (im Regelfall der Kostenstellenleiter oder der Vertriebs(-aussendienst-)mitarbeiter).

▸ Prozessverantwortliche und Teilprozessverantwortliche im Falle einer prozessorientierten Organisation
Aus Berichtswesen-Sicht macht es keinen Unterschied, ob über das Kontierungsobjekt Kostenstelle oder Prozess reportet wird.

▸ Eigentümer und Investoren
Bei den externen Adressaten ist üblicherweise eine aggregierte, auf buchhalterischen Daten beruhende, eher monetäre Information relevant. Neue Ansätze, etwa Value Reporting stellen stärker auf die interne, „wahre" Sichtweise der Erfolgsquellen des Unternehmens ab (vgl. Eccles et. al. 2001).

Die permanenten Kunden werden sowohl mit Standard-, als auch mit Ad-Hoc-Berichten serviciert. Die Servicierung sollte aber hier nicht mit der Gießkanne, sondern entsprechend der Einflussmöglichkeiten, die die jeweiligen Adressaten auf die Ergebnissituation im Unternehmen haben, erfolgen. In die Betreuung der Bereichs- und Abteilungsleiter müssen mehr Ressourcen fließen, als in die Informationsversorgung der einzelnen Kostenstellenleiter.

■ Temporäre Controlling-Kunden

Die temporären Controlling-Kunden werden meist anlassbezogen und damit per Exception-Reporting bedient. Zu diesen temporären Kunden gehören

▸ Projektleiter
Dies ist hpts. dann relevant, wenn das Unternehmen nicht generell projektgetrieben ist, denn in projektgetriebenen Unternehmen muss ein standardisiertes Projektberichtswesen mit Kosten, Meilensteinen, Terminen und Fortschrittsgraden existieren. Bei seltenen Projekten wird das Projektreporting dem Kostenstellenreporting ähneln.

▸ Einzelne Mitarbeiter
Im Extremfall ist der einzelne Mitarbeiter Adressat. Dies kann begleitend zu persönlichen Zielen, z.B. im Rahmen von Mitarbeitergesprächen relevant sein.

▸ Temporäre externe Adressaten
Bisweilen ist es auch nötig, anderen externen Adressaten (z.B. Stakeholdern, wie Interessensvertretungen, o.ä.) Informationen zur Verfügung zu stellen. Inhalte und Umfang sind der jeweiligen Situation und dem Informationszweck anzupassen.

Bei temporären Berichtselementen und -kunden ist es immer wichtig, darauf zu achten, dass diese einzelfallbezogenen Berichte nicht in das Standard-Berichtswesen überführt werden und dieses aufblähen.

1.3 Die 5 Anforderungen des Controlling im Reporting

Die Anforderungen der Controlling-Kunden stellen primär auf die Inhalte und sekundär auf die Zugriffsmöglichkeiten ab. Das Controlling selbst sieht für sich meist die größten Probleme in der Datensammlung und –aufbereitung und erst sekundär in den Inhalten. Dennoch ist das Unbehagen im Controlling, nicht ausreichend Wirkung zu erzielen, in der Praxis deutlich spürbar.

Die Entwicklung im Controlling (s. 1.4) muss dahin gehen, dass der Controller weniger Datensammler und Rechenknecht, dafür mehr interner Berater und Sparringspartner des Managements wird.

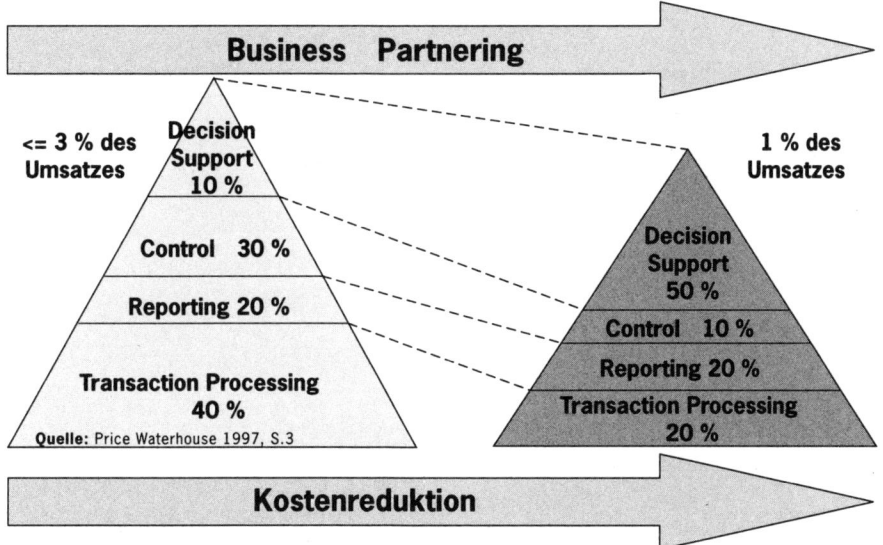

Abb. 8: Entwicklung des Ressourceneinsatzes im Controlling

Um diese Entwicklung zu ermöglichen, können die Anforderungen, man könnte auch sagen Ziele des Controlling, ebenfalls in 5 Bereichen zusammengefasst werden.

Die 5 Anforderungen des Controlling im Reporting

1. Integration der Vorsysteme
2. Mehr Datensicherheit und weniger Kontrolle
3. Automatisierung des Berichtserstellungsprozesses
4. Erhöhung der wertschöpfenden Tätigkeiten
5. Mehr Kundenzufriedenheit und Management-Attention

1. Integration der Vorsysteme

Das Idealbild der betriebswirtschaftlichen IT-Unterstützung ist eine integrierte ERP-Lösung als Basis plus ein darauf aufgesetztes Data Warehouse mit Berichtsgenerator. Das Ideal kommt in der Praxis so gut wie nie vor, d.h. es gilt aus suboptimalen Gegebenheiten das Beste zu machen.

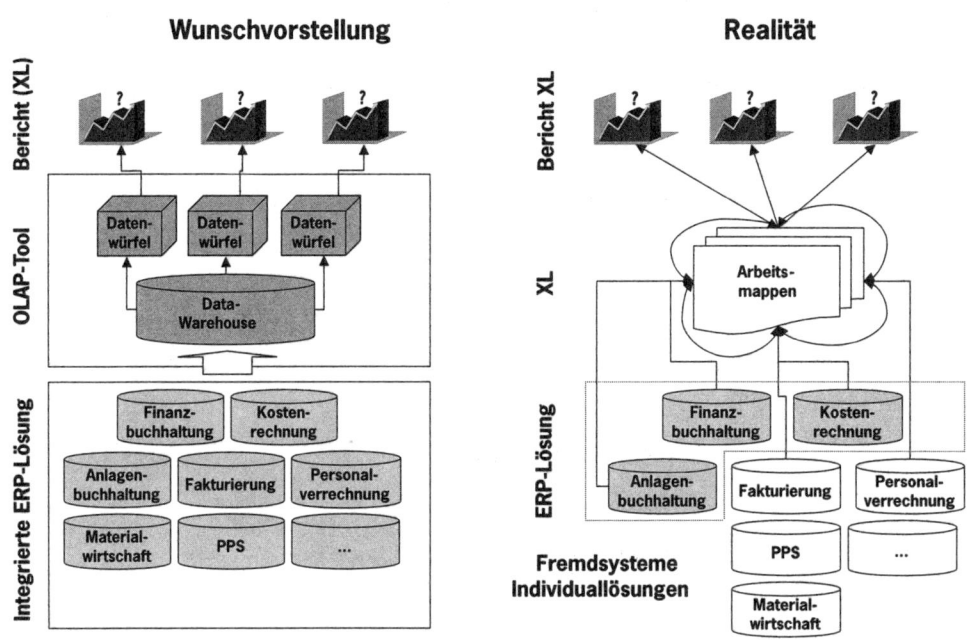

Abb. 9: Schematische Darstellung EDV-Landschaft

Eine Vielzahl an Vorsystemen, die über Schnittstellen anzubinden sind, birgt immer Gefahren. Bei Releasewechseln in einer der involvierten Lösungen ist die Schnittstelle meist zu adaptieren und zu testen, bevor sie hoffentlich wieder reibungslos funktioniert. In jedem Fall ist sicherzustellen, dass aus dem Vorsystem alle reportingrelevanten Merkmale mitgegeben werden (z.B. Kostenstellennummer je Mitarbeiter aus der Personalverrechnung). In jenen Fällen, in denen Daten noch mehrfach erfasst werden, ist dringend nach einer Lösung, meist im Wege eines Applikationstausches zu suchen. Die Fehlerwahrscheinlichkeit und der Zeitbedarf rechtfertigen solche Entscheidung meistens relativ rasch.

2. Mehr Datensicherheit und weniger Kontrolle

Je heterogener die Systemlandschaft ist, desto eher können Inkonsistenzen auftauchen und desto mehr Kontrolle ist notwendig. Die Kontrolle als nicht wertschöpfende Tätigkeit muss weitgehend durch systeminterne Plausibilitätsprüfungen abgedeckt sein.

3. Automatisierung des Berichtserstellungsprozesses

In der Praxis findet man nach wie vor häufig Excel-basiertes Reporting. Die Vorteile, wie gute Toolkenntnisse durch den Anwender und hohe Flexibilität und Layoutierbarkeit liegen auf der Hand. Es dürfen aber auch die Nachteile, wie etwa mangelnde Datensicherheit (denken Sie an die x-fach verknüpften Arbeitsmappen und die unabsehbaren Auswirkungen bei bereits geringfügigem Änderungsbedarf), nicht vorhandene OLAP-Fähigkeit und geringe Automatisierbarkeit nicht übersehen werden. Ein zeitgemäßes Reporting wird kaum ohne dezidiertes Tool auskommen können (s. 4).

4. Erhöhung der wertschöpfenden Tätigkeiten

Je weniger sich das Controlling um „nitty-gritty" technische Details kümmern muss, desto mehr Zeit bleibt für die Erbringung der internen Serviceleistung. Abweichungen können dann nicht nur dargestellt, sondern auch hinterfragt und analysiert werden. Das Controlling hat damit genügend Ressourcen zur Verfügung, um tatsächlich die Rolle als interner Sparringpartner und Berater des Managements wahrnehmen zu können.

5. Mehr Kundenzufriedenheit und Management-Attention

Bislang leidet das Controlling darunter, beim Management häufig „unter Wert" geschlagen zu werden. Gründe dafür liegen in der aufwändigen Erstellung von Berichten, die wenig Zeit für ergänzende Kommentare oder Analyse lassen. Sie liegen aber auch in einem falschen Verständnis der Kundenorientierung, in dem alle Berichtsanforderungen, auch sinnlose, erfüllt werden und im schlimmsten Fall auch gleich in das Standard-Berichtswesen übernommen werden, wodurch der Wahnsinn Methode gewinnt.

Mit Erfüllen der obigen Anforderungen kann sich das Controlling aber emanzipieren, sich tatsächlich Gehör beim Management verschaffen und damit einen wesentlichen Beitrag zur Verbesserung der Steuerungsqualität im Management leisten.

Fazit:

- Die Controlling-Kunden wollen zeitnahe mit steuerungsrelevanter Information versorgt werden. Das Controlling muss diese Anforderung erfüllen.
- Die Automatisierung unintelligenter manueller Datensammlungs- und Kontrollaktivitäten muss das Controlling für interne Beratung freispielen.

1.4 Balanced Controlling[2]: Manager und Controller als Team

1.4.1 Controlling-Praxis: Unbalanced Controlling

Controlling hat bewiesen, dass es mehr als eine Modeerscheinung ist. Es steht ausser Zweifel, dass ein ausgebautes Controlling für die aktive Führung des Unternehmens wichtig und notwendig ist. Die letzten Jahre waren sehr stark von der Entwicklung und Implementierung immer spezifischerer Controlling-Instrumente gekennzeichnet. Trotz des sukzessiven Instrumentenauf- und ausbaus und der immer leistungsfähiger werdenden IT-Unterstützung haben viele Manager das Gefühl, dass ihr Controlling nicht entsprechend wirkt bzw. die Wirkung mit dem gesteigerten Ressourceneinsatz nicht mitwächst.

Damit stellt sich die Frage, ob eine Neuausrichtung des Controlling notwendig ist und wenn ja, wie diese Neuausrichtung aussehen kann. Sie können diese Frage für sich dann mit „ja" beantworten, wenn ihre Antwort auf zumindest 2 der unten stehenden Fragen „Nein" lautet:

▸ Erzielt Ihr Controlling Wirkung?
▸ Berücksichtigt Ihr Controlling die erfolgsrelevanten Steuerungsgrößen auf allen Ebenen des Managements?
▸ Werden interne und externe Größen abgebildet?
▸ Funktioniert die Kommunikation mit dem Management?

Wenn Sie die eine oder andere (oder vielleicht sogar alle) Fragen mit „Nein" beantwortet haben, ist dies dennoch kein Grund zur Verzweiflung. Diese Fragen charakterisieren die in den letzten Jahren rasant gestiegenen Anforderungen an das Controlling. Da diese Anforderungen häufig noch nicht zur Zufriedenheit des Managements erfüllt werden, nimmt auch die Kritik am Controlling zu.

---

2 Contrast Management-Consulting hat gemeinsam mit dem Österreichischen Controller-Institut in empirischen Untersuchungen und zahlreichen Beratungsprojekten die aktuellen Anforderungen an das Controlling erhoben und die Schwachpunkte bestehender Controlling-Systeme aus Sicht der Praxis herausgearbeitet. Diese Erkenntnisse sind gemeinsam mit Kosten-Wirkungsüberlegungen in die Entwicklung eines neuen, ganzheitlichen Controllingkonzepts eingeflossen – dem Balanced Controlling.

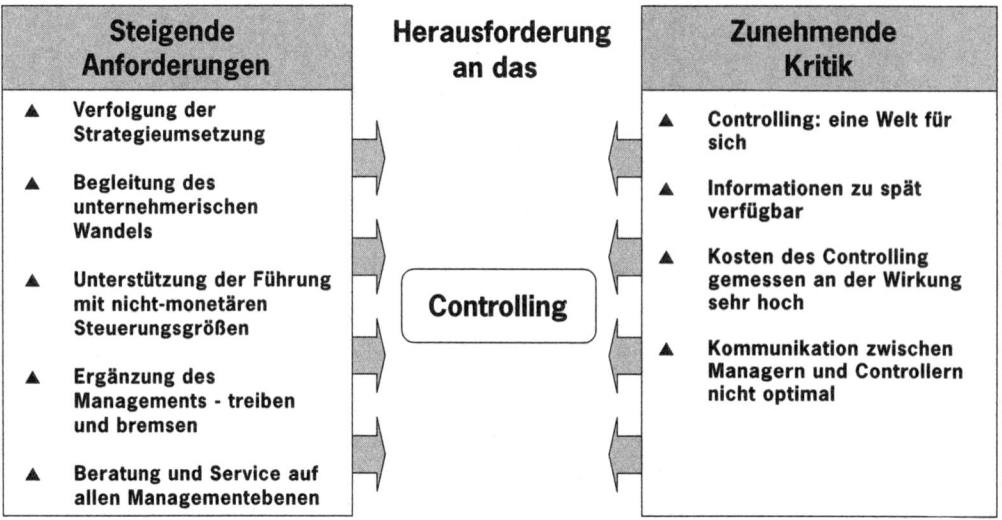

Abb. 10: Herausforderungen an das Controlling

In knapper Form lassen sich die Anforderungen folgendermaßen charakterisieren:

▎ Zu häufig klafft in der Unternehmenspraxis das strategische Wollen und das operative Tun auseinander. Das Monitoring der Strategieumsetzung gehört zu den zukünftig wichtigsten Aufgaben des Controlling.

▎ Organisationen und Geschäftsfelder sind einem rascheren Wandel unterworfen. Das Controlling muss diesen Wandel begleiten und unterstützen können.

▎ Monetäre Größen dienen dem Unternehmen im Wesentlichen zur Vergangenheitsbewältigung. Sie zeigen was war und wie sich die Ertrags- und Vermögenslage entwickelt hat. Zur aktiven Steuerung muss das Controlling aber Einflussgrößen – dies sind häufig nicht-monetäre Werte – darstellen können.

▎ Die Forderung, dass das Controlling das Management ergänzt, ist nicht neu, es ist allerdings höchste Zeit, dass diese Forderung auch in der Praxis umgesetzt wird. Dies ist nicht allein Controllingangelegenheit, dazu bedarf es eines Managements, dass das Controlling als Partner akzeptiert und sich auch ergänzen lässt.

▎ Der Controller darf sich in seinem Selbstbild nicht als „Rechenknecht" oder „Zahlenschaufler" sehen, was er in der Praxis gewollter- und ungewollterweise häufig ist. Das Controlling muss sich zu DER internen Beratungs- und Servicefunktion entwickeln.

Da diese Anforderungen häufig nur unzureichend erfüllt werden, regt sich auch Kritik am Controlling. Im Zuge der Instrumentenentwicklung und -implementierung wird bisweilen über das Ziel geschossen. Die Kosten- und Leistungs-rechnung weist in manchen Unternehmen einen Detaillierungsgrad auf, der zum einen nicht mehr steuerungsrelevant ist und zum anderen vom Management teil-weise nicht mehr verstanden wird. Darüber hinaus wird die Leistung des Controlling nicht besser, wenn eine Abweichung auf die 4. Kommastelle genau ausgewiesen wird – Controlling ist keine gutachterliche Tätigkeit.

Mit steigendem Detaillierungsniveau wird aber nicht nur am Markt der inter-nen Kunden vorbeiproduziert, dies führt auch dazu, dass die wertvollen Informa-tionen, aufgrund der Vielzahl der anderen Auswertungen, die noch durchführt und angeboten werden, verspätet verfügbar sind. Unter dem Gesichtspunkt der Steuerungsrelevanz ist Zeitnähe mindestens ebenso wichtig wie hinreichende Ge-nauigkeit.

Da der Nutzen dessen, was Controlling tut, damit für das Management nicht immer transparent ist (einen Bericht nicht zu bekommen, den man möchte, bleibt stärker haften, als 4 andere Berichte, die adressatengerecht und verfügbar sind), werden auch die Kosten stärker hinterfragt. In den letzten Jahren wurden in den Controllingabteilungen nicht nur Personal, sondern auch Sachkosten, meist EDV-Kosten, aufgebaut.

Auch die Kommunikation zwischen Controller und Manager ist verbesserungs-würdig. Die Interaktion wird häufig vom Management bemängelt, allerdings ist es hier auch wichtig, dass das Controlling auch in der aktiven Rolle des internen Be-raters gesehen wird.

1.4.2 Controlling-Entwicklung: Balanced Controlling

Um aus dem dargestellten Dilemma auszubrechen, ist eine Neuausrichtung des Controlling zu einem „Balanced Controlling" hin notwendig.

Was verbirgt sich hinter „Balanced Controlling"? (Siehe Abb. 11: Balanced Con-trolling)

„Balanced" ist nicht primär als Worthülse aus der Balanced Scorecard (s. 2.3) geklaut, sondern symbolisiert die notwendige Ausgewogenheit in folgenden Be-reichen:

- Controlling-Konfiguration
- Controlling-Inhalte
- Controlling-Perspektive
- Controlling-Kommunikation
- Kosten-Nutzen- (bzw. Wirkungs-)relation des Controlling

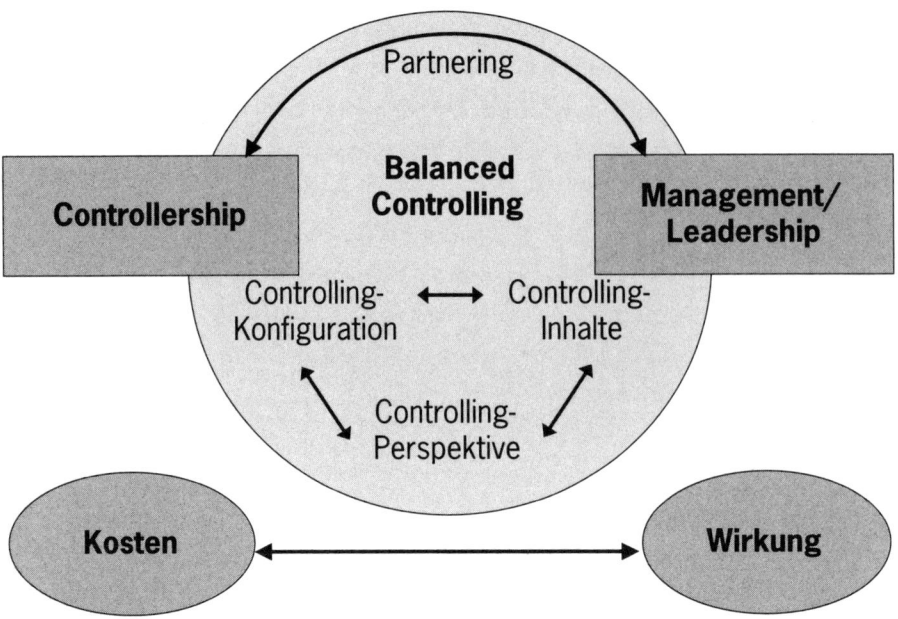

Abb. 11: Balanced Controlling

1. Optimierung der Konfiguration

Unter der Konfiguration des Controlling fallen die Controlling-Organisation, sowie die eingesetzten Instrumente und Methoden.

Abgesehen von sehr kleinen Unternehmen ist es jedenfalls zu empfehlen, dass es eine dezidierte Stelle gibt, die Controlling-Agenden wahrnimmt. Bei großen und komplexen Organisationen wird häufig eine Trennung zwischen zentralem und dezentralem Controlling sinnvoll sein. In diesem Fall muss aber sichergestellt sein, dass das zentrale Controlling Richtlinienkompetenz bewahrt, z.B. über die Implementierung des Dotted-Line-Prinzips[3]. In jedem Fall sind Rollenkonflikte zu vermeiden, z.B. falls die Revisionsabteilung Controllingagenden wahrnehmen soll.

Die Controlling-Instrumente Planung, Kosten- und Leistungsrechnung und Berichtswesen müssen die Unternehmensspezifika abbilden. Methodisch gilt dies v.a. für den Bereich Kosten- und Leistungsrechnung, da sich abhängig von Branchen- und Unternehmensmerkmalen der Aufbau stark unterscheidet (z.B. flexible

---

3   Dotted-Line-Prinzip: das dezentrale Controlling, z.B. Spartencontrolling ist disziplinarisch dem Spartenleiter unterstellt (straight line), funktional untersteht es dem zentralen Controlling (dotted line).

Grenzplankostenrechnung in Produktionsunternehmen, Prozesskostenrechnung im Dienstleistungssektor oder Marktzinsmethode in Banken).

Die ausgewogene Controlling-Konfiguration schafft externe Balance (Kontingenz), indem sie sich dem Unternehmensumfeld anpasst und Markt und Konkurrenz einbindet. Weiters schafft sie interne Balance (Konsistenz), indem die eingesetzten Controlling-Instrumente zum Entwicklungsstand des Unternehmens passen, Kosten-Nutzen-Überlegungen berücksichtigt werden und die Controllingaufgaben klar definiert sind.

2. Optimierung der Inhalte

Die Inhalte des Controllingsystems sind ausgewogen, wenn

▶ die Leistungsbeurteilungsgrößen und Kennzahlen (monetär und nicht-monetär) leicht verständlich sind

▶ je Entscheidungsstelle wenige erfolgsrelevante „measures" vorhanden sind

▶ Informationen über strategische Unsicherheiten aus internen und externen Quellen erfasst werden und

▶ das System lebendig ist und regelmäßig auf Veränderungsbedarf überprüft und angepasst wird.

3. Optimierung der Perspektive

Um die Strategieumsetzung controllen zu können, müssen neben operativen Inhalten auch strategische Größen einfliessen.

4. Optimierung der Kommunikation („Partnering")

Die Optimierung der Kommunikation im Team Manager – Controller muss folgende Prinzipien berücksichtigen:

▶ „Kommunikation ist mit dem Empfänger"

▶ Controlling ist wirksam, wenn es Wirkung beim Management erzielt.

▶ Controlling ist nur dann wirksam, wenn es glaubwürdig und akzeptiert ist.

▶ Das Controlling muss sich in das Management hineindenken.

▶ Das Controlling muss managementgerecht kommunizieren.

▶ Das Management muss mit Berichtssprache vertraut sein (Schulung).

5. Optimierung der Kosten-Nutzen-Relation

Die Kosten-Nutzen-Relation wird v.a. durch Effizienzsteigerung und Beschleunigung verbessert. Ansatzpunkte hierbei sind

▶ die Verbesserung der Systemunterstützung (Integration der Systeme, Verbesserung der Datenbasis, Nutzung von Data Warehouse-Technologie und neuen Medien)

> ▶ die Entfeinerung der Systeme (Überprüfung des Detaillierungsgrades der Kostenrechnung und der Planung sowie Abschaffung unnötiger Details)
> ▶ die Beschleunigung durch Ablaufoptimierung und Schnittstellenmanagement, sowie
> ▶ die Dezentralisierung des Controlling und Forcierung von Selbstcontrolling.

Balanced Controlling zielt auf die Absicherung von Leadership durch Controllership ab. Die Anforderungen an Controller sind im Balanced Controlling sehr hoch, allerdings bietet sich damit gleichzeitig für das Controlling die Chance, einen wesentlichen Beitrag zum Erfolg des Unternehmens zu leisten. Voraussetzung für die Ergänzung des Leaders durch den Controller, die sich auch in ihren Persönlichkeitsmerkmalen unterscheiden werden, ist das Problembewusstsein beim Management.

Abb. 12 stellt nochmals die Entwicklungen aus funktionaler und personenbezogener Sicht dar:

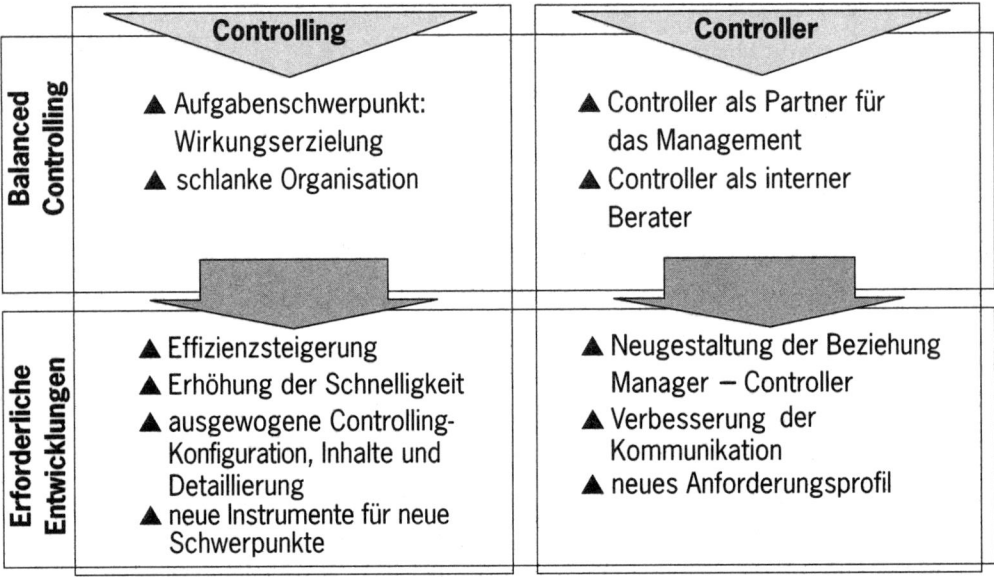

Abb. 12: Soll-Zustand Balanced Controlling

Abb. 13 fasst die Entwicklung zum Balanced Controlling in Form eines Entwicklungsprojektes zusammen:

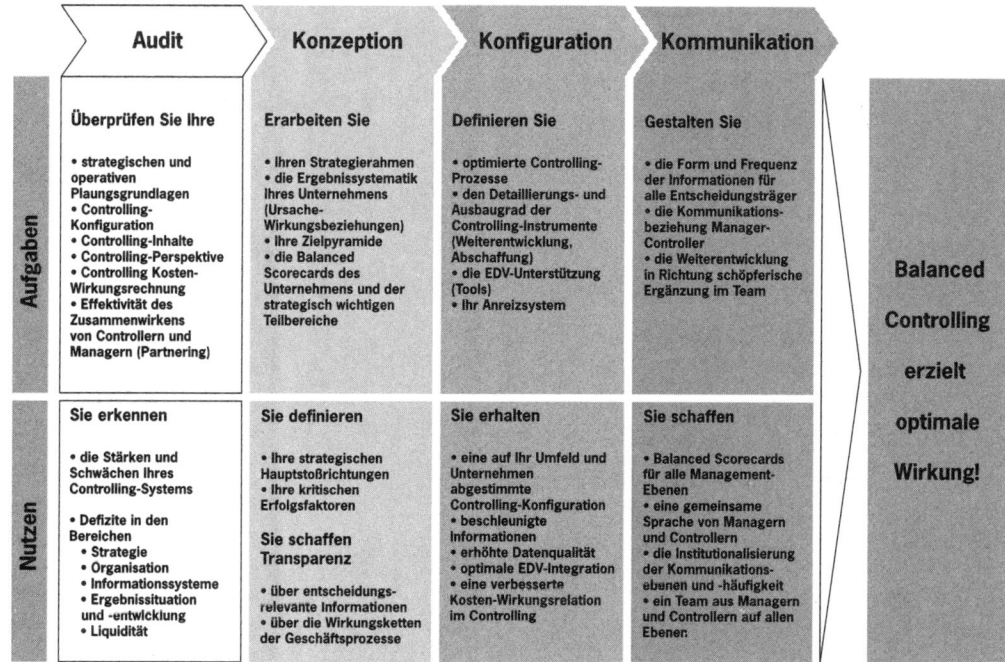

Audit	Konzeption	Konfiguration	Kommunikation	
Überprüfen Sie Ihre	**Erarbeiten Sie**	**Definieren Sie**	**Gestalten Sie**	
• strategischen und operativen Plaungsgrundlagen • Controlling-Konfiguration • Controlling-Inhalte • Controlling-Perspektive • Controlling Kosten-Wirkungsrechnung • Effektivität des Zusammenwirkens von Controllern und Managern (Partnering)	• Ihren Strategierahmen • die Ergebnissystematik Ihres Unternehmens (Ursache-Wirkungsbeziehungen) • Ihre Zielpyramide • die Balanced Scorecards des Unternehmens und der strategisch wichtigen Teilbereiche	• optimierte Controlling-Prozesse • den Detaillierungs- und Ausbaugrad der Controlling-Instrumente (Weiterentwicklung, Abschaffung) • die EDV-Unterstützung (Tools) • Ihr Anreizsystem	• die Form und Frequenz der Informationen für alle Entscheidungsträger • die Kommunikationsbeziehung Manager-Controller • die Weiterentwicklung in Richtung schöpferische Ergänzung im Team	**Balanced** **Controlling** erzielt
Sie erkennen	**Sie definieren**	**Sie erhalten**	**Sie schaffen**	optimale

• die Stärken und Schwächen Ihres Controlling-Systems
• Defizite in den Bereichen
  • Strategie
  • Organisation
  • Informationssysteme
  • Ergebnissituation und -entwicklung
  • Liquidität
	• Ihre strategischen Hauptstoßrichtungen
	• Ihre kritischen Erfolgsfaktoren
	
	Sie schaffen Transparenz
	
	• über entscheidungsrelevante Informationen
	• über die Wirkungsketten der Geschäftsprozesse
		• eine auf Ihr Umfeld und Unternehmen abgestimmte Controlling-Konfiguration
		• beschleunigte Informationen
		• erhöhte Datenqualität
		• optimale EDV-Integration
		• eine verbesserte Kosten-Wirkungsrelation im Controlling
			• Balanced Scorecards für alle Management-Ebenen
			• eine gemeinsame Sprache von Managern und Controllern
			• die Institutionalisierung der Kommunikationsebenen und -häufigkeit
			• ein Team aus Managern und Controllern auf allen Ebenen
				Wirkung!

Mit Aufgaben- und Nutzen-Kategorien (Spalten links: **Aufgaben**, **Nutzen**).

Abb. 13: Entwicklungsschritte zum Balanced Controlling

Wichtig ist festzuhalten, dass die Entwicklung zu einem Balanced Controlling kein definiertes Ende hat. Die kontinuierliche Weiterentwicklung des Steuerungssystems ist unabdingbar, da ja auch Unternehmen und Unternehmensumfeld nicht statisch sind. Die laufende Überprüfung und Weiterentwicklung des Steuerungssystems ermöglicht eine zeitnahe Reaktion auf interne und externe Änderungen und unterstützt die Unternehmensentwicklung.

Fazit:

▮ Inhalte des Steuerungssystems müssen strategiekonform sein und laufend weiterentwickelt werden

▮ Organisatorische und EDV-technische Abbildung erfolgen in einem flexiblen und transparenten System

▮ Die Kommunikation im Team Manager – Controller wird bewusst gestaltet, Kapazitäten im Controlling werden zur Unterstützung der Unternehmensführung genutzt

▮ Das Management aller Ebenen wird laufend mit monetären und nichtmonetären Steuerungsgrößen versorgt, die zeitnahe Korrekturmaßnahmen erlauben.

2 Moderne Unternehmenssteuerung als Basis für ein effizientes Berichtswesen

2.1 Der Controlling-Regelkreis und das Controlling-System als Determinanten des Berichtswesens

Das Thema Berichtswesen ist schwierig abgrenzbar, da es Interpretationssache ist, wo Planung und Kostenrechnung enden und Berichtswesen beginnt. „Berichtswesen optimieren" liegt eine enge Begriffsdefinition i.S. der Informationsaufbereitung und -verteilung zugrunde. Planung und Kostenrechnung sind damit die essentiellen Grundlagen und Treiber der Qualität des Reporting. Was nicht oder schlecht geplant und spät oder mangelhaft erfasst wird, senkt automatisch die Qualität des Berichtswesens. Da damit aber Berichtswesen nicht für sich alleine diskutiert werden kann, werden anhand des in Abb. 14 dargestellten Controlling-Regelkreises (vgl. Weber 1998, S. 152) wichtige Zusammenhänge, v.a. unter Berücksichtigung möglicher Gefahrenquellen dargestellt.

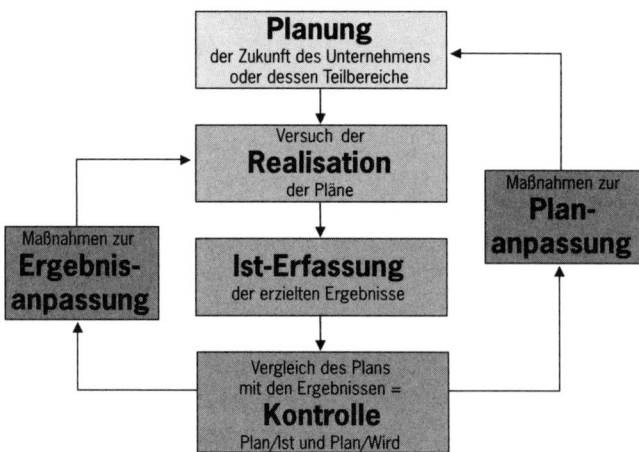

Abb. 14: Der Controlling-Regelkreis

2.1.1 Planung als Determinante im Berichtswesen

Definition Planung:

„Planung ist die gedankliche Vorwegnahme möglicher zukünftiger Zustände, die Auswahl der anzustrebenden Zustände (Ziele) und die Festlegung der dazu umzusetzenden Maßnahmen. Damit soll das Unternehmen laufend an interne und externe Veränderungen angepasst werden, wobei Entscheidungen unter Berücksichtigung zukünftiger Wirkungen zu treffen sind." (zit. n. IGC 2001, S. 164)

Definition Budgetierung:

Die Budgetierung bezeichnet den wertmäßigen und rechnerischen Teil der Planung (vgl. IGC 2001, S. 30).

Die Planung ist **keine**

▶ Prognose i.S. einer Vorhersage

▶ Hochrechnung i.S. einer Extrapolation des aktuellen Jahres, weder mit +, noch mit − x%

▶ Fortschreibung der aktuellen Situation

▶ Pflichtübung

▶ alleinige Aufgabe der Unternehmensleitung oder zentraler Stellen, wie etwa des Controlling

▶ Wunschliste an das Folgejahr.

Mit anderen Worten:

Die Planung ist die Willensbekundung des Managements und der anderen operativ verantwortlichen Stellen im Unternehmen. Sie ist ein Zielfindungs-, -abstimmungs- und –vereinbarungsprozess, an dem im Gegenstromverfahren (top-down-bottom-up-top-down-bottom-up) zentrale und dezentrale Einheiten beteiligt sind. Als Output der Planung resultiert ein verbindlicher betriebswirtschaftlicher „roter Faden" für alle Ebenen des Unternehmens.

Die Planung ist kritisch zu sehen, wenn sie auf Jahresbasis erfolgt und der Monatsplan einfach gezwölftelt wird. Es gibt kaum eine Branche oder ein Unternehmen, die keinerlei Saisonalität aufweisen. Damit ist diese Linearisierung eine grobe Vereinfachung, die aus Sicht des Berichtswesens die Latte in den jeweiligen Monaten systematisch zu hoch oder zu niedrig legt. Ein pragmatischer Weg zu einer saisonalisierten Planung zu kommen, ist die Planung auf Jahresbasis durchzuführen und die Saisonalisierung anhand der vergangenen Perioden zu übernehmen. Dies ist natürlich nur dann sinnvoll, wenn die Saisonalität selbst sich nicht verschiebt. Andernfalls führt kein Weg an einer monats- oder zumindest quartalsweisen Planung vorbei.

Ein wesentlicher Faktor in der Planung ist das Vereinbaren zwar anspruchsvoller, aber dennoch realistischer Ziele:

„Stecken Sie eine 1,75m große Person in (ein Becken mit) 1,90m Wasser und die Chancen stehen gut, dass sie schwimmen lernen wird. Sie wird zwar ein bisschen schlucken und spucken, aber sie kann immer vom Boden abspringen und Luft holen. Stecken Sie dieselbe Person in 2,20m tiefes Wasser, kann es sein, dass sie einen Toten vor Ihren Füssen haben." (zit. n. Peters 1991, S. 601)

Ein solcher Zugang zur Planung gewährleistet zweierlei:
- ▸ Es wird ein positiver Druck in Richtung der gewünschten Unternehmensergebnisse erzeugt und
- ▸ die Planung berücksichtigt motivatorische Anspekte. Das wichtigste Ziel von Zielvereinbarungen sollte sein, aus 90% der Mitarbeiter selbstbewusste Sieger zu machen (vgl. Peters 1991, S. 602).

2.1.2 Ist-Rechnung als Determinante im Berichtswesen

In der Ist-Rechnung geht es primär um die zeitnahe Zurverfügungstellung der Information. Die Zeitfresser im Berichtswesen sind in der Abbildung 15 dargestellt.

▌ Abweichungsentstehung
Abweichungen entstehen aus dem Tagesgeschäft. Aufgrund unvorhergesehener Ereignisse, z.B. Rohstoffpreissteigerungen, werden die Plankosten überschritten. Es ist in vielen Fällen vom Berichtsintervall abhängig, wie rasch Abweichungen festgestellt werden. Als Standardberichtsintervall hat sich der Monat durchgesetzt. Bei einem quartalsweisen Berichtswesen könnten die Kosten länger als 3 Monate aus dem Ruder laufen, ohne dass dies feststellbar wäre.

▌ Berichtszeit
Der Zeitraum, in dem ein negativer Trend ohne Gegensteuerungsmaßnahmen wirksam wird, verlängert sich durch den Zeitraum der Berichtserstellung. Benötigen Sie 2 Wochen zur Erstellung Ihres Monatsberichts, so hat sich die Abweichungsentstehungszeit um 50% verlängert. Die rasche Erstellung der Berichte ist somit essentiell.

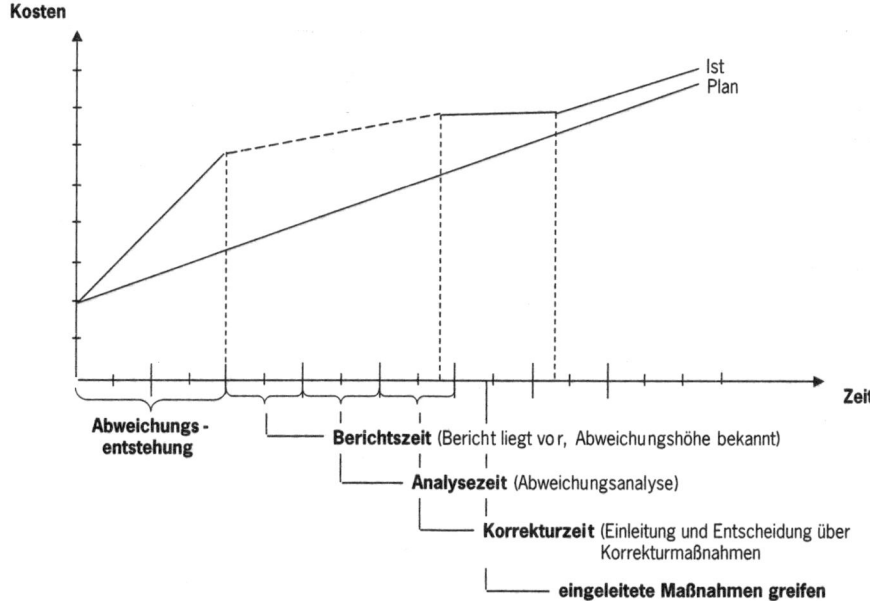

Abb. 15: Zeitnähe als Erfolgsfaktor im Berichtswesen

▌ Analysezeit

Das reine Feststellen der Abweichung ist nicht ausreichend. Die Kosten wurden um 5% überschritten, aber woher kommt die Überschreitung? Sie könnte aus den Fremdleistungskosten kommen, aber wenn dem so ist, welche Fremdleistungen verursachen die Kostenüberschreitung? In welchen Kostenstellen sind diese zusätzlichen Kosten angefallen? Was war der Grund dafür? Und am wichtigsten: wie kann dies für die Zukunft vermieden werden bzw. können Kosten eingespart werden?

Damit diese Fragen beantwortet werden können, ist es notwendig, bereits in der Kostenrechnung bzw. der Ergebnisrechnung die Daten sauber darzustellen, wie beispielsweise in der u.a. mehrstufigen Deckungsbeitragsrechnung.

(Angaben in EUR)

Gesamtunternehmen	Unternehmen				
Bereich	Eigenerzeugnisse			Handelsware	
Maschinengruppe	AM	BCM			
Produktgruppe	A	B	C	D	E
Erlös/Stück	100	200	150	250	100
- variable Kosten/ Stk.	-60	-144	-120	-220	-80
= Deckungsbeitrag/ Stk.	40	56	30	30	20
* abgesetzte Menge/ Stk.	200	400	350	450	150
= Deckungsbeitrag I des Produktes	8.000	22.400	10.500	13.500	3.000
Deckungsbeitrag I der Produktgruppen	8.000	32.900			
- Fixkosten der zugeordneten Maschinen	-4.000	-22.900			
= Deckungsbeitrag II	4.000	10.000			
Deckungsbeitrag II des Bereiches	14.000			16.500	
- Fixkosten des Bereiches	-10.000			-17.000	
= Deckungsbeitrag III	4.000			-500	
Deckungsbeitrag III des Unternehmens	3.500				
- Unternehmensfixkosten	-1.100				
= Betriebsergebnis	2.400				

Abb. 16: Transparente Ergebnisdarstellung

Abb. 17 zeigt aufbauend auf der Ergebnisrechnung einen exemplarischen Analysepfad auf.

▌ Korrekturzeit

Wenn die Abweichungsursachen festgestellt wurden, müssen Korrekturmaßnahmen eingeleitet werden. Die Maßnahmendefinition, Zuordnung der Umsetzungsverantwortung und ggf. Definition notwendiger flankierender Maßnahmen nimmt ebenfalls Zeit in Anspruch.

▌ Wirkung

Es ist Faktum, dass die Maßnahmen, abhängig von ihrer konkreten Ausprägung bis zu mehreren Monaten Vorlaufzeit haben können, bevor sie wirken. Ein Öltanker beginnt auch 50 Kilometer vor der Küste zu bremsen, um nicht in die Hafenmauer zu krachen.

(Angaben in EUR)

Gesamtunternehmen	Unternehmen				
Bereich	Eigenerzeugnisse			Handelsware	
Maschinengruppe	AM	BCM			
Produktgruppe	A	B	C	D	E
Erlös/Stück	100	200	150	250	100
- variable Kosten/ Stk.	-60	-144	-120	-220	-80
= Deckungsbeitrag/ Stk.	40	56	30	30	20
* abgesetzte Menge/ Stk.	200	400	350	450	150
= Deckungsbeitrag I des Produktes	8.000	22.400	10.500	13.500	3.000
Deckungsbeitrag I der Produktgruppen	8.000	32.900			
- Fixkosten der zugeordneten Maschinen	-4.000	-22.900			
= Deckungsbeitrag II	4.000	10.000			
Deckungsbeitrag II des Bereiches	14.000			16.500	
- Fixkosten des Bereiches	-10.000			-17.000	
= Deckungsbeitrag III	4.000			-500	
Deckungsbeitrag III des Unternehmens	3.500				
- Unternehmensfixkosten	-1.100				
= Betriebsergebnis	2.400				

Abb. 17: Ergebnisanalysepfad

2.1.3   Feed-Back und Feed-Forward im Berichtswesen

2.1.3.1   *Feed-Back / Plan-Ist-Vergleich*

Die Notwendigkeit eines zeitnahen Plan-Ist-Vergleiches wurde bereits herausgestrichen. Um ein wirkungsvolles Berichtswesen zu realisieren, ist es wichtig, dass Plan- und Istrechnung in derselben Struktur erfolgen. In jenen Bereichen, in denen eine Detailplanung nicht praktikabel ist (z.B. Planung auf Artikelebene bei sehr vielen Artikeln) kann ein Plan-Ist-Vergleich auch auf aggregierterer Ebene (z.B. Artikelgruppe) durchgeführt werden, der Vergleich darf allerdings nicht zu grob werden.

In Produktionsunternehmen wird aufgrund der Bedeutung variabler Kosten sinnvollerweise nicht auf einen Plan-Ist-Vergleich, sondern einen Soll-Ist-Vergleich abgestellt. Sollkosten sind die Plankosten der Istleistung. Diese werden dann mit den Istkosten der Istleistung verglichen, um die Abweichungen zu analysieren.

2.1.3.2   *Feed-Forward / Plan-Wird-Vergleich*

Neben dem Feed-Back ist das Feed-Forward (Plan-Wird-Vergleich oder Erwartungsrechnung) von essentieller Bedeutung. Über die Erwartungsrechnung ist es möglich, den unterjährig verbesserten Erkenntnisstand für die Unternehmenssteuerung zu nutzen, ohne den Originalplan zu verändern.

Dieser Wird-Wert wird in der Praxis auf mehrere Arten ermittelt:

▪ Hochrechnung bzw. Extrapolation

Die Kostenabweichung beträgt im April +5%. Aufbauend auf der Hochrechnung werden auch für das Jahresende +5% erwartet. Diese Berechnung ist aus 2 Gründen abzulehnen:

1. Sie ist mechanistisch und unterstellt, dass das Unternehmen die Abweichung quasi „erleidet", d.h. auftretende Abweichungen werden in Kauf genommen.

2. Gegensteuernde Maßnahmen sollen helfen, die Abweichung rückzuführen. Es ist aber genauso denkbar, dass sich negative Entwicklungen trotz aller unterjähriger Kraftanstrengungen der Leistungsträger im Unternehmen verstärken. Möglicherweise wird das Jahresendergebnis noch deutlich stärker als 5% abweichen. Die Hochrechnung wäre hier zu defensiv.

▪ Ergänzung der Istwerte um den Restplan

Das Ist wird um den anteiligen Jahresplan der offenen Perioden ergänzt. Auch diese Berechnung ist aus 2 Gründen abzulehnen:

1. S.o., die aus den vergangenen Monaten resultierende Abweichung wird nicht hinterfragt.

2. Ein Teil des Jahres wurde bereits kostenmäßig nicht plankonform realisiert, dies macht die Annahme, dass der Rest des Jahres plankonform verläuft, nicht plausibel.

▪ Grobplanung und -budgetierung des Restjahres

Der Erwartungswert sollte aus dem realisierten Ist und dem Wird des Restjahres basierend auf einer qualifizierten Neueinschätzung des Restjahres ermittelt werden. Damit hat die Erwartungsrechnung Plancharakter. Um das Kosten-Nutzen-Verhältnis nicht zu gefährden, stellt man bei der Erwartungsrechnung auf eine vergröberte Form der Budgetierung i.S. der Überarbeitung des Planes in den wichtigsten Punkten unter Berücksichtigung der zu ergreifenden gegensteuernden Maßnahmen ab.

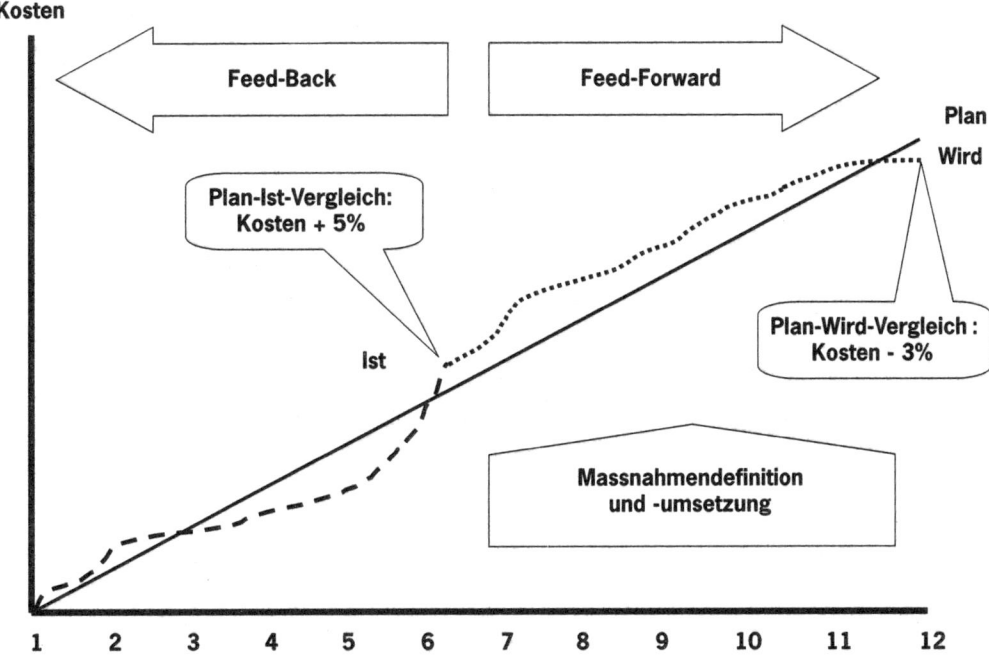

Abb. 18: Erwartungsrechnung

In einem Bericht abgebildet kann die Erwartungsrechnung folgendes Aussehen haben:

Bericht xy		Informationen / Monat (kumuliert)				Erwartung zum Jahresende			
Nr	Produkte Kunden Bereiche	Plan (Soll)	Ist	Abweichung abs.	%	Plan (Soll)	Erwartung Wird	Abweichung abs.	%
	(EUR)	(1)	(2)	(3)	(4)	(5)	(6)	(7)	(8)
1	Erlöse								
2	Kosten								
3	...								
4	Ergebnis								
5	...								

Abb. 19: Erwartungsrechnung im Bericht

Abweichend zu dieser Darstellung ist es auch möglich, den Erwartungswert für das Restjahr noch separat auszuweisen. In Abb. 19 wurde er bereits mit dem kumulierten Ist zusammengefasst.

2.1.3.3 *Vergangenheitsbewältigung / Ist-Ist-Vergleich*

Der Ist-Ist-Vergleich ist in der Praxis nach wie vor sehr beliebt. Aus Sicht eines zeitgemässen Controlling ist es wichtig, dass Plan-Ist- und Plan-Wird-Vergleiche als steuerungsrelevant angesehen werden und der Ist-Ist-Vergleich nur zur Abrundung dient. Eine Steuerung über Ist-Ist-Vergleiche ist nicht zweckmäßig, da Planungs- und Aktionsorientierung zu kurz kommen.

Bleiben wir bei der Auto-und-Rückspiegel-Metapher (s. S. 19), haben sie spätestens in der ersten Kurve ein Problem.

2.1.4 Gefahrenquellen im Controlling-Regelkreis

In der Unternehmenspraxis wird der Controlling-Regelkreis (vgl. Weber 1998, S. 152) nicht in aller Konsequenz gelebt. Damit stiftet aber auch Controlling nicht den maximal möglichen Nutzen. Abb. 20 zeigt die in der Praxis relevanten Gefahrenquellen:

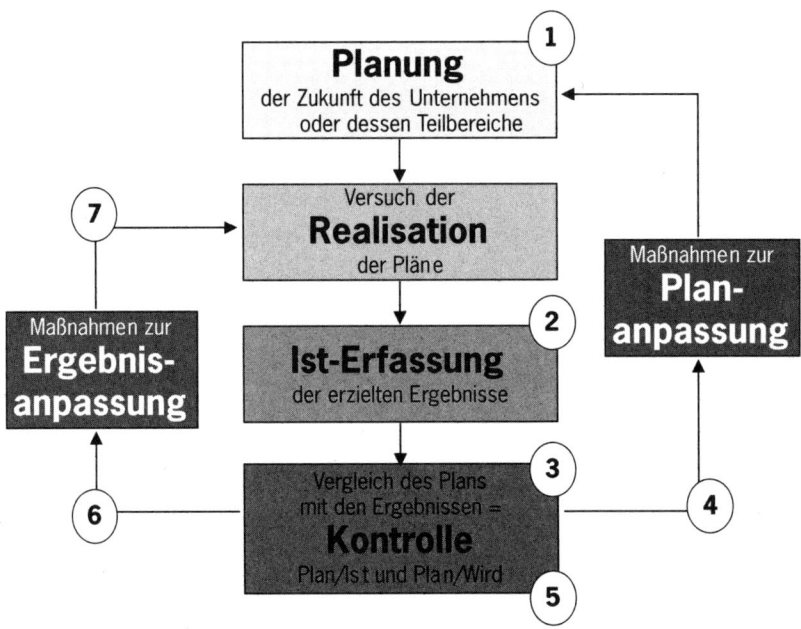

Abb. 20: Gefahrenquellen im Controlling-Regelkreis

Gefahrenquelle 1 – fehlende oder mangelhafte Planung

Es gibt keine Planung. Das völlige Fehlen einer Planung ist in der Praxis sehr selten geworden. Häufiger findet man, v.a. im unteren Mittelstand noch die Beschränkung auf sehr wenige hoch aggregierte Planelemente, z.B. Plan-Gewinn- und Verlustrechnung und Planbilanz.

Für das Berichtswesen ist es wichtig, dass auf detaillierter Ebene geplant wird, sonst wird ein aussagekräftiger Plan-Ist-Vergleich verunmöglicht. Sinnvolle Detailebenen für eine kostenartenweise Planung sind:

▶ Kostenstelle
▶ Produkt (bei breitem Leistungsspektrum alternativ die Produktgruppe)
▶ Kunde (bei breiter Kundenbasis alternativ die Kundengruppe)
▶ Region.

Planung und Ist-Rechnung müssen in derselben Struktur erfolgen, ansonsten wird der Plan-Ist-Vergleich ebenfalls verunmöglicht.

Ein höheres Aggregationsniveau in der Planung ist zulässig, falls dies aus Praktikabilitätsgründen nötig ist (z.B. Planung auf Ebene der Produktgruppe bei sehr vielen Artikeln, Istwerte sind natürlich je Artikel verfügbar).

Gefahrenquelle 2 – verspätete Istdaten

Wenn Istdaten erst sehr spät zur Verfügung stehen, kann negativen Entwicklungen nicht rechtzeitig gegengesteuert werden. Dies wird auch durch Abb. 15 verdeutlicht. Die Strukturgleichheit zwischen Planung und Kosten- und Leistungsrechnung muss gegeben sein.

Gefahrenquelle 3 – fehlender Plan-Ist-Vergleich

Es wird sowohl geplant als auch das Ist erfasst. Ein Plan-Ist-Vergleich wird nicht durchgeführt. Dies ist v.a. in Unternehmen anzutreffen, die die Planung nur auf aggregierter Ebene, häufig auch auf Verlangen der Bank durchführen. Da die Planung selbst als Pflichtübung gesehen wird, misst man auch dem Plan-Ist-Vergleich keine Bedeutung bei. In der Praxis werden diese Fälle immer seltener.

Gefahrenquelle 4 – mangelhafter Plan-Ist-Vergleich

Der Plan-Ist-Vergleich wird durchgeführt. Im Falle von Planabweichungen wird der Plan angepasst. D.h. das „wirkliche Leben" wird als Problem der Planung definiert, die dementsprechend angepasst wird. Diese Gefahrenquelle hat besonderen Sprengstoff. Zum einen wird der ursprüngliche Plan nicht verfolgt, damit ist auch am Jahresende nicht mehr feststellbar, inwieweit die ursprünglichen Ziele erreicht wurden. Lerneffekte für zukünftige Perioden sind nicht möglich. Zum anderen wird jegliche Planungsqualität der Folgeperioden unterminiert, denn welchen Stellenwert und welches Maß an Verbindlichkeit hat eine Planung, wenn sie ohnehin nach der ersten Abweichung revidiert wird? Am Jahresende haben alle Mitarbeiter das befriedigende Gefühl den x-mal revidierten Plan erreicht zu haben. Dass dieser realisierte Plan deutlich unter dem Originalplan liegt, weiß zu diesem Zeitpunkt niemand mehr.

Um unterjährige Entwicklungen und Erkenntnisse in die Unternehmenssteuerung einfließen lassen zu können, soll die Erwartungsrechnung (s. 2.1.3.2) eingesetzt werden. Der Plan ist nur in Ausnahmefällen, die man auch unter „höherer Gewalt" subsummieren könnte, anzupassen. Durch die Änderung rechtlicher Rahmenbedingungen, Eigentümerwechsel, Großschadensfälle o.ä. kann eine Planung obsolet werden. In diesem Fall ist eine neue Planung für das Rumpfwirtschaftsjahr aufzustellen.

Gefahrenquelle 5 – Abweichungsfeststellung statt Abweichungsanalyse

Der Plan-Ist-Vergleich wird durchgeführt, die Abweichungen werden aber nicht oder nur oberflächlich analysiert und interpretiert. Die Abweichung nur festzustellen stiftet noch keinen Nutzen. Controlling soll sich nicht als gutachterliche Tätigkeit verstehen. Diese Problematik wird auch nicht dadurch gemildert, dass die Abweichungen besonders genau bis auf die x-te Kommastelle festgestellt werden. Um sinnvolle Maßnahmen definieren zu können, ist es unerlässlich, auch die Abweichungsursachen zu erforschen.

Gefahrenquelle 6 – Giganten in der Analyse...

Wenn die Abweichungsursachen bekannt sind, steht der Definition gegensteuernder Maßnahmen nichts mehr im Wege. Tatsache ist allerdings, dass häufig Abweichungen analysiert werden, aber nichts zur Verbesserung der Situation getan oder abgewartet wird, ob sich die Dinge nicht von selbst regeln (was sie nie tun).

Gefahrenquelle 7 – ...Mäuse in der Umsetzung

Wurden Abweichungsmaßnahmen definiert, müssen sie auch umgesetzt werden. Erst wenn der gesamte Regelkreis von der Planung über die Isterfassung bis zur Abweichungsanalyse und Gegensteuerung geschlossen wird, stiftet Controlling Nutzen. Erst die Maßnahmenumsetzung schlägt sich ergebnisverbessernd nieder.

Mit anderen Worten, in allen Stadien davor ist Controlling Kunst um der Kunst willen, stiftet aber keinen konkreten, monetär feststellbaren Nutzen für das Unternehmen.

2.1.5 Berichtswesenrelevante Grundprinzipien im Controlling

2.1.5.1 *Partizipation*

Die Dynamik und Komplexität, die die meisten Unternehmen aufweisen, verlangen nach einem „modernen", partizipativen Führungsstil. Strikt hierarchische Organisationen mit langen Entscheidungswegen können die bestehenden und immer wichtiger werdenden Anforderungen wie Kundennähe, Flexibilität, „one-stop-shopping", Schnelligkeit oder Qualitätsorientierung nicht erfüllen.

Im Controlling ist die Nähe zu einem partizipativen Führungsstil in mehrfacher Art und Weise verankert:

- Controlling forciert aktiv das Führen über Ziele (Management by Objectives)
- Ziele werden vereinbart, nicht strikt top-down „befohlen"
- Die Mitarbeiter werden als „Mit-"arbeiter, nicht als Mit„-arbeiter" gesehen. Ideen, Kreativität und Maßnahmen werden aktiv gewünscht.
- Selbstcontrolling stellt auf die Selbststeuerungs- und -motivationsfähigkeit der Mitarbeiter ab, Verantwortungsübernahme und Möglichkeit zur Selbstgestaltung des eigenen Einflussbereiches werden als motivierend gesehen.

Informationspolitik und Berichtswesen müssen auf diese Grundprinzipien abstellen. Ein Unternehmen, dass eine sehr restriktive Informationspolitik (s. 3.2.6) betreibt, wird kein zeitgemäßes Controlling realisieren können.

2.1.5.2 *Dezentralisierung*

Sieht das externe Rechnungswesen ein Unternehmen als monolithischen Block, so ist es eine Bestrebung des internen Rechnungswesens, das Unternehmen in kleinere, flexiblere und leichter zu steuernde Teilbereiche zu untergliedern. Um diese Vorteile lukrieren zu können, ist es aber auch notwendig, dass die Kompetenzen und Handlungsspielräume am Ort des Geschehens definiert sind. Häufig machen Unternehmen den Fehler, zuerst die Kompetenz und erst danach die Information zu dezentralisieren. Als Folge daraus sind Kostenstellenleiter oder andere dezentral Verantwortliche überfordert, da sie kein Steuerungsinstrumentarium zur Verfügung haben bzw. erst das betriebswirtschaftliche Verständnis aufgebaut werden muss.

Zuerst muss die Information dezentralisiert werden, erst damit wird die Basis für eine nachfolgende Delegation von Verantwortung geschaffen.

Bereits mit der Dezentralisierung von Information werden wichtige motivierende Effekte erzielt (in Anlehnung an Peters 1991, S. 611):

- der Einzelne (Arbeiter,...) fühlt sich vom Management als Partner und Problemlöser wahrgenommen
- nur mit dezentralisierter Information ist das Tagesgeschäft sinnvoll vor Ort steuerbar und können kontinuierliche Verbesserungen erzielt werden
- weniger Informationsmonopole führen zu gesteigerter Flexibilität
- sichtbare Messgrößen beschleunigen Problemlösung und Maßnahmenumsetzung
- geteilte Information stimuliert den internen Wettbewerb
- sinnvolle Information erzeugt sinnvolle Fragen, die sinnvolle Information erzeugen
- Verflachung von Hierarchien wird möglich.

2.1.5.3 Controlling und Selbstcontrolling

„Vertrauen ist gut, Kontrolle ist besser" – für das Controlling sollte eher der Grundsatz gelten, dass Vertrauen produktiver als Kontrolle ist.

Unter dem Schlagwort „Partnering" wurde bereits im Balanced Controlling nachdrücklich auf die Wichtigkeit der Kooperation zwischen Management und Controlling hingewiesen (s. 1.4). Das Selbstcontrolling kann eine solche verbesserte Zusammenarbeit unterstützen, allerdings könnte ein übertriebenes oder falsch verstandenes Selbstcontrolling auch die Entkoppelung von Controlling und Controlling-Kunden fördern.

In Zukunft ist es wichtiger denn je, dass das Controlling persönlichen Zugang zum Management hat, um die wirtschaftliche Situation des Unternehmens zu diskutieren. Eine solche persönliche Betreuung kann allerdings nicht mit der Gießkanne erfolgen, sondern muss auf die wichtigsten Entscheidungsträger konzentriert werden. Damit kann das Selbstcontrolling folgende wichtige Aufgaben übernehmen:

- die Führungskräfte müssen Selbstcontrolling betreiben, um bereits vorinformiert in Controlling-Meetings zu gehen und dort den Entscheidungsfindungsprozess verbessern
- Führungskräfte müssen sich selbst qualifiziert mit ihren Mitarbeitern über wirtschaftliche Ergebnisse auseinandersetzen können
- die nachgelagerten Entscheidungsebenen müssen soweit betriebswirtschaftlich

qualifiziert werden, dass sie ohne intensive Betreuung durch das Controlling dennoch ihre Verantwortung wahrnehmen können.

Die Zukunft des Berichtswesens kann nicht in der Vollautomatisierung (Schaffung eines „Datensupermarkt", aus dem sich alle Mitarbeiter bedienen können) und der Reduktion des Controlling auf eine reine Informationsdrehscheibe liegen. Dies ist weder aus Zusammenarbeitsgesichtspunkten noch auch Qualifaktionsgesichtspunkten optimal.

Fazit:

- Das Berichtswesen benötigt eine anspruchsvolle Planung und eine saubere Istdatenerfassung als Basis.
- Eine controllinggerechte Erwartungsrechnung erhöht den Nutzen des Berichtswesen wesentlich.
- Der Wille Verantwortung zu übertragen und Informationen zur Verfügung zu stellen bzw. Verantwortung zu übernehmen muss gegeben sein.

2.2 Wesentliche Entwicklungslinien im Berichtswesen

Das Berichtswesen muss auf Veränderungen in den Rahmenbedingungen, neue wissenschaftliche Erkenntnisse, die auch in die Praxis diffundieren, gesteigerte Anforderungen seitens der Controlling-Kunden und aktiv durch das Controlling angestossene Verbesserungen, reagieren. Global betrachtet führen diese Änderungen einerseits zu Vereinfachungen (z.B. Harmonisierung zwischen internem und externem Rechnungswesen) und andererseits zu mehr Komplexität (z.B. Integration nicht-monetärer Information). Nur wenn diese Entwicklungslinien in einem mit pragmatischem Aufwand führbaren Berichtswesen münden, wird die Qualität der Unternehmenssteuerung dauerhaft gesteigert.

Nachfolgend werden die wesentlichsten Entwicklungslinien im Berichtswesen in knapper Form dargestellt.

Abb. 21: Entwicklungslinien im Berichtswesen

2.2.1 Annäherung externes und internes Rechnungswesen

2.2.1.1 *Gründe für die Annäherung*

Die Annäherung zwischen internem und externem Rechnungswesen wird in der jüngeren Vergangenheit in Theorie und Wirtschaftspraxis stark thematisiert. Es ist wichtig voranzustellen, dass diese Annäherung in zwei Bereichen erfolgen kann:

▌ Annäherung in den Wertansätzen

Dieser Bereich ist von praktischer Relevanz, hier geht es um die betriebswirtschaftlich „richtige" Abbildung von Abschreibungen, Zinsen, Leistungs- und Kostenabgrenzungen, etc.. Die Notwendigkeit der Existenz der Kosten- und Leistungsrechnung gründet sich ja auch auf der starken Ausprägung des Gläubigerschutzes im deutschen und österreichischen HGB und der damit einhergehenden zu defensiven Darstellung des Unternehmens.

▌ Annäherung im Detaillierungsniveau

Die Kostenrechnung detailliert die Finanzbuchhaltung um alle entscheidungsrelevanten Objekte (Produkte, Vertriebswege, Kostenstellen, Prozesse...). Dieses Detaillierungsniveau ist für eine ertragsorientierte Unternehmenssteuerung wichtig. Hier kann es sein, dass für einzelne Unternehmen, die z.B. bei ihrer Kostenstellengliederung über das Ziel geschossen haben, eine „Entfeinerung" Sinn macht, es wäre aber fahrlässig, hier eine Rückkehr zur Steuerungsebene Gewinn- und Verlustrechnung oder Bilanz zu fordern.

Nirgendwo ist das interne Rechnungswesen so stark ausgebaut wie in Deutschland und Österreich. Der Entwicklungsstand der Kostenrechnung wurde bereits frühzeitig vorangetrieben. Für Produktionsunternehmen wichtige Elemente, etwa die Grenzplankostenrechnung, wurden bereits vor einem halben Jahrhundert konzipiert. Im Zuge dieser Entwicklung, die im Wesentlichen ja von Prinzipien, wie dem Streben nach Kostenwahrheit, Verursachungsgerechtigkeit und Transparenz getrieben war, klaffen internes und externes Rechnungswesen immer weiter auseinander. Je mehr kalkulatorische Positionen (Abschreibungen, Zinsen, Wagnisse, Einsatz von Barwertmethoden) eingeführt werden, desto höher ist der in der Überleitung zu erklärende Differenzbetrag.

Der gegenläufige Trend in Richtung der Integration des externen und internen Rechnungswesens wird von mehreren Einflussfaktoren getrieben:

1. Mangelndes Verständnis des kalkulatorischen Unternehmensergebnisses beim Management

Das interne Rechnungswesen wird teilw. in einer Komplexität ausgebaut, die vom Management nicht verstanden wird, zumal ja ein Gutteil der Wertansätze dann nicht ergebniswirksam im buchhalterischen Sinn sind bzw. wieder eliminiert werden müssen (z.B. Profit-Center-Verrechnung inkl. Gewinnanteilen). Das Management ist in vielen Fällen technisch gebildet und kann kalkulatorische Ergebnisse nicht nachvollziehen. Problematisch sind hiebei v.a. Situationen, in denen das pagatorische Rechenwerk ein positives und das kalkulatorische ein negatives Ergebnis zeigt (oder umgekehrt). Bei aller Korrektheit der Ermittlung und Darstellung der Ergebnisse führen solche Situationen häufig dazu, dass dem einem Ergebnis nicht getraut wird und es damit an Steuerungsrelevanz verliert. Da die Führung des externen Rechnungswesens gesetzlich vorgeschrieben ist, wird eine solche Entscheidung häufig zu Lasten der Kostenrechnung ausgehen.

2. Interne Probleme

Wenn sowohl internes als auch externes Rechnungswesen existieren, ist es unabdingbar, dass die Überleitung zwischen beiden Ergebnissen reibungslos funktioniert. Vielfach ist festzustellen, dass Differenzen entweder nicht oder nur mit hohem Rechercheaufwand zu klären sind. Im ersten Fall wird dem kalkulatorischen Ergebnis immer misstraut werden, die offenen Differenzen müssen hier nicht einmal allzu groß sein, denn es ist damit offensichtlich, dass ein systematisches Problem in der Abstimmung der Datenquellen besteht.

Ist die Überleitung sehr zeitaufwendig, da zahlreiche, nicht automatisierbare Abstimmungsarbeiten nötig sind, führt dies zu Verzögerungen im Berichtswesenprozess, d.h. der Vorlagezeitpunkt der Berichte verschiebt sich, was aus Sicht des Managements in jedem Fall problematisch ist.

Bei Ermittlung der kalkulatorischen Periodenergebnisse werden zusätzliche Schritte nötig. Häufig übertreiben Unternehmen ihre Anstrengungen im Bereich der Umlagen und internen Leistungsverrechnungen. Damit werden nicht nur Informationen produziert, die für die Adressaten nicht steuerungsrelevant sind, sondern auch die Prinzipien der Kostenrechnung, Kostenwahrheit, Verursachungsgerechtigkeit und Transparenz allesamt verletzt. Moderne integrierte ERP-Systeme ermöglichen die Einrichtung von unzähligen Umlagezyklen, um Beträge quer durch die unterschiedlichen Hosentaschen ein- und desselben Unternehmens zu schaufeln. Das kostet auf alle Fälle Zeit und damit Ressourcen, steuerungsrelevant ist es meistens nicht.

3. Kosten-Nutzenüberlegungen

Wie fast überall im (Wirtschafts-)Leben gilt auch in Controlling und Berichtswesen die 80/20-Regel. Mit 20% ihrer Berichte decken Sie 80% des Steuerungsbedarfes ab, auf 20% der Kostenstellen werden 80% der Kosten verbucht, usw. Mit anderen Worten: im Bereich der Kostenrechnung werden häufig Differenzierungen und Detaillierungen vorgenommen, die keinen entsprechenden Nutzen stiften. Hier könnte man von einer „Entfeinerung" der Kostenrechnung sprechen, damit unterscheidet sich das interne Rechnungswesen wieder weniger vom externen Rechnungswesen.

4. Bestehende geringe Abweichungen in den Wertansätzen

Das Gegenteil zu den o.a Gründen lässt sich ebenfalls feststellen. Im Bereich der Wertansätze hat die kalkulatorische Abschreibung die größte Relevanz, wesentlich weniger häufig sind kalkulatorische Zinsen und Wagnisse. Im Bereich der kalkulatorischen Abschreibungen variieren die meisten Unternehmen nur die Abschreibungsdauer. Abschreibungsbasis bleiben meist die Anschaffungskosten und als Abschreibungsmethode wird in der Regel die lineare Abschreibung beibehalten. Für technische Anlagen findet sich bisweilen eine leistungsbezogene Abschreibung. Natürlich wird auch in jenen Fällen, in denen sich die beiden Rechenwerke nur geringfügig unterscheiden, die Notwendigkeit alternierender Wertansätze hinterfragt.

5. Steigende Bedeutung internationaler Kapitalmärkte

Die Bedeutung der Kapitalmärkte steigt auch in Europa. Da dies zunehmend auch mittelständische Unternehmen betrifft, wird damit die Bedeutung für die Wirtschaft gesamthaft verstärkt. Daraus abgeleitet ergeben sich weitere Einflussfaktoren.

a) Steigende Bedeutung externer Adressaten

Neben die klassischen externen Adressaten wie Eigentümer oder Abgabenbehörden treten auch Analysten, Börsenaufsicht, (potenzielle) Investoren, Journalisten, etc. Die für diese Adressatenkreise relevanten Informationen bewegen sich im Regelfall auf Ebene des externen Rechnungswesens (Bilanz, GuV, Cash Flow), das damit auch in seinen ausgewiesenen Größen (EBIT, EGT, Gewinn) an Bedeutung in Kommunikation, Zielformulierung und Erfolgsmessung gewinnt. In den letzten Jahren wird allerdings auch verstärkt die zu starke Vergangenheitsorientierung und mangelnde Erklärung der Geschäftsentwicklung durch diese Kennzahlen kritisiert und eine detailliertere, eher an internen Steuerungsinformationen ausgerichtete Informationsversorgung externer Adressaten gefordert (vgl. Eccles et.al. 2001).

b) Betonung des externen Rechnungswesens nach internationalen Abschlüssen

Mit diesem breiteren und internationaleren externen Adressatenkreis wird auch die Forderung nach internationaler Vergleichbarkeit laut. Die Anzahl der Unternehmen, die zumindest in Ergänzung zu einem lokal legalen Abschluss auch nach International Accounting Standards (IAS) oder US – Generally Accepted Accounting Principles (US-GAAP) abschließen, ist stetig im Steigen begriffen. IAS und US-GAAP sind global gesehen „controllingnäher", d.h. weniger vorsichtig und gläubigerorientiert als das HGB. Damit kann die Verwendbarkeit dieser Wertansätze für interne und externe Informationszwecke auch positiver beurteilt werden.

c) Schaffung rechtlicher Rahmenbedingungen

In Deutschland wurden mit dem Kapitalaufnahmeerleichterungsgesetz (KapAEG, befreiender Konzernabschluss für börsennotierte Mutterunternehmen) und dem Gesetz zur Kontrolle und Transparenz im Unternehmensbereich (KonTraG) wesentliche Rahmenbedingungen für die Akzeptanz internationaler Abschlüsse geschaffen.[4] Konzernmuttergesellschaften können damit bereits jetzt befreiend nach einem internationalen Abschluss abschließen. Eine Ausdehnung der rechtlichen Rahmenbedingungen auch auf Einzelgesellschaften könnte in einem „Boom" der Anwendung der IAS oder US-GAAP münden[5].

6. Höhere Bedeutung des Dienstleistungssektors

Als Randthematik im Rahmen der Einflussfaktoren kann noch die steigende Bedeutung des Dienstleistungssektors angeführt werden, da dieser in der Regel weniger anlagen- und damit kapitalintensiv ist und damit die Bedeutung wesentlicher kalkulatorischer Kostenrechnungselemente wie Abschreibung und Zinsen weitgehend entfällt.

2.2.1.2 Berichtswesenrelevante Aspekte von IAS und US-GAAP

Die internationalen Rechnungslegungsvorschriften sind für Unternehmenssteuerungs- und damit Berichtszwecke besser geeignet als das HGB, dies zeigt sich an deren grundlegenden Rechnungslegungsprinzipien. Dies gilt für US-GAAP und

---

4   zur Entwicklung in Österreich, die sich ähnlich gestaltet s. Krump 2000a, S.147f

5   US-GAAP sind prinzipiell für Unternehmen, die eine Notierung an US-Börsen anstreben, maßgeblich, international gesehen gelten die IAS aufgrund ihres länderübergreifenden Erarbeitungsprozesses als aussichtsreicherer Kompromisskandidat für eine globale Harmonisierung des Rechnungswesens; vgl. Wagenhofer 2001, S. 5 bzw. S. 41.

IAS gleichermaßen, daher erfolgt die Darstellung der Grundprinzipien nur anhand des US-GAAP-Frameworks (vgl. Krump 2000b, S.182f):

1. Substance over form

Substance over form ist der dominierende Grundsatz und verfolgt die Zielsetzung, die wirtschaftliche Realität und nicht rechtliche Konstrukte abzubilden. Damit wird auch das Vorsichtsprinzip in den Hintergrund gerückt.

2. Vorsichtsprinzip

Das Vorsichtsprinzip ist im Gegensatz zum HGB kein dominierendes Prinzip, sondern nur ein Regulativ zur Erfüllung des Grundsatzes der Verlässlichkeit der Buchhaltung und zur Verhinderung objektiv nicht nachvollziehbarer, zu optimistischer Beurteilungen durch den Rechnungslegenden. Damit bewegen sich IAS und US-GAAP näher an der ökonomischen Realität und sind besser für interne Entscheidungen verwendbar. Dies hat auch Auswirkungen auch das Realisationsprinzip.

3. Realisationsprinzip

Das Realisationsprinzip dient primär der Konkretisierung des Prinzips der periodengerechten Erfolgsermittlung und ist nicht so stark mit dem Vorsichtsprinzip verknüpft. Auch damit wird eine Annäherung zwischen externem und internem Rechnungswesen ermöglicht.

4. Prinzip der periodengerechten Erfolgsermittlung

Das Prinzip der periodengerechten Erfolgsermittlung nimmt eine zentrale Stellung ein. Da im Gegensatz zum HGB das Imparitätsprinzip (z.B. durch überhöhte Rückstellungen oder stille Reserven) die Erfolgsermittlung nicht verzerrt, kann man auch hier von mehr Steuerungsrelevanz sprechen.

5. Kein Maßgeblichkeitsprinzip

Es existiert kein Maßgeblichkeitsprinzip der Handelsbilanz für die Steuerungbilanz und auch kein umgekehrtes Maßgeblichkeitsprinzip. Damit wird auch der Ergebnisdarstellung nicht durch eine auf Steueroptimierung ausgelegte Bilanzpolitik verfälscht.

6. Erfolgsspaltung

Die Erfolgsspaltung zielt auf die Nachhaltigkeit in den Unternehmensergebnissen ab. Betriebliche und außerbetriebliche Erfolge, sowie das Ergebnis aus laufender

Geschäftstätigkeit und aus in Stillegung befindlichen Bereichen sind auch in der Gewinn- und Verlustrechnung getrennt auszuweisen.

7. Periodenerfolgsrechnung und Segmentberichterstattung

Nach IAS und US-GAAP besteht der Zwang, Segmentberichte im Sinne von Periodenerfolgsrechnungen zu erstellen. Dies kann nach Geschäftsbereichen oder geographischen Bereichen mit homogener Ertrags- und Risikostruktur erfolgen. Damit wird hier das externe Rechnungswesen nach für das interne Rechnungswesen relevanten Kriterien (z.B. Profit Centers) detailliert und verwendbar gemacht.

Abb. 22 fasst die Vor- und Nachteile von IAS und US-GAAP zusammen (vgl. Wagenhofer 2001, S. 49).

IAS	US-GAAP
Vorteile • Konsistente und überschaubare Regelungen • Unterstützt durch die EU-Kommission • Befreiender Konzernabschluss grundsätzlich problemlos möglich • Eignung zur internen Steuerung im internationalen Unternehmen	**Vorteile** • Hohe Erfahrung in der Anwendung • Große „Marktmacht" aufgrund der Akzeptanz an US-Börsen • Zwingend bei rasch angestrebter Börsennotierung
Nachteile • Keine vollständige Anerkennung an US-Börsen	**Nachteile** • Extrem detaillierte und wenig konsistente Regelungen • Befreiender Konzernabschluss wegen teilweise großer Abweichungen zu EU-Richtlinien problematisch

Abb. 22: Vor- und Nachteile von IAS und US-GAAP

Zusammenfassend kann man sagen, dass eine meist aus einer stärkeren Kapitalmarktorientierung resultierende Umstellung auf US-GAAP oder IAS zahlreiche Chancen bietet, externes und internes Rechnungswesen in den Wertansätzen zu harmonisieren, wenngleich vor überzogenen Hoffnungen gewarnt wird. „Die Tendenz hin zu internationalen Rechnungslegungsstandards bedeutet nicht, dass diese Standards der deutschen Rechnungslegung generell überlegen wären. ...

Jedes System, wie immer es gestaltet ist, besitzt Vor- und Nachteile, je nachdem, welchen Zweck es erfüllen soll und wie die individuelle Entscheidungssituation aussieht." (zit. n. Wagenhofer 2001, S. 4; ähnlich Auer 1998, S. 36).

Controlling- und damit berichtswesenrelevant ist aber auch eine diese Kapitalmarktorientierung ergänzende Wertorientierung im Unternehmen und die darauf aufbauende Vereinbarung und Kontrolle von Zielen.

2.2.2 Orientierung an der Unternehmenswertsteigerung

Unternehmen gehen verstärkt von einer allein auf das Periodenergebnis abstellenden Sichtweise zugunsten der Ergänzung um eine mehrperiodige unternehmenswertorientierte Sichtweise ab. Diese Entwicklung hat zwei Hauptursachen:
▸ die zunehmende Bedeutung des Kapitalmarktes zur Finanzierung und
▸ die Integration von strategischer und operativer Unternehmenssteuerung.

2.2.2.1 *Bedeutung des Kapitalmarktes im deutschsprachigen Raum*

Die Bedeutung des Kapitalmarktes für die Finanzmittelaufbringung von Unternehmen ist in Deutschland, v.a. aber auch in Österreich noch weit von jener im anglo-amerikanischen Einflussgebiet entfernt, nimmt aber eindeutig zu. Mit steigender Bedeutung des Kapitalmarktes steigen allerdings auch die externen Informationserfordernisse (s.a. 2.2.1). Bis dato sind es (v.a. in Österreich) folgende Gründe, die die Bedeutung einschränken (vgl. Hoffmann/Wüest, 1998, S.190):
▸ Mittelständisch strukturierte Wirtschaft erschwert den direkten Zugang zum Kapitalmarkt
▸ Geringe Anzahl börsennotierter Unternehmen
▸ Geringe Anzahl von Publikumsgesellschaften mit breit gestreutem Aktienbesitz
▸ Weitgehendes Fehlen von institutionellen Investoren (im Besonderen von Persionsfonds)
▸ Fehlende Aktiensparkultur, dzt. besitzen in den USA mehr als 50% der erwachsenen Bevölkerung Aktien, in Großbritannien sind es 25%, der europaweite Schnitt beträgt 12% (vgl. Eccles et al. 2001, S. vii)
▸ Geringes Handelsvolumen, dies bedeutet enge und wenig liquide Märkte
▸ Mehrfachrolle der Banken als Emittenten, Market-Maker, Händler von Eigen- und Fremdportfeuilles, Depotverwalter und Kreditgeber.

Diese Rahmenbedingungen ändern sich nicht von einem Tag auf den anderen, aber Entwicklungen, wie steigende Bedeutung von Mergers und Acquisitions (und damit der Problematik der Feststellung des Unternehmenswertes als Eingangsgröße in den Verkaufspreis), die Schaffung von Wachstums- und Mittelstandssegmenten innerhalb der Börsen, Notierungen auch mittelständischer Unternehmen an ausländischen Börsen, Zusammenschlüssen von Börsen bzw. Börsenhandelssystemen sowie verstärkte Bemühungen von Venture Capital-Fonds werden die bereits erkennbaren Veränderungen beschleunigen. Die verstärkte Wichtigkeit der wertorientierten Unternehmensführung wird damit unterstrichen[6].

2.2.2.2 Integration von strategischer und operativer Unternehmensführung

Die Notwendigkeit, Strategien und strategische Maßnahmen zu quantifizieren wird seit langem gefordert, wurde jedoch von der unternehmerischen Praxis bis in die jüngste Vergangenheit nicht ausreichend berücksichtigt. Aufgrund der umfassenden Kritik an traditionellen gewinnorientierten Performancemaßen wie Return on Investments (ROI), Return on Assets (ROA), Return on Sales (ROS), Return on Equity (ROE) oder im Falle börsennotierter Unternehmen dem Gewinn je Aktie (vgl. Günther et al. 2000a, S. 70 bzw. Eccles et al. 2001, S. 51ff), schlug sich dies in der Entwicklung und zunehmenden Anwendung unternehmenswertorientierter Verfahren nieder. Im Zuge der Ausführungen zur Balanced Scorecard wird dieser Punkt der Strategieoperationalisierung und – quantifizierung nochmals aufgegriffen (s.a. 2.3). Als Instrumente zur Strategiequantifizierung selbst, haben in den letzten Jahren v.a. Verfahren zur Shareholder-Value-Analyse an Bedeutung gewonnen.

Die Shareholder-Value-Analyse kommt dabei in folgenden Gebieten zum Einsatz (vgl. Hoffmann/Wüest, 1998, S. 191f):

▌ Unterstützung der Strategieplanung und Quantifizierung von Strategien
Dies ist das ursprüngliche und klassische Einsatzgebiet des wertorientierten Managements und ist damit auch für die Unternehmensführung von essentieller Bedeutung. Das Berichtswesen ist davon nur indirekt betroffen, daher wird auf die wichtigen Fragestellungen im Rahmen dieses Anwendungsgebietes, wie etwa die strategiebasierte Ressourcenallokation, die Optimierung des Geschäftsportfolios

---

6   Empirisch ist der Zusammenhang zwischen Börsenkursen und wertorientierten Verfahren noch nicht bewiesen. In einer Untersuchung der deutschen DAX100-Unternehmen wurde festgestellt, dass sich die am Kapitalmarkt erzielten Renditen weder durch gewinn- noch wertortientierte Verfahren vollständig erklären lassen und darüberhinaus die wertorientierten Verfahren zu keinen generell besseren Korrelationsergebnissen geführt haben (vgl. Günther et.al. 2000b, S.133).

und die Verknüpfung der qualitativen Strategieplanung mit der operativen Mittel-
fristplanung nicht weiter eingegangen.

▌ Strategische Überwachung und Performance-Measurement
Hier finden sich wichtige Anknüpfungspunkte für die Ausgestaltung des Berichtswesens. Das klassische monetäre Berichtswesen wird damit zwar noch nicht um
ebenso wichtige nicht-monetäre Aspekte erweitert, allerdings wird die im Regelfall strikt periodenorientierte Sicht auf einen mittel- bis langfristigen Horizont
aufgedehnt. Das operative Berichtswesen kann damit auch einen wichtigen Beitrag zur strategischen Kontrolle und Vorschau leisten (Plan-Ist- und v.a. auch Plan-
Wird-Vergleiche). Die Bedeutung des Einsatzes von wertorientierten Controlling-
Instrumenten wird bei vorhandenen Unternehmensbeteiligungen weiter erhöht.

▌ Strategische Anreiz- und Entgeltsysteme
Unternehmen, die variable Gehaltsbestandteile auf wertorientierten Größen aufbauen, müssen diese Aspekte auch im Berichtswesen abbilden können. Ziel-
vereinbarung und –messung müssen dem Steuerungsinstrumentarium und damit dem Berichtswesen direkt entnehmbar sein. Es ist nicht praktikel, entlohnungs-
relevante Bestandteile separat zu verfolgen. Somit entstehen konkrete Anforderungen an die Ausgestaltung des Berichtswesens.

2.2.2.3 *Verfahren des Value-Based-Managements und deren Relevanz im Berichtswesen*

Im Wesentlichen basieren die unterschiedlichen Verfahren der Shareholder-Value-
Anlayse auf der Methodik der dynamischen Investitionsrechnung. Hält man sich
diese Tatsache vor Augen, muss so manche polemische Pro- und Contra-Diskussi-
on als Themenverfehlung gesehen werden. Wer regt sich über ein Investitions-
rechenverfahren auf?

Folgende Verfahren des wertorientierten Managements haben bislang praktische Relevanz erlangt (vgl. Hoffmann/Wüest 1998, S. 187ff):

▸ Die Methode nach Rappaport stellt eine Kapitalwertmethode auf Basis von
sog. Wertgeneratoren dar. Zukünftige freie Cashflows werden abgezinst.
Am Ende der Lebensdauer der Strategie kann mit einem Fortführungswert
(ewige Rente) oder einem Liquidationswert operiert werden.

▸ Die Methode nach Copeland/Koller/Murrin ähnelt weitgehend der Methode nach Rappaport, durch die indirekte Ermittlung der freien Cashflows
aus der Gewinn- und Verlustrechnung ist die Methode auch für Unter-
nehmensexterne anwendbar.

▸ Die Methode nach Lewis unterscheidet sich von den beiden anderen Methoden, indem sie auf den Cashflow Return on Investment (CFROI) abstellt, der als interner Zinssatz interpretiert wird. Übersteigt der CFROI die Kapitalkosten, wird ein positiver Shareholder-Value geschaffen.

▸ Die Methode nach Stewart ermittelt den Economic Value Added. Im deutschsprachigen Raum gilt sie als am häufigsten angewandte wertorientierte Größe. Ein positiver EVA wird geschaffen, wenn die Rendite auf das eingesetzte Kapital die Kapitalkosten übersteigt (vgl. Hoffmann/Köchelhuber 2000, S. 140). Wesentlichste Eingangsgröße hierfür ist der Jahresüberschuss nach Steuern und vor Zinsen und unbaren Positionen. Diese Größe wird als Rendite auf das eingesetzte Kapital ausgedrückt. Zieht man die Kapitalkosten ab und multipliziert diese Größe mit dem eingesetzten Kapital, erhält man den EVA.

Wie unter 2.2.2.2 erwähnt, sind für das Berichtswesen v.a. die Aspekte der strategischen Überwachung und der strategischen Anreizsysteme relevant. Abb. 23 zeigt die Eignung der Methoden für unterschiedliche Anwendsungfelder im Vergleich (vgl. Hoffmann/Wüest 1998, S.195).

Anwendungsfelder	Verfahren			
	SHV nach Rappaport	SHV nach Copeland et. al.	CFROI nach Lewis	EVA nach Steward
Unterstützung der Strategieplanung	++	++	-	-
Strategische Überwachung/Performance-Measurement	+	+	+	+
Strategische Anreiz- und Entgeltsysteme	-	-	+	++

Bewertung: ++ optimal, + gut, - mäßig, — schlecht

Abb. 23: Shareholder-Value-Methoden im Anwendungsvergleich

Im Rahmen der strategischen Überwachung dürften sich rein dynamische Verfahren wie die SHV-Methoden nach Rappaport oder Copeland durchsetzen, im Bereich der Anreizsysteme weisen der CFROI und der EVA auf aufgrund der einfacheren Nachvollziehbarkeit eine höhere Eignung auf.

Aus Sicht des Berichtswesens sind die jeweiligen wertorientierten Steuerungsgrößen aufzunehmen (s. 2.3.1).

2.2.3 Orientierung am Kunden / Customer Relationship Management (CRM)

2.2.3.1 Ausprägungen von CRM

Seit jeher gilt das geflügelte Wort „Der Kunde ist König". Das wichtigste Grundprinzip des Customer Relationship Management ist aber, dass die Kunden König, Bürger, Bauer oder Bettelmann sein können und dementsprechend spezifisch bedient werden müssen. Die Zeiten des Gießkannenprinzips in der Marktbearbeitung sind vorbei.

CRM ist eine „Geschäftsphilosophie zur Optimierung der Kundenidentifizierung, Kundenbestandssicherung sowie des Kundenwertes" (META Group zit. n. Gerecke 2001, S. 235). Customer Relationship Management ist ein ganzheitlicher Ansatz zur Verbesserung der Kundenbeziehungen und -ergebnisse durch die Optimierung von kundenbezogenen Strategien, Geschäftsprozessen, Vertriebs- und Informationskanälen, Steuerungsmechanismen und unterstützender Informationstechnologie. CRM-Excellence besteht darin, wertvolle Produkte und Services für wertvolle Kunden über optimierte Kontakt- und Service-Kanäle anzubieten. CRM versteht sich als „closed-loop"-System, dass bereits in der Presales-Phase ansetzt, versucht die vertrieblichen Aktivitäten zu unterstützen und die Prozesse zu optimieren. Innerhalb von CRM wird in folgende Bereiche unterschieden:

▮ Operatives CRM
Das operative CRM unterstützt alle Prozesse mit Kundenkontakt, z.B. Prozesse in den Bereichen Vertrieb, Marketing oder Kundendienst. Applikationen der Aussendienstunterstützung (Sales Force Automation) stellen operative CRM-Lösungen dar.

▮ Kollaboratives oder kommunikatives CRM
Prozesse mit Datenflüssen vom und zum Kunden sind zu optimieren (z.B. Customer Contact Center). Die direkte Kundeninteraktion erfolgt über persönlichen Kontakt, Internet oder Call Center.

▮ Analytisches CRM
Im analytischen CRM werden alle für die Marktbearbeitung relevanten Informationen gespeichert und ausgewertet, um daraus Rückschlüsse für Verbesserungen in der Marktbearbeitung zu ziehen. Das analytische CRM kann von einfachen Abfragen und Report-Generatoren über die Anwendung von OLAP- und Data Warehouse-Techniken (s. 4) bis hin zu Data Mining reichen. Im Falle von eBusiness-

Aktivitäten des Unternehmens sollten auch die web-basiert verfügbaren Daten (Zugriffe, Quell-URLs, Verhalten der User auf der Homepage) genutzt werden (sog. „Clickstream-Analyse").

Aus Gesichtspunkten der Berichtswesen-Optimierung interessieren v.a. die Aspekte des analytischen CRM.

Abb. 24 stellt die unterschiedlichen CRM-Aspekte im Überblick dar (in Anlehnung an META Group in Gerecke 2001, S. 236).

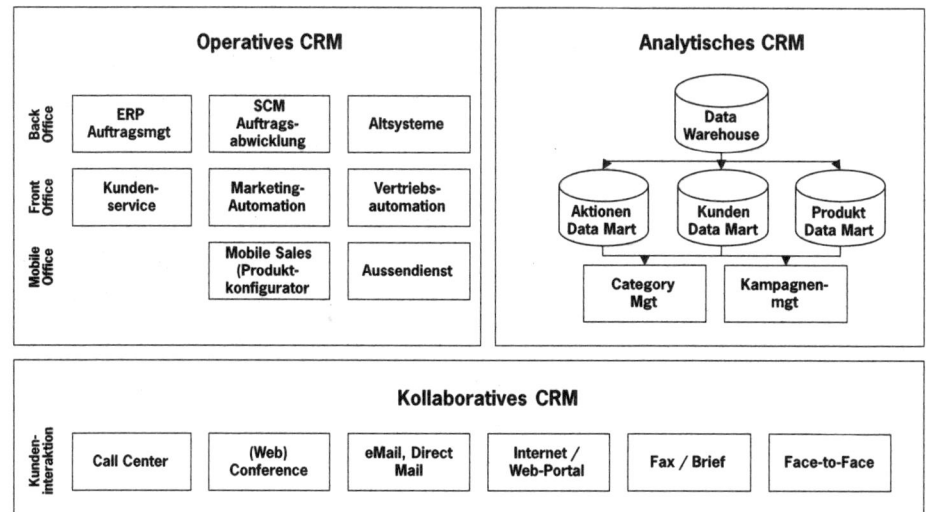

Abb. 24: Überblick CRM

2.2.3.2 *Das Management der Kundenbeziehung*[7]

▌ Assessment: Fokussierung der Stärken

Eine Kundenbewertung segmentiert die Kunden in Abhängigkeit ihres aktuellen und zukünftigen Wertes. Segmentspezifische Serviceprofile optimieren das Dienstleistungsniveau und ermöglichen die Performancebewertung in Bezug auf Kundenzufriedenheit und Kundenergebnis.

Eine Produktbewertung optimiert die Produktpalette. Die Kontakt- und Service-Kanäle werden analysiert, um die vollständige Erfassung kundenrelevanter Informationen zu gewährleisten und Kommunikation der eigenen Leistungsfähigkeit an den Kunden zu optimieren.

---

7   Die Ausführungen zum Thema CRM basieren auf dem „CRM-Excellence"-Ansatz der Contrast Management-Consulting.

Die Fokussierung hilft, die Anstrengungen des Unternehmens kundenorientierter zu gestalten und sich auf jene Kundensegmente zu konzentrieren, die aktuell rentabel sind bzw. attraktives Zukunftspotenzial aufweisen.

Die klassischen Überlegungen im Bereich der Kunden- und Marktsegmentierung werden aufgegriffen, um

> ▸ aktuell profitable Kunden zu identifizieren (auf Basis aller kundenrelevanten Kosten, d.h. inklusive der Kosten für die Kundenbindung, sog. „retention costs")
>
> ▸ Kundenakquisitions- und Kundenbindungsmaßnahmen gezielt auszuwählen und einzusetzen
>
> ▸ unzufriedene und abwanderungsgefährdete Kunden zu identifizieren und selektiv zu halten.

CRM geht aber über die reine Marktsegmentierung hinaus, indem

> ▸ die Vertriebskanäle optimiert werden
>
> ▸ die kundenbezogene Kommunikation vereinheitlicht wird und
>
> ▸ das Unternehmen gesamthaft kundenorientierter ausgerichtet wird.

Der Nutzen von CRM liegt darin, dass Veränderungen sowohl im Markt als auch im Kundenstamm rascher erkannt werden. Trends können mitgestaltet und die Kunden- und Marktaktivitäten rentabler gestaltet werden.

▍ Optimiertes Management der Kundenbeziehung

Um im Unternehmen eine einheitliche und kundenorientierte Kommunikationsbasis sicherzustellen, empfiehlt sich ein Outside-In-Approach („Wie sieht der Kunde das Unternehmen?").

Basierend auf der Kunden- und Produktbewertung werden die Kundenprozesse und -kontaktpunkte optimiert. Die Entwicklung von monetären und nicht-monetären Key Performance Indikatoren ist die Basis eines kundenzentrierten Steuerungssystems. Häufig werden in diesem Stadium auch eigene EDV-Applikationen zur Datenintegration und –auswertung eingesetzt.

▍ Implementierung

Im Zuge der Implementierung ist es wichtig, die organisatorischen und prozessbezogenen Veränderungen umzusetzen und eine adäquate EDV-technische Unterstützung zu realisieren. CRM hat einen wesentlichen Integrationsaspekt: alle Vorsysteme mit kundenrelevanten Daten werden zusammengeführt, um die Marktbearbeitung, die bereits bei den Interessenten ansetzt, zu gewährleisten. Dazu ist es nötig, dass kundenrelevante Informationen für alle Stellen mit Kundenkontakt

(„Customer Touch Points" vom Call Center über den Vertrieb bis hin zum Kundendienst) verfügbar gemacht werden. Front Office und Back Office sind bereits in einem ersten Schritt zu integrieren, in weiterer Folge ist es auch sinnvoll, eine unternehmensübergreifende Integration, z.B. im Bereich der Lieferanten anzudenken.

▌ Permanente Kundenorientierung
CRM wird zwar im Regelfall als Projekt gestartet, stellt aber in weiterer Folge ein lebendes System mit permanentem Lernen und laufender Adaption dar. Es muss sichergestellt werden, dass ertrags- und kundenorientierte Marktbearbeitung, Erhöhung der Kundenbindung und Kostenreduktion tatsächlich auch realisiert werden.

2.2.3.3 Relevanz von CRM für das Berichtswesen

CRM gibt ein gutes Beispiel für die nutzenstiftende Anwendung moderner Informationstechnologielösungen. Ohne Anwendung von OLAP-fähigen-Tools (s. 4.3) wird analytisches CRM nur eingeschränkten Nutzen stiften. Anhand wesentlicher Zielgrößen des Kundenbeziehungsmanagements, wie Kundenwert, Kundenbindungsdauer, Kundenanteil, Umsatz/Kunde, DB/Kunde, Reklamationsquote etc. wird klar, dass auch aus dem Vertriebsbereich klare Anforderungen in Richtung der Zurverfügungstellung monetärer und nicht-monetärer Informationen gegeben sind. Der Kundenwert, als dynamische Berechnung über mehrere Perioden, zeigt auch deutlich die Notwendigkeit der Synchronisierung von operativem und strategischem Zeithorizont auf.
Nachfolgend wird die Barwertermittlung des Kundenwertes dargestellt (siehe Abb. 25).

Kunden- oder marktorientierte Daten sind im Unternehmen meist vorhanden, allerdings werden sie häufig nur im Vertriebsbereich eingesetzt und einem breiteren Adressatenkreis nicht zugänglich gemacht. Auch die Verknüpfung marktorientierter Information, die häufig nicht-monetär ist (z.B. Kundenzufriedenheit), mit Finanzkennzahlen fehlt. Hier muss eine integrierte Sichtweise ermöglicht werden (s. 2.3.1).

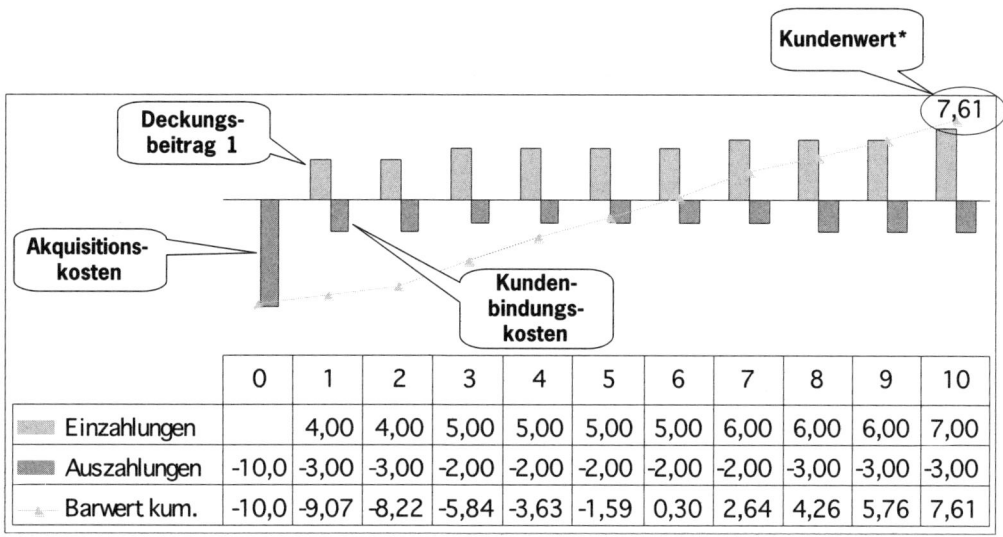

	0	1	2	3	4	5	6	7	8	9	10
Einzahlungen		4,00	4,00	5,00	5,00	5,00	5,00	6,00	6,00	6,00	7,00
Auszahlungen	-10,0	-3,00	-3,00	-2,00	-2,00	-2,00	-2,00	-2,00	-3,00	-3,00	-3,00
Barwert kum.	-10,0	-9,07	-8,22	-5,84	-3,63	-1,59	0,30	2,64	4,26	5,76	7,61

*bei einem Kalkulationszinssatz von 8%

Abb. 25: Kundenwertanalyse

2.2.4 Orientierung an den Unternehmensprozessen

2.2.4.1 Charakteristika des Prozessmanagements

In den vergangenen Jahren haben sich Theorie und Praxis verstärkt dem Thema „Prozesse" gewidmet. Wesentlichste Treiber dieser Entwicklungen waren

▸ Michael Porter mit seinem Wertkettenmodell, quasi dem Meta-Prozess des Unternehmens (vgl. Porter 1986),

▸ Qualitätsmanagementansätze, wie Total Quality Management, die sehr stark auf das Prozessgedankengut abstellen (vgl. Juran 1974, Deming 1986) und

▸ das Activity Based Costing im angloamerikanischen Einflussgebiet bzw. die Prozesskostenrechnung hierzulande, die durch die steigende Gemeinkostenproblematik getrieben werden (vgl. Cooper/Kaplan 1988 bzw. Horvàth/ Mayer 1989).

Die drei Entwicklungslinien haben der „Ablauforganisation" der früheren Jahre sukzessive mehr Bedeutung zugemessen, als einer funktionsorientierten Sichtweise, dem sprichwörtlichen „Kästchendenken".

Was aber ist ein Prozess?

„Ein Prozess ist eine Serie von Aktivitäten mit messbarer Eingabe, messbarer Wertschöpfung, messbarer Ausgabe und das mit in sich wiederholender Folge." (zit. n. Striening 1992, S.158).

Diese Definition weist v.a. auf einen wesentlichen Punkt hin: ein Prozess ist etwas Repetitives und Prozessmanagement kann am effektivsten dort eingesetzt werden, wo Prozesse standardisierbar sind. Im Gegensatz dazu ist ein Projekt per Definition etwas Temporäres und Individuelles. Bei einem Auftragsfertiger müsste man damit konsequenterweise von einer Abfolge von Mini-Projekten, nicht aber von einer Anzahl von Prozessdurchläufen sprechen, da das, was innerhalb der möglicherweise gleich zu bezeichnenden Prozessschritte passiert, individuell ist.

Prozessmanagement ist eine Methode zur Optimierung von Prozessen. Eine ganzheitliche Optimierung von Prozessen umfasst die Dimensionen

▸ Zeit
▸ Qualität und
▸ Kosten.

Diese Dimensionen beeinflussen einander. Eine erhöhte Bearbeitungszeit treibt die Kosten. Sowohl mangelhafte Qualität (z.B. Ausschuss oder Reklamationen) als auch Überqualität können die Kosten treiben. Umgekehrt kann kurzfristig zu Lasten der Qualität gespart werden (z.B. Einsatz billigeren und minderwertigeren Materials).

Prozessmanagement setzt an den Geschäftsprozessen an, d.h. dort, wo Kundenanforderungen, das allgemeine Geschäftsmodell, Mitarbeiter, Lieferanten, Controlling und Informationstechnologie zusammentreffen. Oberziel ist es, ein Gesamtoptimum zu erreichen, anstatt einen Teilbereich zu Lasten anderer Bereiche zu optimieren.

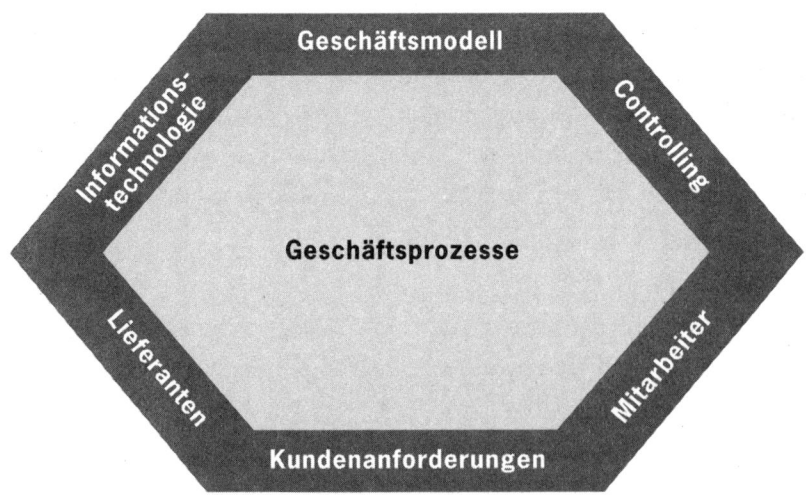

Abb. 26: Überblick Prozessmanagement

Wesentliche Ziele von Prozessmanagement sind:

▶ Effizienzsteigerung und Kostensenkung

▶ Anpassung der Organisationsstruktur an veränderte Rahmenbedingungen (z.B. veränderte Strategie, neue Märkte, technologische Veränderungen,...)

▶ Neugestaltung der Wertschöpfungskette innerhalb des Unternehmens und unternehmensübergreifend

▶ Verbesserte Ausrichtung des Unternehmens an den Anforderungen der Kunden

▶ Transformation des Unternehmens in Richtung eBusiness

▶ optimale Nutzung der Informationssysteme.

2.2.4.2 Anwendungsfelder im Unternehmen

Prozessmanagement versucht Schwachstellen in den Prozessen zu identifizieren und zu beseitigen. Wichtig hiebei ist zu erkennen, welche Ursachen die problematischen Symptome, die das Tagesgeschäft stören, haben.

Kennen Sie dieses Symptom?	Heilen Sie diese Krankheit:
• extensiver Informationsaustausch und Datenredundanz • Aufbau von Zeitpuffern	• Fragmentierung der Prozesse
• Zeitverzögerungen	• Unfähigkeit des Systems, mit Unsicherheit umzugehen • mangelnde Ressourcenaustattung und/oder ineffiziente Prozesse
• hoher Anteil von Überprüfung und Kontrolle	• Fragmentierung der Prozesse
• Nacharbeit und Wiederholung	• unzureichendes Feedback entlang der Prozesse
• Komplexität, Ausnahmen und Spezialfälle	• zu hohe Standardisierung der Prozesse

Abb. 27: Schwachstellen in Prozessen

Da Prozesse im gesamten Unternehmen ablaufen, ist Prozessmanagement eine Methode zur unternehmensweiten Gestaltung von Prozessen. Meist wird bei solchen Optimierungsanstrengungen aber nicht das Etikett „Prozessmanagement" im Vordergrund stehen, sondern die konkreten, damit verbundenen Zielsetzungen, z.B.:

▌ **Kostensenkung und Effizienzsteigerung**

Unternehmen kommen vom reinen Cost-Cutting ab. Sie wollen einen unternehmensindividuell optimal auf das Kerngeschäft abgestimmten Ressourceneinsatz erreichen. Die Prozessanalyse hilft, Zusammenhänge, Leistungsdefizite und Kostentreiber der Geschäftsprozesse aufzuzeigen. Werden im Zuge des Prozessmanagements auch Modellierungstools eingesetzt (z.B. ARIS), dann sind Auswertungen über Doppelarbeiten, Brüche in der Systemunterstützung und Prozessmengensimulationen möglich. Dies liefert eine rationale Grundlage für wichtige Entscheidungen, z.B. über Outsourcing, Integration von Prozessschritten oder Automatisierung.

▌ **Reorganisation und IS-Unterstützung**

Unternehmenswachstum, veränderte Rahmenbedingungen und neue Geschäftsfelder erfordern von Zeit zu Zeit eine Anpassung historisch gewachsener Organisationsstrukturen und der Informationssystem-Unterstützung. Im Rahmen eines methodischen Vorgehens ist es wichtig, zunächst die Kerngeschäftsprozesse zu identifizieren. Damit werden Priorisierungen möglich und ein sofortiges Sich-im-Detail-verzetteln verhindert. Je nach Schwerpunktsetzung können danach die Prozesse unter Kosten-, Zeit- und Qualitätsgesichtspunkten optimiert werden. Wenn die IT-Unterstützung verbessert werden soll, ist es unabdingbar, dass die Prozesse davor bekannt sind. Es wurde lange genug nach dem papierlosen Büro gesucht und festgestellt, dass allein die Tatsache, auf jeden Arbeitsplatz einen PC zu stellen, die Effizienz noch nicht steigert. Die Prozesse müssen bekannt sein, Schwachstellen müssen beseitigt und darauf aufbauend die automatisierbaren Schritte EDV-technisch unterstützt werden.

▌ **Value-Chain-Management und Prozessgestaltung im eBusiness**

Die Nutzung des Internet für Geschäftszwecke und -prozesse („eBusiness") eröffnet neue und umfangreiche Optimierungsmöglichkeiten der Wertschöpfungskette. Die Zusammenarbeit („Collaboration") zwischen Unternehmen entlang der Value Chain ist heute aufgrund einheitlicher Standards einfacher realisierbar. Die Optimierung (unternehmensübergreifender) Wertschöpfungsketten bedeutet jedoch einen Eingriff in sehr komplexe Strukturen. Entscheidend ist es dabei, die Geschäftsprozesse „end-to-end", d.h. vom Lieferanten bis zum Kunden durchgängig zu gestalten.

Zwischen eBusiness-Strategie und funktionierender eBusiness-Lösung liegt ein weiter Weg. Die Nutzung des Internets erfordert und ermöglicht Veränderungen in den Geschäftsprozessen. Entscheidend für eine funktionierende eBusiness-Lösung ist neben den erwähnten IT-Fragestellungen die Implementierung der neuen Geschäftsabläufe in der Organisation.

∎ Customer Relationship Management

Anhand der Ausführungen unter 2.2.3 wird der Zusammenhang zum Prozessmanagement klar, denn kundenbezogene Prozesse wie Marketing, Vertrieb und After Sales Service gehören zu den Kernprozessen des Unternehmens. Exzellente Kundenbetreuung ist nur möglich, wenn die Kundenansprüche konsequent in den Geschäftsprozessen umgesetzt werden. Wichtig dabei ist, dass Veränderungen in den Geschäftsprozessen ohne für die Kunden merkbare negative Umstellungsprobleme ablaufen. Prozessverbesserungen (z.B. schnellere Reklamationsbearbeitung) soll der Kunde natürlich merken!

Um die Prozessverbesserungen zu realisieren ist es hilfreich, sich an allgemeinen Prinzipien des Reengineering zu orientieren:

∎ **Bauen Sie Ihre Organisation um den Output, nicht um die Aufgaben:**
Als Arbeitsorganisationsprinzip ist eher eine Abkehr von einer sehr arbeitsteiligen Organisation festzustellen. Eine „Objektspezialisierung" erfordert im Gegensatz zu einer „Aufgabenspezialisierung" besser qualifizierte und breiter einsetzbare Mitarbeiter, erlaubt es dafür aber auch, einheitlicher dem Kunden gegenüber aufzutreten („One face to the customer"). In jenen Bereichen, in denen abteilungsübergreifende Kooperation wichtig ist, kann damit auch die Installation der Gesamtverantwortlichkeit für einen Prozess (Process Owner) unterstützt werden.

∎ **Diejenigen, die den Prozessoutput nutzen, sollen den Prozess selbst durchführen**
Mit dieser Maßnahme wird die Qualitätssicherung in den Prozess verlagert, denn wenn Ausführende und Nutznießer ident sind, besteht vitales Eigeninteresse an der korrekten Durchführung (z.B. können dezentrale Stellen Kleinbeschaffungen selbst durchführen,...)

∎ **Integrieren Sie die Informationsverarbeitung in jene Arbeitsschritte, in denen diese Informationen produziert werden**
Das papierlose Büro wurde vor Jahren propagiert, bislang nicht erreicht und auch in Zukunft erscheint eine solche Entwicklung als nicht realistisch. Wichtig ist dennoch das Prinzip der Einmalerfassung von Daten an der Quelle Ziel.

- **Behandeln Sie geographisch verstreute Ressourcen als wären sie zentralisiert**
  EDV-technische Vernetzung, Videokonferenzen und andere Aspekte moderner Informationstechnologie erlauben es den Unternehmen, v.a. Personalressourcen effizienter einzusetzen.

- **Übertragen Sie die Entscheidung denen, die die Arbeit durchführen und bauen Sie die Kontrolle in den Prozess ein**
  Die maßvolle Delegation von Verantwortung, sowie der Abbau von Hierarchiestufen bieten Chancen zur Effizienzsteigerung von Unternehmen.

Zusammenfassend kann man sagen, dass Prozessmanagement eine wirkungsvolle Methode darstellt, Ihr Unternehmen schlagkräftiger zu gestalten. Der Schwerpunkt hängt jeweils von den unternehmensspezifischen Anforderungen ab (s. Abb. 28). Der Erfolg eines Prozessmanagement-Projektes hängt wesentlich stärker davon ab, inwieweit die Umsetzung in der Organisation gelingt, als wie stark in eine IT-Unterstützung investiert wird. Das Prozessverständnis und das Wissen um Schwachstellen und Handlungsmöglichkeiten muss vorneweg gegeben sein. Die IT stellt dann ein Mittel zum Zweck der Optimierung dar. Im Zuge der Optimierungsanstrengung steht modular ein breites Feld an betriebswirtschaftlichen Methoden zur Analyse, Konzeption und Umsetzung zur Verfügung.

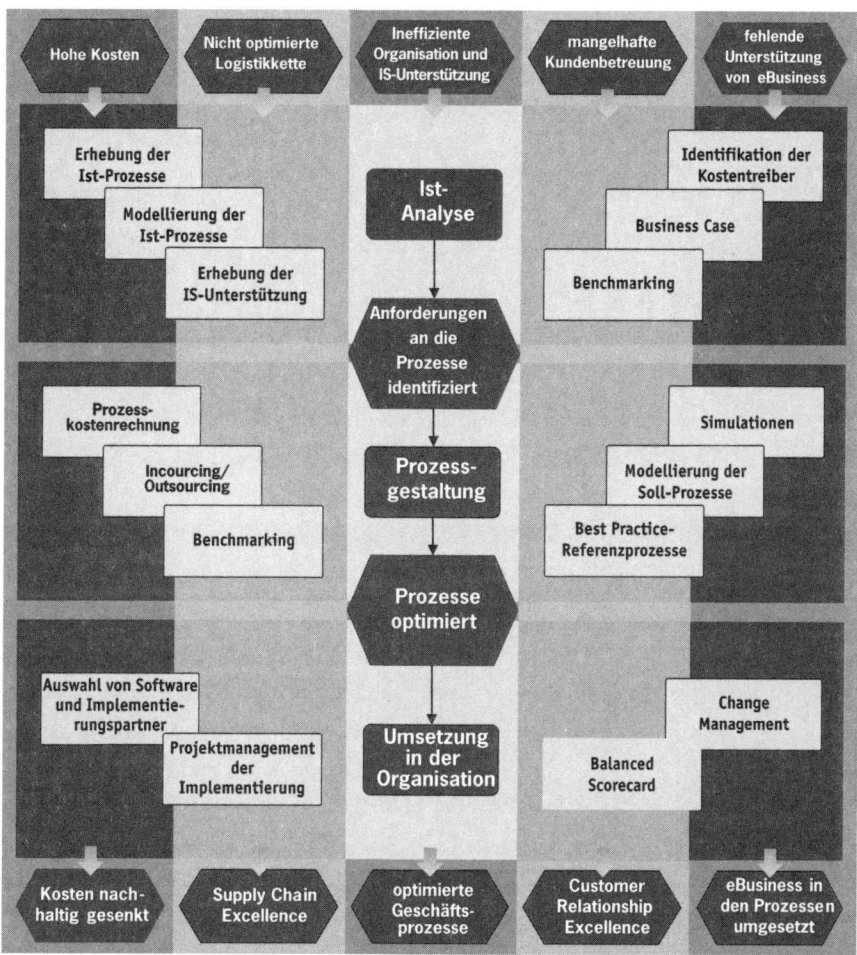

Abb. 28: Individuelle Vorgehensweise im Projekt

2.2.4.3 *Bedeutung von Prozessmanagement für das Berichtswesen*
Die Thematik „Prozessmanagement" ist für ein schlagkräftiges Reporting in mehrfacher Hinsicht relevant:

▎ Neue Adressaten
Wird im Zuge von Prozessmanagement auch eine organisatorische Entwicklung im Sinne der Installation von Prozessverantwortlichen vollzogen, existiert damit ein neuer, wichtiger Kreis an Controlling-Kunden.

▎ Neue Inhalte
Was man nicht messen kann, kann man nicht managen. Geschäftsprozesse können nur dann dauerhaft beeinflusst werden, wenn Prozesskennzahlen zur Verfü-

gung stehen. In integrierter Form (Qualität, Zeit und Kosten) ist dies häufig noch nicht der Fall, am ehesten sind noch Mengenkennzahlen zu finden, die allerdings nur eingeschränkte Aussagekraft haben.

Neue Inhalte kann aber nicht nur neue Kennzahlen, sondern wird im Falle der unternehmensübergreifenden Value-Chain-Optimierung auch gänzlich neue Informationsflüsse, nämlich von und zu Lieferanten und Kunden, bedeuten.

∎ Neue Prozesse und Medien

Auch die Prozesse im Controlling können Gegenstand des Prozessmanagements sein (s.a. 3.3.3.5) und eine Transformation des Unternehmens in Richtung eBusiness wird auch Auswirkung auf das Berichtswesen im Unternehmen haben (z.B. Web-Reporting, eControlling, s.a. 4.5).

Prozessbezogene Information verfügbar zu haben stellt hohe Anforderungen an die Vorsysteme. Daten sind häufig in Qualitätsmanagementsystemen vorhanden, vereinzelt werden auch Mengen oder Zeiten erfasst, Kosten fehlen häufig. Eine Integration in ein umfassendes Berichtswesen müsste hier stufenweise basierend auf den vorhandenen Informationen erfolgen (s. 2.3.1).

2.2.5   Orientierung an der Ressource Wissen

2.2.5.1   Aktuelle Bedeutung des Wissensmanagements

„Wer nicht weiß, was er (nicht) weiß, weiß auch wenig über seine Zukunft." (zit. n. Brandner 1999a, S. 59).

Seit Peter Drucker den Wandel der Gesellschaft in Richtung einer Wissensgesellschaft postuliert hat, wird Wissen als kritische Ressource im Unternehmen stark thematisiert. Die allgemein stark steigende Bedeutung des tertiären (Dienstleistungen) und quartären Wirtschaftssektors (Information) verdeutlicht diese Entwicklung und zwingt die Unternehmen, sich mit den verbundenen Chancen und Risiken auseinander zu setzen. Damit ist aber auch klar, dass das Berichtswesen an einem so wichtigen Erfolgsfaktor nicht vorbeigehen kann.

Was verbirgt sich aber hinter dem Schlagwort „Wissensmanagement" oder „Knowledge Management"?

Wissensmanagement ist das zielgerichtete, integrierte Gestalten des organisationalen Wissens. Wissensmanagement findet dabei auf verschiedenen Ebenen statt (vgl. Brandner 1999b, S. 93):

▸ Auf kultureller Ebene werden Voraussetzungen dafür geschaffen, dass Wissen im Unternehmen wachsen und gedeihen kann

▸ Auf strategischer Ebene wird ein Fokus auf zentrale Wissensfelder gelegt und für eine entsprechende Infrastruktur gesorgt

▸ Auf operativer Ebene wird Wissen in Kundennutzen umgewandelt.

Es gilt den gesamten Wissensverarbeitungsprozess von der Identifikation von relevantem Wissen, über die Schaffung neuen Wissens, die Verteilung, Nutzbarmachung und tatsächliche Nutzung von Wissen, bis hin zur Bewahrung und Wiederverwertung von Wissen zu betrachten. Wichtig ist dabei zu beachten, dass diese Prozesse sowohl individuelles Lernen, als der Lernen im Team und in der Organisation berücksichtigen.

2.2.5.2 Aufgabenfelder und Einführung des Wissensmanagements

Die 5 Aufgabenfelder des Wissensmanagements umfassen:

1. Schaffung einer Lernkultur

Wissensmanagement kann in Unternehmen nur dann Nutzen stiften, wenn Lernen gefördert wird, die Organisation offen für neues, auch aus externen Quellen stammenden Wissen ist, die Mitarbeiter als Ressource und nicht als Produktionsfaktor gesehen werden, Fehler erlaubt sind und die Anreizsysteme kulturkonformes Verhalten fördern. Als Konsequenz daraus könnte man versuchen, die Unternehmenskultur auf Entwicklungsstand und Entwicklungsbedarf zu beurteilen, z.B. in Form eines Indexes.

2. Definition wesentlicher Wissensinhalte

Wissensmanagement wird häufig mit „WM" abgekürzt. Glauben Sie aber nicht, dass Sie dadurch zum „Weltmeister" werden. Auch Wissensmanagement führt nicht dazu, immer und überall Spitze zu sein. Die Kunst liegt vielmehr darin, Prioritäten zu setzen und jene Wissensgebiete herauszufiltern, in denen Expertise auf- oder auszubauen ist. Es kann dabei auch festgelegt werden, dass gewisse Knowhow-Gebiete (z.B. gewisse Technologien) nicht weiter gefördert werden, da die Geschäftseinheiten, die dieses Wissen nutzen, abgebaut werden.

Das in der Organisation vorhandene Wissen kann in Form einer Wissensbilanz oder Kompetenz- und Fähigkeiten-Portfolios aufgestellt und priorisiert werden.

3. Vernetzung des Unternehmens intern und extern

Die Weiterentwicklung des Wissens kann innerhalb des Unternehmens in Kompetenzzentren erfolgen. Um Wissen zu entwickeln, zu pflegen und zu vermehren sind v.a. aber auch Allianzen mit anderen Unternehmen, Forschungseinrichtungen und Ausbildungsstätten geeignet. Kann der Wissenstransfer wechselseitig gestaltet werden, führt dies zu win-win-Situationen für alle am Netzwerk beteiligten Organisationen. Die technische Revolution des Internet begünstigt diese Netzwerke, da sie die Vernetzung zu geringen Kosten erlaubt.

4. Permanente Optimierung der Lernprozesse

Unter der Thematik Prozessmanagment (s. 2.2.4) wurde bereits herausgestellt, dass Prozesse permanent ablaufen. Dies gilt auch für Wissens- und Lernprozesse. Damit ist es auch in diesem Bereich unabdingbar, permanent an den Prozessen zu arbeiten und diese an veränderte Rahmenbedingungen oder Anforderungen anzupassen. Durch explizites Erfassen von „lessons learned" wird ein wesentlicher Beitrag dazu geleistet.

5. Wissenscontrolling auf individueller und organisationaler Ebene

Die Ressource Wissen kann im Gegensatz zu anderen Ressourcen, wie etwa Kapital oder Personal, nicht direkt gemessen werden. Das Controlling kann aber sehr wohl an indirekten Indikatoren, wie Investitionen in Ausbildung, F&E-Quoten oder Patentanmeldungen ansetzen. Auf persönlicher Ebene, die ja v.a. für den Aufbau von Wissen relevant ist, kommen den Zielvereinbarungen und der Messung der Zielerreichung, z.B. aufbauend auf Mitarbeitergesprächen große Bedeutung zu.

Abb. 29 fasst die wesentlichen Aufgabenfelder des Wissensmanagements zusammen.

Die Wissens- und Lernprozesse sind permanent, erste Schritte in Richtung Wissensmanagement bzw. der Aufbau eines gelebten Systems haben Projektcharakter. Ein sinnvolles Vorgehen stellt durch Kernfragen innerhalb der einzelnen Projektstufen den Nutzen eines solchen Projektes sicher (siehe Abb. 30 auf Seite 90).

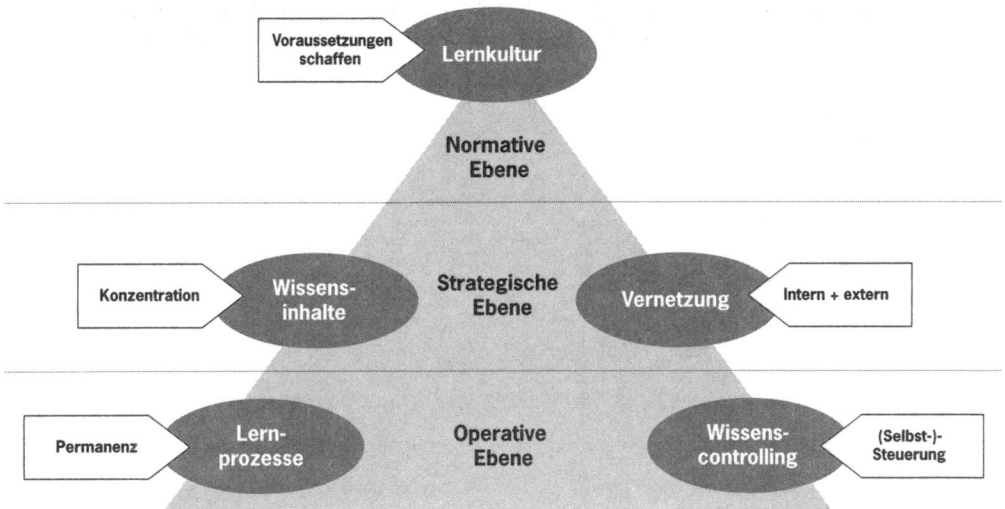

Abb. 29: Aufgabenfelder des Wissensmanagements

2.2.5.3 *Wissenscontrolling und Berichtswesen*

Aufgrund der schwierigeren Messbarkeit der Ressource Wissen bei gleichzeitig hoher Bedeutung für das Unternehmen stellen sich ganz spezifische Voraussetzungen für das Berichtswesen. Viele versuchte Optimierungen im Reporting scheitern daran, dass Kennzahlen oder andere Berichtsinhalte wesentlich leichter konzipiert als umgesetzt sind. Häufig sind Daten nur mittels individueller Ermittlung und manueller Ergänzung verfügbar, was meist zu einer überschaubaren Lebensdauer der Berichtselemente führt.

In den einfachsten Fällen wird die Ressource Wissen im Berichtswesen über indirekte Indikatoren (z.B. Schulungskosten je Mitarbeiter oder Anzahl angemeldete Patente) abgedeckt. Dies kann nur als erster Schritt in Richtung einer mehrdimensionalen Unternehmenssteuerung verstanden werden (s.2.3.1).

> **Fazit:**
> ▪ Allgemeine Entwicklungslinien sind erkennbar, werden im Berichtswesen aber nicht ausreichend umgesetzt.
> ▪ Die Relevanz der einzelnen Entwicklungslinien muss unternehmensindividuell beurteilt werden.
> ▪ Auch eine mehrdimensionale Unternehmenssteuerung muss mit pragmatischem Aufwand funktionieren, sonst wird sie nicht gelebt.

Kernfragen	**Nutzen**
Sensibilisierung	
•Wie gehen wir derzeit mit Wissen um? • Welche Möglichkeiten bietet Wissensmanagement? • Welche Bereiche sind besonders wissensintensiv ? • Wie soll die Einführung von Wissensmanagement als Projekt organisatorisch ablaufen?	• Sensibilisierung für den eigenen Umgang mit Wissen • Überblick über Wissensmgt -Metho-den, -Instrumente und -Ergebnisse • Fokussierung des Projektes auf die erfolgversprechendsten Bereiche • Projektdefinition, Konkretisierung der Ergebnisse und Ressourcen
Wissens-Audit	
• Wie gut funktioniert unser Wissensmanagement? • Wo liegen die größten Potenziale für Leistungssteigerungen? • Welche Barrieren behindern unsere Lernfähigkeit? • Was kostet, was bringt Wissensmanagement?	• Screening des Entwicklungsstandes im Wissensmanagement • Identifikation und Bewertung der größten Potenziale • Sicherstellen der Stimmigkeit Kultur -Strategie - operative Prozesse • Kosten- Nutzenbilanz der Wissenmanagement -Einführung
Konzeption	
•Welches Wissen verhilft uns zu überlegenen Marktleistungen? • Welche Allianzen können wir schließen, wo Wissen zukaufen? • Welche Infrastruktur unterstützt unsere Wissensmanagement-Bemühungen? •Wie beschleunigen wir Lern- und Innovationsprozesse ?	• Strategische Maßnahmen für unterschiedliche Wissensfelder • Ausbildung eines Wissensnetzes, Konzentration eigenen Kernwissens • Gestaltung von Inter- und Intranet sowie informeller Netzwerke • Bildung eines integrierten Wissensmanagment-Modells
Umsetzung	
• Welche Ressourcen können wir in welcher Zeit einsetzen? • Welche Bereiche arbeiten wie zusammen? • Was müssen die Mitarbeiter wissen? • Woran erkennen wir, ob das Projekt erfolgreich sein wird?	• Ergebnisse, Zeitrahmen und Ressourceneinsatz im Griff • Begeisterte Teams • Förderung statt Überforderung durch Ausbildung und Begleitung • Rasche Erfolgserlebnisse und kompetentes Projektcontrolling

Abb. 30: Einführung von Wissensmanagement

2.3 Umfassende Unternehmenssteuerung auf Basis der Balanced Scorecard (BSC)

2.3.1 Integration der Entwicklungslinien im Berichtswesen

Aus Sicht der Unternehmenssteuerung ist es wichtig, dass die Weiterentwicklung des Berichtswesen nicht isoliert oder bezogen auf einzelne Teilaspekte verläuft. Während sich das monetäre Berichtswesen tendenziell wieder stärker an Ansätzen des externen Rechnungswesens orientiert und dies häufig in einem Schritt umgesetzt wird (z.B. im Zuge der Einführung von IAS oder US-GAAP), können die anderen Trends sukzessive in das Berichtswesen einfließen und im Zeitverlauf ergänzt werden (z.B. zuerst Prozessmengen, dann -zeiten und zuletzt -kosten). Das Gesamtoptimum und die Ausrichtung am Informationsbedarf darf aber nie aus den Augen verloren werden.

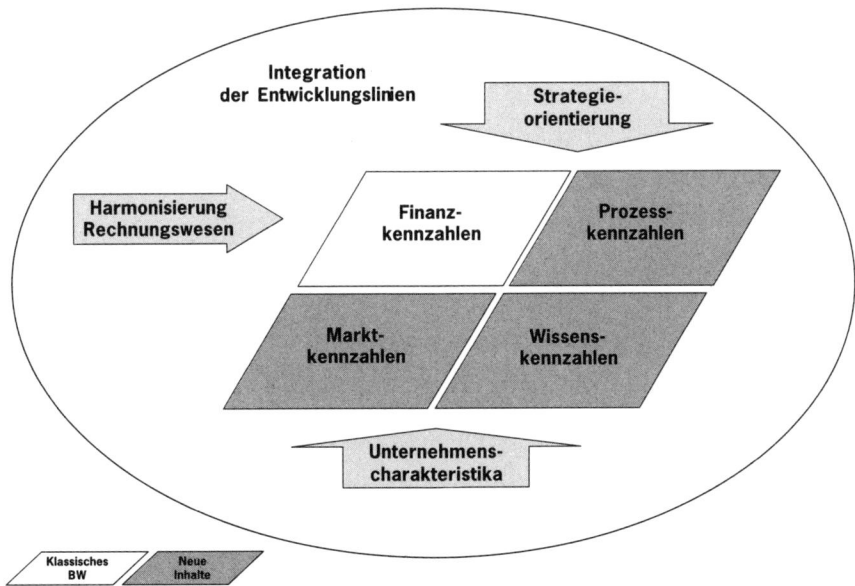

Abb. 31: Integration der Entwicklungslinien im Berichtswesen

Eine Untersuchung amerikanischer Unternehmen ergab, dass sog. „measurement managed"-Firmen erfolgreicher sind, als jene, die auf eine mehrdimensionale Unternehmenssteuerung verzichten. „Measurement managed" bedeutet dabei (vgl. Lingle/Schiemann 1996, S.58f):

▸ Kenngrößen aus mehr als 3 Performance-Bereiche (aus Finanzen, Prozessen, Kundenzufriedenheit, Mitarbeiterleistung, Innovation/Wandel und Gemeinschaft/Umwelt) werden berichtet, v.a. der Messung der Mitarbeiter-„leistung" (Werte, Moral, Kompetenz und Produktivität) kommt hohe Bedeutung zu

▸ die Berichte sind regelmäßig

▸ strategierelevante Messgrößen sind definiert.

2.3.2 Herausforderungen für das Management

„Unsere Fixierung auf finanzielle Messgrößen führt uns dazu, dass wir weniger greifbare nicht-monetäre Größen, wie Produktqualität, Kundenzufriedenheit, ... herunterspielen oder ignorieren. Dabei sind gerade diese die wirklichen Treiber des Unternehmenserfolges..." (zit. n. Peters 1991, S.589).

Diese Aussage wurde bereits vor über 10 Jahren getroffen und stimmt leider für weite Teile der Unternehmenspraxis noch immer. Diese Problematik wurde in den letzten Jahren weiter verschärft, da neben den internen auch eine Reihe von marktgetriebenen neuen Herausforderungen für Unternehmen dazugekommen sind (in Anlehnung an Kaplan/Norton 1997, S. 4f):

▮ Funktionsübergreifendes Arbeiten
Kaum ein Unternehmen hat sich in den letzten Jahren nicht mit Prozessen, sei es im Sinne eines Prozessmanagement, der Prozesskostenrechnung oder im Zuge von qualitätsorientierten Zertifizierungen, beschäftigt. In vielen Fällen hat dies allerdings nur dazu geführt, dass Abteilungen jetzt „Prozesse" genannt werden und so aus dem Vertriebsleiter der „Process Owner" Vertrieb wird. Abläufe, Aufgaben und Inhalte bleiben weitgehend ident (s. 2.2.4).

▮ Verbindung zu Kunden und Lieferanten
Die Wertschöpfungskette, die lange das Objekt der internen Optimierungsbegierde war, hat mittlerweile unternehmensübergreifende Bedeutung. Unter dem Schlagwort „Collaboration" versuchen Unternehmen derzeit, Synergien in der unternehmensübergreifenden Optimierung der, zu den Kunden und Lieferanten verlängerten, Wertschöpfungskette zu erzielen (s. 2.2.4).

▮ Kundensegmentierung
Die vor Jahrzehnten schockierende Erkenntnis der Transformation von Verkäufer- zu Käufermärkten führte dazu, dass der Kunde sukzessive in den Mittelpunkt

der Informationsflüsse gerückt wurde. ABC-Analysen wurden durchgeführt, der Markt segmentiert usw. Nach wie vor muss allerdings festgestellt werden, dass eine durchgeführte Kundensegmentierung nicht unbedingt zu einer geänderten oder selektiveren Marktbearbeitung führt und dass die Unternehmen noch immer über ihre Produkte, deren Umsätze und Rentabilitäten wesentlich besser Bescheid wissen, als über ihre Kunden (s. 2.2.3).

▌ Globalisierung

Galt, dass „die Welt ein Dorf" ist, zuerst für die Bereiche Kommunikation und Information, so trifft dies nun auf das Wirtschaftsleben im Allgemeinen zu. Gerade für mittlere und kleinere Unternehmen birgt diese Entwicklung in den meisten Fällen mehr Risiken als Chancen.

▌ Innovation

Das Internet und dessen wirtschaftliche Nutzung stellt wohl eine der größten Innovation aller Zeiten dar. Die Überschneidungen zur Globalisierung sind offensichtlich, denn sowohl Kunde, als auch leider die Konkurrenz sind nur noch „a click away".

▌ Wissenschaffende Mitarbeiter

Fast alle Unternehmen haben einen Engpass, den Markt. Neben diesen Engpass tritt nun v.a. noch der Engpass an qualifiziertem Personal hinzu, was für die Unternehmen als Vorsteuergröße des zukünftigen Markterfolges ebenso kritisch ist. Die Ressource Wissen, die das größte, allerdings aufgrund der schwierigen Quantifizierbarkeit meist unterbewertete Potenzial einer Unternehmung darstellt, hängt solange von den handelnden Personen ab, als nicht im Zuge des Wissensmanagements auch technisch Abhilfe für personenbezogene Know-how-Abflüsse geschaffen wird (s. 2.2.5).

In der Praxis kristallieren sich v.a. aufgrund der geänderten Herausforderungen in der Vergangenheit zwei Problemkreise heraus:

1. Das strategische Wollen und das operative Tun klaffen auseinander oder anders formuliert: die Strategieumsetzung kann nicht kontrolliert werden

2. Finanzielle Kennzahlen zeigen nur, was passiert ist, können aber das Geschehen weder vollständig erklären noch proaktive Maßnahmen unterstützen und einleiten.

Die Balanced Scorecard (BSC) greift genau diese beiden Problemstellung auf und bietet konkrete Lösungsmöglichkeiten an.

> **Die BSC ist ein**
> ▌ Übersetzungswerkzeug der Strategie in Aktivitäten
> ▌ Kommunikationswerkzeug über die Ziele, Ergebnisse und Aktionen
> ▌ Analysewerkzeug für die multidimensionalen Fragen der Benutzer.

2.3.3 Aufbau und Einsatzgebiet der BSC

2.3.3.1 *Strategieumsetzung und -kommunikation*

Im Rahmen der Unternehmensführung wird zwischen einer

- ▸ normativen Ebene (Selbstverständnis der Organisation, allgemeine Positionierung zu Markt, Mitarbeitern und der Gesellschaft)
- ▸ strategischen Ebene (Kernkompetenzen, Arealstrategie, Teilstrategien für Funktionsbereiche und Geschäftsfelder) und
- ▸ operativen Ebene (konkrete Umsetzungsmaßnahmen und Budgets)

unterschieden.

Während die Aussagen auf der normativen Ebene noch weitgehend abstrakt sind, erfolgt im Zuge der Strategiekonzeption eine sukzessive Operationalisierung, auf operativer Ebene muss letztendlich das Tagesgeschäft in vollständig quantifizierter Form abgebildet sein.

Wie die u.a. Darstellung verdeutlicht, ist die BSC v.a. als Brücke zwischen Strategie und Operation positioniert. Die BSC zwingt zum einen dazu, eine quantifizierbare und quantifizierte Strategie zu haben, zum anderen werden über reine operative und monetäre Größen hinaus strategierelevante Kennzahlen verfolgt (s. Abb. 32).

Die BSC unterstützt die Strategieumsetzung durch die Strategieoperationalisierung und -kommunikation. Die Strategieoperationalisierung erfolgt in der BSC über die Verknüpfung der Strategie mit den Kennzahlen über (vgl. Kaplan/Norton 1997, S. 143f)

- ▸ Ursache-Wirkungsbeziehungen
- ▸ Leistungstreiber und
- ▸ das Finanzfenster.

So genannte „lagging indicators" (Ergebniskennzahlen) und „leading indicators" (Leistungstreiber) zeigen Ursache-Wirkungszusammenhänge i.S. einer Wenn-Dann-Logik auf. Ob die dahinterliegenden Hypothesen stimmen, kann im Regelfall nur durch die Beobachtung der Kennzahlenwerte nach Umsetzung der BSC

herausgefunden werden. Ggf. sind die Hypothesen und Kennzahlenzusammenhänge dann zu modifizieren. Die Strategie muss damit zwar der Überbau für diese
Ursache-Wirkungsbeziehungen sein, allerdings ist es nicht realistisch, alle auf ein
Unternehmen einwirkenden und vom Unternehmen selbst ausgehenden Ursachen
und Wirkungen abzubilden. Der Strategieentwicklungsprozess und die Abbildung
in der BSC müssen hier Prioritäten setzen. Es haben sich weder mechanistische
gesamthafte Unternehmensmodelle (z.B. in den 60er und 70er Jahren) noch
Kennzahlenkataloge mit Hunderten von Kennzahlen als praktikabel erwiesen. Die
BSC fokussiert auf das Wesentliche.

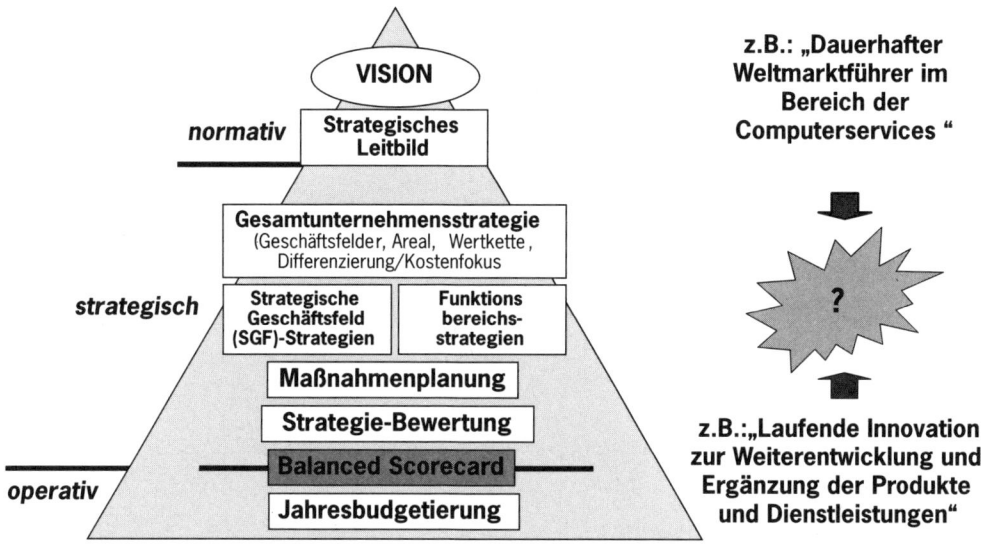

Abb. 32: Stellung der Balanced Scorecard in der Unternehmensführung

Leistungstreiber sind häufig nicht-monetäre Kennzahlen, die zur Frühwarnung
herangezogen werden (z.B. Fehlerquoten erhöhen den Ausschuss, der die Produkt-
kosten erhöht, die wiederum den Gewinn schmälern). Wichtig ist, dass auch die
nicht-monetären Kennzahlen und Ziele (z.B. Qualitätssteigerung, Durchlaufzeit-
verkürzung) keinen Selbstzweck darstellen, sondern immer mit der monetären
Perspektive verknüpft sind (vgl. Kaplan/Norton 1997, S. 145).

Durch die Operationalisierung der Strategie wird Wesentliches für die Wettbe-
werbsfähigkeit des Unternehmens geleistet:

▸ Durch die Verknüpfung mit Kennzahlen wird der Strategieentwicklungsprozess intensiviert. Es wird wesentlich mehr über Vor- und Nachteile strategischer Handlungsoptionen, v.a. auch im Hinblick auf deren ergebnis-

mäßige Wirkung, diskutiert. Der Qualität der entwickelten Strategien kann diese Diskussion im Frühstadium nur zuträglich sein.

▸ Durch die Verknüpfung mit Kennzahlen wird die Strategieumsetzung messbar. Eigene Fehleinschätzungen oder mangelhafte Umsetzung der Maßnahmen werden frühzeitig erkannt. Strategisches Wollen und operatives Tun werden synchronisiert.

Im Zuge der Strategieentwicklung ist es wichtig, die Messbarkeit sicherzustellen, denn „If you can't measure it, you can't manage it" (zit. n. Kaplan/Norton 1997, S.223).

Im Rahmen der Strategiekommunikation wird die BSC als permanentes System eingesetzt, dass nicht nur die Strategie einmalig kommuniziert, sondern als geschlossenes System auch die Weiterentwicklung der Strategie und strategisches Lernen unterstützt. Dieser Regelkreis ist in Abb. 33 dargestellt (vgl. Kaplan/Norton 1997, S.191).

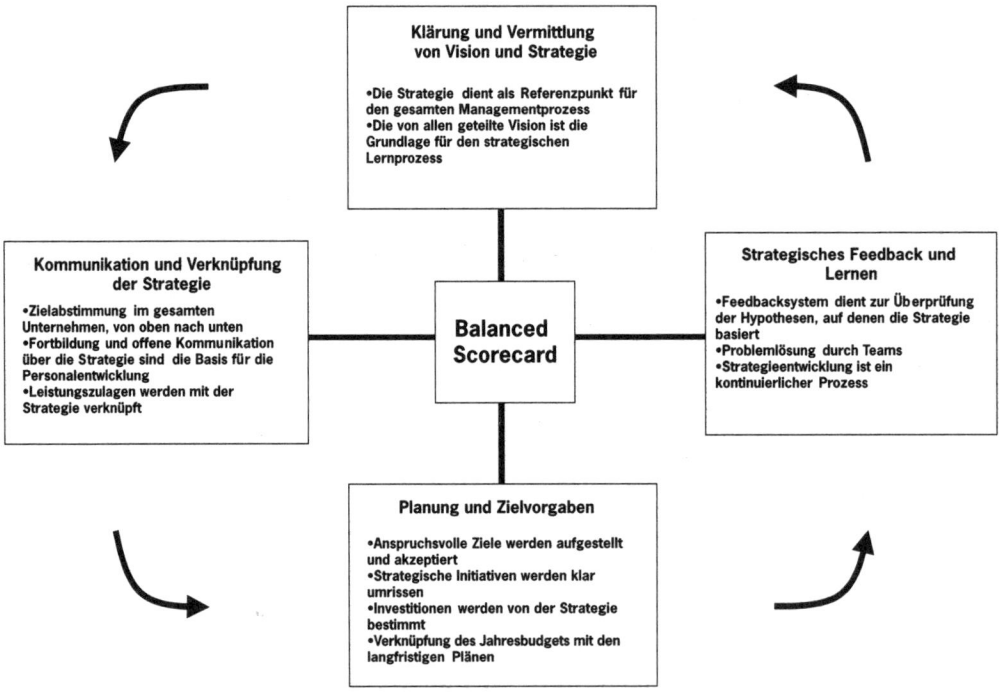

Abb. 33: Die BSC als strategischer Handlungsrahmen

Die BSC kann somit

▶ die Strategie ihres Unternehmens in kommunizierbare strategische Ziele umsetzen

▶ die strategischen Ziele in konkrete Messgrößen umsetzen

▶ den konkreten Messgrößen planbare Zielgrößen zuordnen

▶ den strategischen Zielen verfolgbare Maßnahmen und Verantwortungen zuordnen

▶ die strategische Ziele untereinander verknüpfen und damit die Strategie verständlich machen

▶ die Strategien unterschiedlicher oder nachgeordneter Unternehmensbereiche mit einander verknüpfen

Ganz klar ist auch abgrenzbar, wofür die BSC nicht konzipiert ist. Sie kann nicht

▶ die Richtigkeit einer Strategie feststellen

▶ eine fehlende Strategie ersetzen

▶ die Strategie entwickeln.

2.3.3.2 Die Perspektiven der BSC

Im Zuge der Strategieumsetzung wird deutlich, dass rein monetäre ex-post-Indikatoren und damit auch die Inhalte des klassischen Berichtswesens nicht ausreichen. Die BSC ist in den meisten Unternehmens in 4 Perspektiven oder sog. Fenstern aufgebaut. Die klassischen Perspektiven sind Finanzen, Kunden, interne Geschäftsprozesse und Lernen/Entwicklung (vgl. Kaplan/Norton 1997, S. 24ff).

1. Die finanzwirtschaftliche Perspektive:

Anhand des Finanzfensters wird klar, dass die BSC auch in Bezug auf das Berichtswesen weit über herkömmliche Ansätze hinausgeht. Das klassische monetäre Berichtswesen, wie es nach wie vor in den meisten Unternehmen zu finden ist, beschränkt sich auf dieses Fenster. Aus Sicht der BSC ist wichtig festzuhalten, dass die existenten und wichtigen monetären Steuerungsgrößen nicht ersetzt, aber um wesentliche andere Kennzahlenbereiche ergänzt werden. Es ist Faktum, dass Finanzgrößen in der Unternehmenssteuerung „lagging indicators", also Kennzahlen, die Wirkungen, nicht aber Ursachen aufzeigen, darstellen.

Die Finanzkennzahlen nehmen damit eine doppelte Funktion wahr. Zum einen drücken sie die finanzielle Leistung aus, die von der Strategie erwartet wird, zum anderen dienen sie als Endziele für die Ziele und Kennzahlen der anderen Scorecard-Perspektiven (vgl. Kaplan/Norton 1997, S.46).

2. Die Kunden- und Marktperspektive:

Alle Unternehmen leben von ihren Kunden. Aufgrund weitgehender Liberalisierungsmaßnahmen gibt es kaum noch Branchen, in denen Verkäufermärkte existieren. Dennoch ist es in vielen Unternehmen ein Lippenbekenntnis, dass der „Kunde König" ist. Z.T. liegt dies auch darin begründet, dass Unternehmen wesentlich besser über ihre Produkte, der Kosten und Rentabilitäten und manchmal auch die Prozesse Bescheid wissen, als dies über die Kunden der Fall ist (s.a. 2.2.3.).

In der BSC-Umsetzungspraxis wird das Kundenfenster meist als „Markt"fenster weiter verstanden und auch Konkurrenten- und Lieferanteninformation miteinbezogen.

3. Die interne Prozessperspektive:

Die interne Prozessperspektive ist wesentlich, denn sie deckt die Kernleistungsprozesse des Unternehmens ab. Will man Prozessmanagement betreiben und Prozesse nicht nur schwerpunktartig kontrollieren und überwachen, dann interessieren 3 Dimensionen:

▶ Kosten
▶ Zeit und
▶ Qualität.

Will man alle 3 Dimension steuern und beeinflussen wird gleichzeitig auch klar, dass dieses Fenster die höchsten Anforderungen an die Vorsysteme im Unternehmen stellt, v.a. dann, wenn die Kennzahlen regelmäßig (d.h. meist monatlich) und automatisiert zur Verfügung gestellt werden sollen.

4. Die Lern- und Entwicklungsperspektive

Diese Perspektive wird häufig auch unter dem Schlagwort „Innovation" oder „Potenzial" geführt. Einige Unternehmen konzentrieren sich in diesem Fenster auf eine mitarbeiterbezogene Sichtweise (v.a. personalleistungsorientierte Dienstleistungsunternehmen). Auch für dieses Fenster sind Kennzahlen häufig nicht einfach verfügbar.

Eine BSC darf eine „handhabbare" Anzahl an Kennzahlen nicht überschreiten. Die Adressaten verlangen z.T. in der Konzeptionsphase zu viele Kennzahlen, die dann nicht gleichzeitig verfolgbar sind. In der Praxis hat sich eine Beschränkung auf 4-5 Kennzahlen je Fenster als sinnvoll erwiesen. Mehr als 20 Kennzahlen je BSC sind nicht mehr sinnvoll monitorbar (sog. „Twenty is plenty"-Faustregel).

Abb. 34 fasst die Perspektiven der BSC nochmals zusammen (vgl. Kaplan/ Norton 1997, S.9).

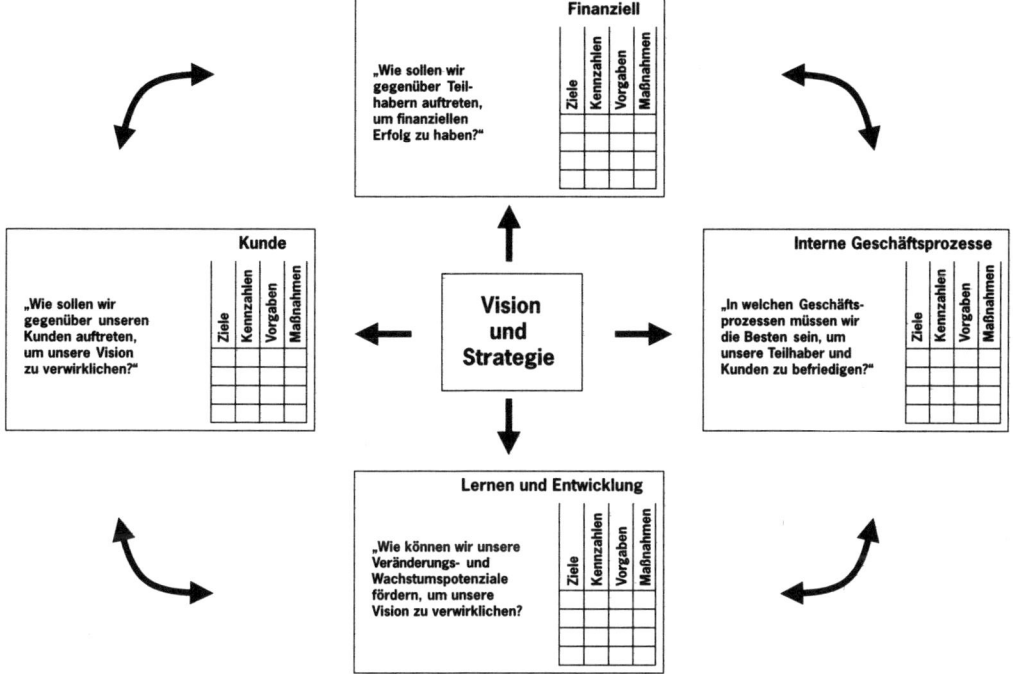

Abb. 34: Perspektiven der BSC

Die BSC ist in jedem Fall in Struktur und Inhalten an die unternehmensspezifischen Erfordernisse anzupassen. Dies bedeutet, dass sowohl BSCs mit mehr oder weniger als 4 Fenstern resultieren können. Fenster können aus folgenden Gründen wegfallen oder adaptiert werden:

Merkmal	Auswirkung auf Perspektive	Begründung
Adaption / Weglassen klassischer Perspektiven		
Überschaubare Unternehmensgröße	• Prozesse • Innovation	• Bei geringerer Komplexität des Geschäfts und geringer Unternehmensgröße ist in jenen Fenstern, deren Daten zusätzlichen Erhebungsaufwand bedeuten, häufig kein ausreichender Nutzen gegeben (z.B. Mitarbeiterzufriedenheit oder Auslastung auch ohne BSC monitorbar)
Integration in Wertschöpfungsnetzwerke (Collaboration)	• Kunden/Marktfenster	• Kunden-Lieferantenbeziehungen sind in diesen Fällen häufig auch langfristig vertraglich geregelt, die Einhaltung der Vertragsbedingungen wird ggf. ausserhalb der BSC überwacht
Projektorientierte Unternehmen	• Prozesse	• Einrichtung eines Projekt- statt Prozessfensters oder Verzicht auf Fenster und Fokussierung auf Multi projektmanagement
Ergänzung zusätzlicher Perspektiven		
Unternehmen in der (Post-)Start-Up-Phase	• Neu: Projekte	• wenn Programmmanagement hohe Bedeutung hat, Ergänzung um Projektfenster
Externe Rahmenbedingungen	• Neu: Rahmenbedingungen	• Wenn externe Rahmenbedingungen, die nichts mit dem Wettbewerb zu tun haben, wichtig sind, Ergänzung um entsprechende Perspektive (z.B. Regulatorfenster)
Dominante Anspruchsgruppen	• Neu: Stakeholder	• Bei hoher Bedeutung von anspruchsgruppenrelevanten Inhalten, z.B. Umweltschutz (häufig bei NPOs)

Abb. 35: Adaption der Dimensionen

2.3.3.3 *Ursache-Wirkungszusammenhänge*

Die Ursache-Wirkungszusammenhänge stellen die Zusammenhänge zwischen kritischen Erfolgsfaktoren (KEFs) des Unternehmens dar. Die Strategie des Unternehmens muss sicherstellen, dass diese kritischen Erfolgsfaktoren positiv beeinflusst werden können. Die Ausprägung der kritischen Erfolgsfaktoren wird mit mit sog. Key Performance Indicators (KPIs) gemessen.

Zur Darstellung der Zusammenhänge empfiehlt sich die Orientierung an den Fenstern nach folgender Logik:

Die Innovation stellt die Grundlage für das langfristige Überleben der Unternehmung dar. Sie beeinflusst alle Leistungsprozesse im Unternehmen. Die Leistungsprozesse setzen die Leistung des Unternehmens am Markt um. Der Markterfolg wiederum treibt die finanzielle Performance des Unternehmens.

Für einzelne kritische Erfolgsfaktoren gibt es natürlich Abweichungen von dieser Abfolge (z.B. im u.a. Beispiel wirkt die Senkung der Herstellkosten direkt auf die Rentabilität; die Mitarbeiterqualifizierung kann zumindest kurzfristig zu einer Ergebnisverschlechterung führen).

Für die KEFs gilt dasselbe wir für die KPIs: der Bereich Finanzen ist der Nachläufer und wird von den anderen Perspektiven „getrieben".

Abb. 36 auf der folgenden Seite stellt die Ursache-Wirkungszusammenhänge dar.

Um die Ursache-Wirkungszusammenhänge zu plausibilisieren, wäre es theoretisch sinnvoll, die

▸ Richtung
▸ Stärke und
▸ Reaktionszeit

der KEFs untereinander darzustellen.

In der Praxis stellen sich hierbei eine Reihe von Problemen.

Die Richtung ist relativ leicht fassbar, da sie in den meisten Fällen offensichtlich ist (z.B. hat die Erhöhung der Kundenbindung hat einen positiven Einfluss auf den Marktanteil, eine höhere Mitarbeiterzufriedenheit senkt die Fluktuation). Die Richtung einschließlich der Charakterisierung des Einflusses als „positiv" oder „negativ" sollte jedenfalls mit aufgenommen werden.

Die Stärke kann in der Regel nicht in harten Zahlen ausgedrückt werden. Eine Preissenkung von x% führt in Abhängigkeit der Preiselastizität der Nachfrage zu

Umsatz- und Marktanteilssteigerungen, aber die Quanitifizierung erscheint schwierig. Die Senkung der Reklamationsbearbeitungdauer erhöht die Kundenzufriedenheit, aber in welchem Ausmaß? Eine pragmatische Lösung ist es, und die Stärke zumindest nach „stark" und „schwach" zu differenzieren.

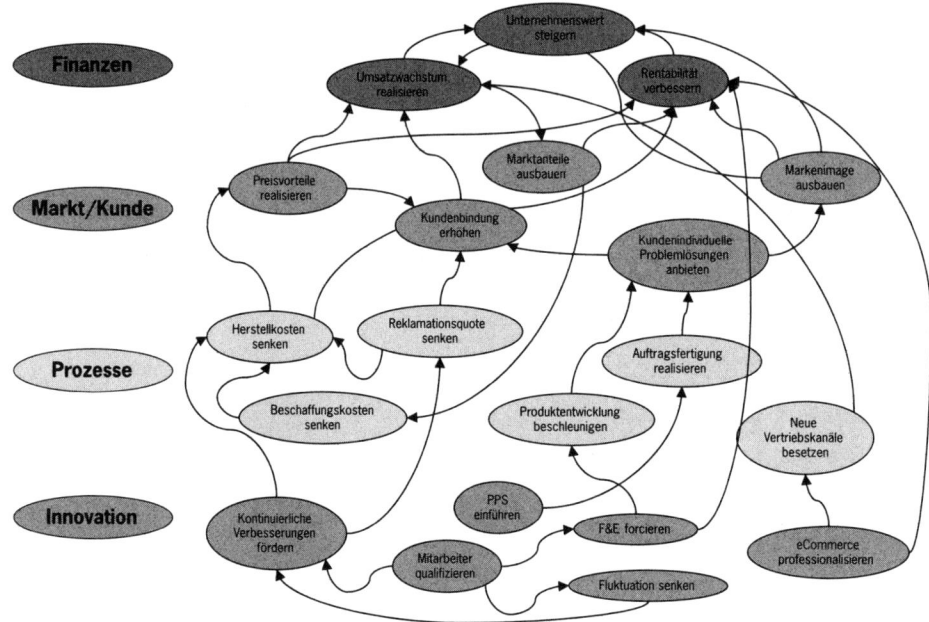

Abb. 36: Ursache-Wirkungszusammenhänge

Noch problematischer stellt sich die Reaktionszeit dar. Qualifizierte Mitarbeiter beeinflussen die Produktentwicklung positiv. Hier ist die Stärke schwierig zu quantifizieren und die Zeitdauer, wann der Umsatzanteil mit Neuprodukten x% erreicht, ist noch schwieriger zu fassen. Bzgl. der Einschätzung der Reaktionszeit stellt sich weiters die Frage, ob die Reaktionszeit auf die Zeitverzögerung zum aktuellen Zeitpunkt oder den jeweils treibenden Erfolgsfaktor gewählt werden soll. Die Reaktionszeit wird meistens ausser Acht gelassen. Eine grobe Differenzierung in „kurz" und „lang" ist pragmatisch handhabbar und bezieht sich auf den jeweils vorgelagerten KEF. Eine additive Betrachtung der Reaktionszeit ist dann noch immer möglich.

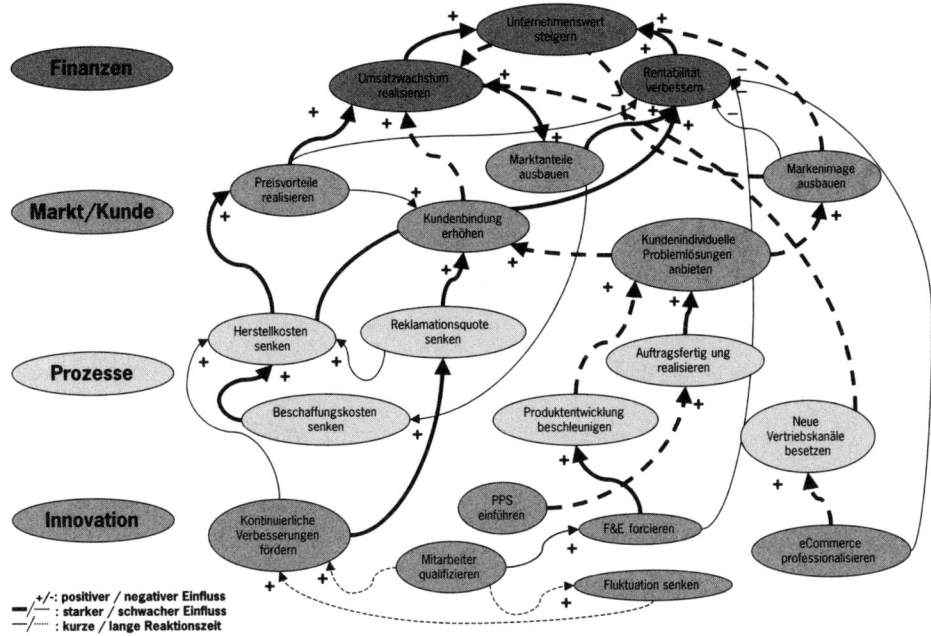

Abb. 37: Plausibilisierung der Ursache-Wirkungszusammenhänge

Abb. 38 führt das Plausibilisierungsbeispiel weiter[8]

---

8   Das Beispiel basiert auf Annahmen und soll dazu dienen, die Plausibilisierung zu zeigen. Für das
     Einzelunternehmen können für dieselben KEFs oder KPIs andere Stärken und Reaktionszeiten
     gelten.

KEF	KPI (Bsp)	Richtung	Stärke	Reaktionszeit	Erläuterung
Unternehmenswert steigern	EVA, SHV, ...	Wird beeinflusst			
Umsatzwachstum realisieren	Umsatzwachstum	• Positiv auf Unternehmenswert • Positiv auf Marktanteil	• hoch • hoch	• kurz • kurz	Audruck einer positiven Unternehmensentwicklung, Unternehmenswert und Marktanteil reagieren direkt auf Umsatzwachstum
Rentabilität verbessern	ROCE, ROS, ROE,...	• Positiv auf Unternehmenswert	• hoch	• kurz	• s.o.
Preisvorteile realisieren	Konkurrenzpreisvergleich, eigene Preisentwicklung	• positiv auf Umsatzwachstum • negativ auf Rentabilität (abh. von Preiselastizität) • Positiv auf Kundenbindung	• hoch • niedrig • niedrig	• kurz • kurz • kurz	• preissensible Märkte • Preissenkung negativ, aber Mengenwachstum bei großer Preissenkung • nur für preissensible, wenig loyale Kunden
Kundenbindung erhöhen	Fluktuationsrate im Kundenstock	• positiv auf Umsatz	• hoch	• lang	• Stammkunden als solide Basis des Geschäfts, Kundenbindung nur langfristig aufbaubar
Marktanteile ausbauen	Marktanteilswachstum ausbauen	• positiv auf Rentabilität • positiv auf Beschaffungskosten	• hoch • niedrig	• kurz • kurz	• Nutzung von economies of scale • Erzielung kritischer Volumina in der Beschaffung
Kundenindividuelle	Umsatzanteil Individualleistungen	• positiv auf Kundenbindung	• hoch	• lang	• höhere Kundenzufriedenheit, geringere Substituierbarkeit

KEF	KPI (Bsp)	Richtung	Stärke	Reaktions-zeit	Erläuterung
Problemlösung anbieten		• positiv auf Marken-image	• hoch	• lang	• Wahrnehmung als „Problemlöser"
Markenimage ausbauen	Externe Befragung	• positiv auf Umsatz • negativ auf Renta-bilität • positiv auf Unter-nehmenswert	• hoch • niedrig • hoch	• lang • kurz • lang	• Differenzierungsmerkmal, starke langfristig aufzubauen-de Marke • Kosten der Markenpflege • Marke als immaterieller Wert
Herstellkosten senken	Entwicklung variable HSK	• positiv auf Preis-vorteile • positiv auf Rentabilität	• hoch • hoch	• kurz • kurz	• Kosteneinsparungen sofort wirksam, werden nur tw. an den Kunden weitergegeben
Reklamations-quote senken	Reklamationsquote	• positiv auf Herstell-kosten • positiv auf Kunden-bindung	• niedrig • hoch	• kurz • kurz	• geringerer Ausschuss, weniger Nacharbeits- oder Garantiekosten • höhere Kundenzufriedenheit
Beschaffungs-kosten senken	Materialintensität, Einstandspreise-entwicklung	• positiv auf Herstell-kosten	• hoch	• kurz	• Einstandspreissenkung, keine langfristigen Verträge
Produkt-entwicklung beschleunigen	Time-to-market	• positiv auf kunden-individuelle Problem-lösungen	• hoch	• lang	• rasche Umsetzung von Markttrends, erfordert organisatorische Maßnahmen
Auftragsfertigung realisieren	Anteil Kundenauf-träge an Gesamt-produktions-aufträgen	• positiv auf kunden-individuelle Problem-lösungen	• hoch	• kurz	• rasche und spezifische Problemlösung

KEF	KPI (Bsp)	Richtung	Stärke	Reaktions-zeit	Erläuterung
Neue Vertriebs-kanäle besetzen	Umsatzanteil neue Vertriebskanäle	• positiv auf Umsatzwachstum	• hoch	• lang	• Vorlaufzeiten bis Kanal akzeptiert wird, Kanalkonflikte müssen gelöst werden
Kontinuierliche Verbesserung fördern	Anzahl Verbesserungsvorschläge	• positiv auf Herstellkosten • positiv auf Reklamationsquote	• niedrig • hoch	• kurz • kurz	• Fehlervermeidung auf Mitarbeiterebene • weniger Ausschuss
Mitarbeiter qualifizieren	Schulungstage (-budget) pro Mitarbeiter	• positiv auf Kontinuierliche Verbesserung • positiv auf Fluktuation	• niedrig • niedrig	• lang • lang	• Förderung unternehmerischen Denkens • Job Enrichment
PPS einführen	Projektfortschrittsgrad	• positiv auf Auftragsfertigung	• hoch	• lang	• komplexe EDV-Unterstützung notwendig
F&E forcieren	F&E-Quote	• positiv auf Produktentwicklung • negativ auf Rentabilität	• hoch • niedrig	• kurz • kurz	• Ressourcenbereitstellung • gestiegende F&E-Kosten
Fluktuation senken	Fluktuation	• positiv auf Kontinuierliche Verbesserung	• niedrig	• lang	• geringerer Know-how-Abfluss
ECommerce professionalisieren	Umsatzanteil eCommerce	• positiv auf Vertriebskanäle besetzen • negativ auf Rentabilität	• hoch • niedrig	• lang • kurz	• Ergänzung der bestehenden Vertriebskanäle • Kosten des Kanalaufbaus (Marketing, Technik)

Abb. 38: Ursache-Wirkungszusammenhänge (Tab.)

Eine gute BSC sollte eine ausgewogene Mischung aus Ergebniskennzahlen („lagging indicators") und Leistungstreibern („leading indicators") aufweisen (vgl. Kaplan/Norton 1997, S.30). Dies ergibt sich meist aus den KEFs, die ohnehin nur zum Teil monetär messbar sind.

Ziel der BSC ist es nicht, einen neuen Kennzahlenkatalog zu entwickeln, aber das auf Kennzahlen basierende „Measurement" muss das „Management" ermöglichen, unterstützen und verbessern. Dies gelingt v.a. durch die Analyse der Kennzahlen entlang der Ursache-Wirkungsketten. Achtung: der Drill-Down ist somit kausal, nicht hierarchisch und wird durch konventionelle OLAP-Tools nicht unterstützt (s. 4.4).

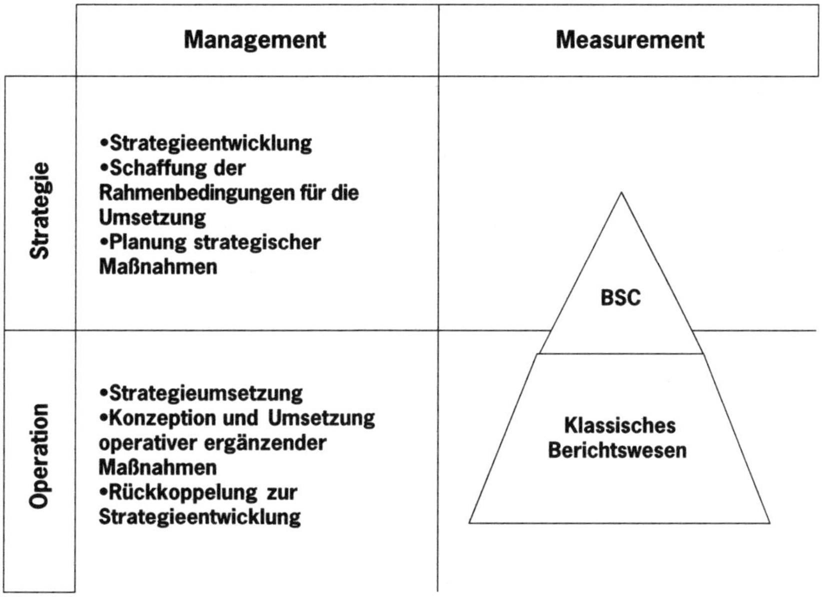

Abb. 39: Einordnung der BSC

2.3.4 Einführungsprozess

2.3.4.1 Einsatzbreite der BSC

Häufig wird empfohlen, die BSC auf Ebene strategischer Geschäfteinheiten (SGE) einzusetzen, v.a. wenn auch die gesamte Wertschöpfungskette innerhalb einer SGE relevant ist (vgl. Kaplan/Norton 1997, S. 34f bzw. 291). Angesichts der europäischen Betriebsgrößenstruktur, die stark mittelständisch geprägt ist, erscheint dieser Zugang nicht sinnvoll. Nur wenige Unternehmen sind durchgängig nach

Geschäftsfeldern gegliedert und selten sind diese SGEs groß genug, dass eine Umsetzung der BSC auf dieser Ebene entsprechenden Nutzen stiften würde.

Es empfiehlt sich die Entwicklung einer Gesamtunternehmensscorecard und das Herunterbrechen dieser Scorecard entlang der Organisation des Unternehmens. Der Aufbau der Gesamtunternehmens-BSC ist auch unter Umsetzungsgesichtspunkten sinnvoll, denn die Unterstützung durch das Top-Management muss gewährleistet sein. Beim Start der Entwicklung auf der 2. oder 3. Ebene besteht die Gefahr, dass die Machtpromotion für ein solches Projekt fehlt und bei späterer Entwicklung einer Unternehmens-BSC die „Aufwärtskompatibilität" der SGE-BSC nicht gewährleistet ist.

2.3.4.2 BSC als Projekt

Abb. 40 zeigt den BSC-Einführungsprozess im Überblick:

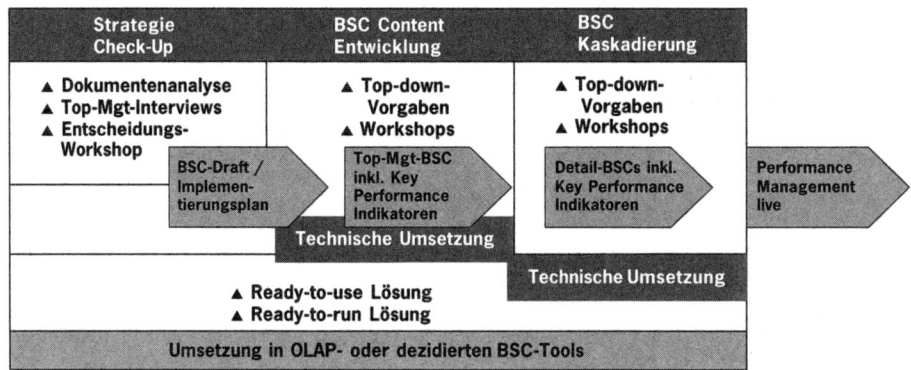

Abb. 40: Einführungsprozess BSC

▌ Strategie-Check-Up

Die BSC ist kein Instrument zur Strategieentwicklung, sie baut auf der vorhandenen Strategie auf, operationalisiert sie und unterstützt das konkrete Herunterbrechen in die relevanten Kennzahlen und Maßnahmen. In 1-2 Workshops wird die Strategie mit dem Top-Management überprüft, plausibilisiert und konkretisiert. Ziel dieser Workshops liegt darin, die Strategie, über die in vielen Fällen ein gemeinsames Verständnis besteht, die aber häufig nicht ausreichend dokumentiert ist, in ihren Eckpunkten festzuschreiben. Besteht weder gemeinsames Verständnis, noch ist eine Strategie vorhanden, so ist es sinnvoll, eine Strategieentwicklung im klassischen Sinne vorzuschalten, ansonsten ist die Gefahr zu groß, dass die BSC zum einen nur unsynchronisierte operative Themen abbildet und zum anderen nicht unternehmensweit akzeptiert wird.

Für jene Fälle, in denen strategische Grundlagen weitgehend vorhanden sind, aber Randbereiche zu unspezifisch formuliert sind, reicht es aus, einen Konkretisierungsschritt zwischenzuschalten.

▌ BSC-Content-Entwicklung

Abgeleitet aus der Strategie wird der Steuerungsbedarf des Unternehmens und der Bereiche definiert. Es empfiehlt sich, strikt top-down vorzugehen, d.h. zuerst die Unternehmensscorecard und dann die Bereichs- (oder Divisions- oder Sparten-,....)-scorecards zu entwickeln. Da eine BSC mit sukzessiver Ausrollung in der Organisation mehr Nutzen stiftet, empfiehlt sich, in einem Projekt die ersten beiden Führungsebenen abzudecken.

Die zur Strategieumsetzung notwendigen kritischen Erfolgsfaktoren werden auf Ebene des Unternehmens und der Bereiche definiert. Um diese kritischen Erfolgsfaktoren, und damit dann in weiterer Folge auch die entsprechenden Messgrößen untereinander in Beziehung setzen zu können, werden die Ursache-Wirkungszusammenhänge aufgestellt.

Für jeden KEF werden Messgrößen oder KPIs definiert. Um die Strategieumsetzung tatsächlich monitoren zu können, ist es nötig, dass die Messgrößen auch beplant werden. Ist z.B. die Penetration bestehender Märkte ein KEF, so muss es eine Zielvorgabe für Umsatz oder Marktanteil geben, ansonsten hat die Messung im Ist wenig Sinn und kann nicht beurteilen, ob die Strategieumsetzung gelingt oder nicht.

Um die Strategieumsetzung zu optimieren, ist es sinnvoll, strategische Themen herauszugreifen und die themenbezogene Maßnahmenumsetzung zu controllen. Ein aktuelles Thema könnte zum Beispiel die Forcierung der Produktentwicklung sein, d.h. die BSC ist verstärkt auf die Wirkungskette F&E -> Produktentwicklungsprozess -> Umsatzanteil Neuprodukte auszurichten.

Nachdem die Konzeption abgeschlossen ist, sind die Scorecards des Unternehmens und der Bereiche in einem Management-Workshop zu synthetisieren, d.h. sie werden auf nochmals auf strategische Relevanz der Inhalte und Konsistenz überprüft, bevor sie technisch umgesetzt werden.

▌ BSC-Kaskadierung

Wie aus Abb. 41 ersichtlich, kann die BSC bis auf Team- oder sogar Mitarbeiterebene heruntergebrochen werden. Auf Mitarbeiterebene ist eine Verbindung einer persönlichen Scorecard mit dem Mitarbeitergespräch denkbar. Dies ist aber erst nach der Stabilisierung der BSC-Implementierung auf den ersten beiden Ebenen sinnvoll. Auf jeden Fall muss es zwischen den verschiedenen Ebenen „Übergabepunkte" geben, die auch die Konsistenz sichern (z.B. relevante Kosten auf Ebene des Vorstands sind die Gesamtkosten des Unternehmens, auf Ebene der Bereiche die Kosten der eigenen Kostenstellengruppen, auf Team- oder Mitarbeiterebene nur noch die Kosten der einzelnen Kostenstelle).

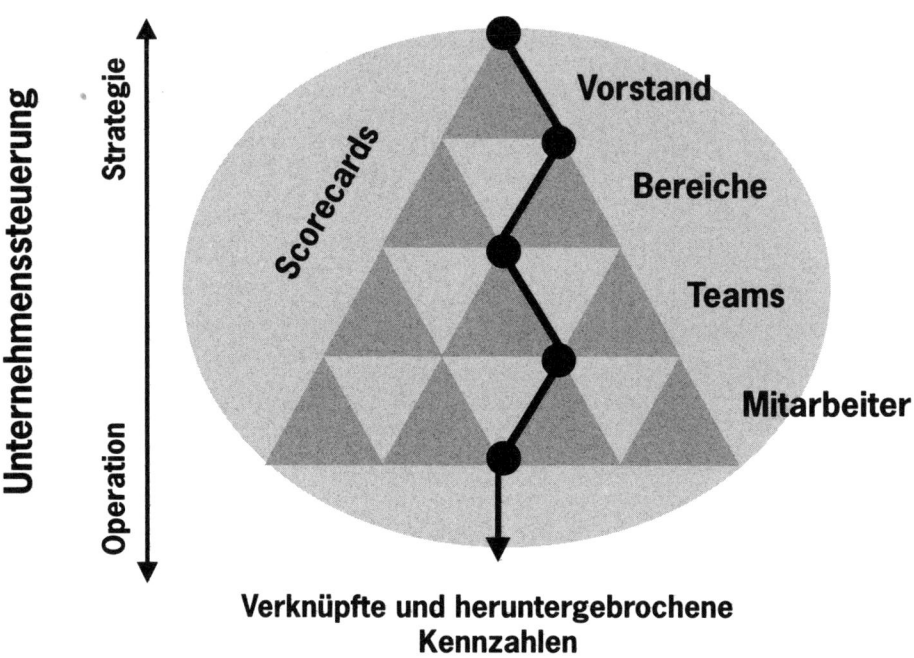

Abb. 41: BSC als unternehmensweites Management-Tool

▌ Tool-Umsetzung

Die BSC bedarf aufgrund ihrer unternehmensweiten Bedeutung als Steuerungsinstrumentarium und ihres Analysezuganges auf Basis von Ursache-Wirkungsketten (und nicht strikt hierarchisch im Sinne der klassischen Datenanalyse) eines dezidierten Tools (zur Vorgehensweise der Software-Auswahl s. 3.3.4).

Um rasch mit einem Prototypen „gehen zu lernen" kann die Abbildung in Excel oder in einem günstigen OLAP-Tool (z.B. MS Analysis Services) als temporäre Lösung eingesetzt werden. Für den dauerhaften Einsatz ist eine solche Lösung weder stabil noch mächtig genug. In der Praxis setzt sich eher die parallele Umsetzung in einem BSC-Tool im Sinne eines Rapid Prototyping durch.

2.3.4.3 Praktische Probleme bei der Abbildung

Die meisten Probleme tauchen in der Praxis bei der Kennzahlenfestlegung und – erhebung auf, da einerseits das Problembewusstsein geschaffen werden muss, dass nicht alle bislang verwendeten Informationen steuerungsrelevant sind und andererseits die benötigten Informationen, die einen höheren Anteil an externen und nicht-monetären Informationen beinhalten, meist schwieriger verfügbar sind.

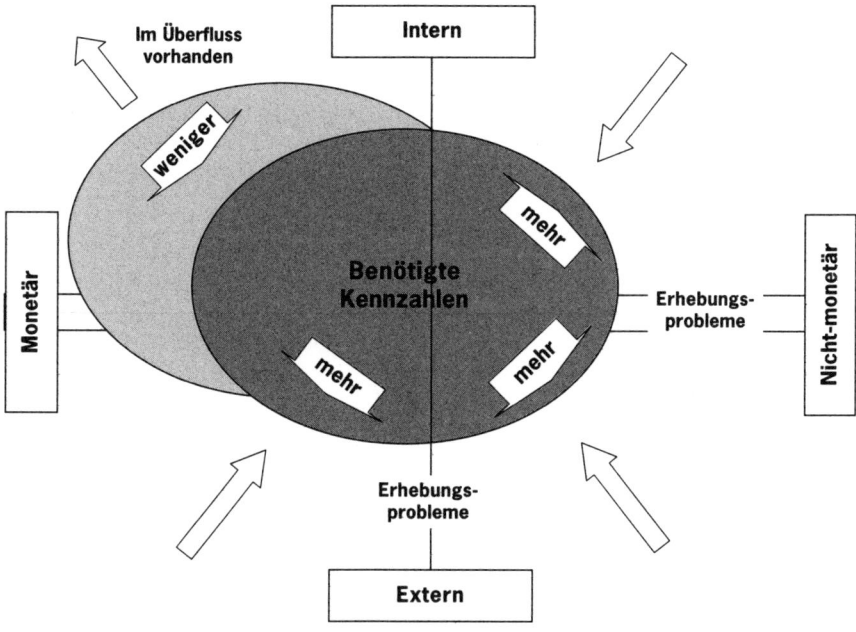

Abb. 42: Anforderungen an die Kennzahlenerhebung

Der nachfolgende Kasten gibt einen Überblick, über in der BSC-Praxis häufig auftretende Probleme. Dabei wird offensichtlich, dass es im Regelfall um die Verfügbarkeit der Kennzahlen geht.

Problem	Lösung
Zuviele Kennzahlen, BSC als neu geordneter Zahlenfriedhof	• Bewusste Selbstbeschränkung • Max. 5 Kennzahlen je Fenster • Falls 1 Fenster mehr Kennzahlen hat, sollte dies mit einem anderen Fenster ausgeglichen werden
Ziel nicht operationalisierbar bzw. Kennzahlen nicht erhebbar	• Strategisches Ziel bzw. KEF hinterfragen • Keine nicht messbaren Ziele in der BSC
Kennzahlen nur manuell erhebbar	• Wenn es sich um wichtige, monatlich notwendige Kennzahlen handelt, Automatisierbarkeit prüfen • Falls nur quartalsweise oder halbjährlich nötig, manuell ergänzen
Kennzahlen nicht monatlich verfügbar	• Der Monat stellt zwar das Standardberichtsintervall dar, nicht alle Kennzahlen müssen monatlich verfügbar sein (z.B. Mitarbeiterzufriedenheit sollte halbjährlich reichen) • Alle übermonatlichen Werte bleiben solange mit letztem Wert in der BSC, bis sie aktualisiert werden
Kennzahlen nicht eindeutig einem Fenster zuordenbar	• BSC ist keine Wissenschaft, Vereinbarung treffen und konsequent durchziehen

Abb. 43: Praktische Probleme

Die Probleme der Kennzahlenerhebung, insb. die Diskrepanz zwischen Wichtigkeit und qualitativ hochwertiger Verfügbarkeit werden auch anhand der folgenden Untersuchungsergebnisse verdeutlicht (vgl. Lingle/Schiemann 1996, S. 57):

Kennzahlenbereich	Hohe Wichtigkeit dieses Kennzahlenbereichs	„Würde meinen Job auf die Datenqualität verwetten"
Kundenzufriedenheit	85%	29%
Finanzielle Leistung	82%	61%
Betriebliche Effizienz	79%	41%
Mitarbeiterleistung	67%	16%
Gemeinschaft/Umwelt	53%	25%
Innovation/Veränderung	52%	16%

Abb. 44: Probleme in der Kennzahlenerhebung

Die Datenlage ist in den meisten Unternehmen ähnlich. Klassische monetäre Werte bereiten in der Befüllung der BSC weniger Schwierigkeiten, als die Werte der anderen Quadranten. Unternehmen, die eine Prozesskostenrechnung, Qualitätmanagement, CRM oder Wissensmanagement umgesetzt haben, haben es leichter, eine BSC vollständig zu befüllen.

Abb. 45 gibt eine Orientierung über die Verfügbarkeit wichtiger KPI-Gruppen.

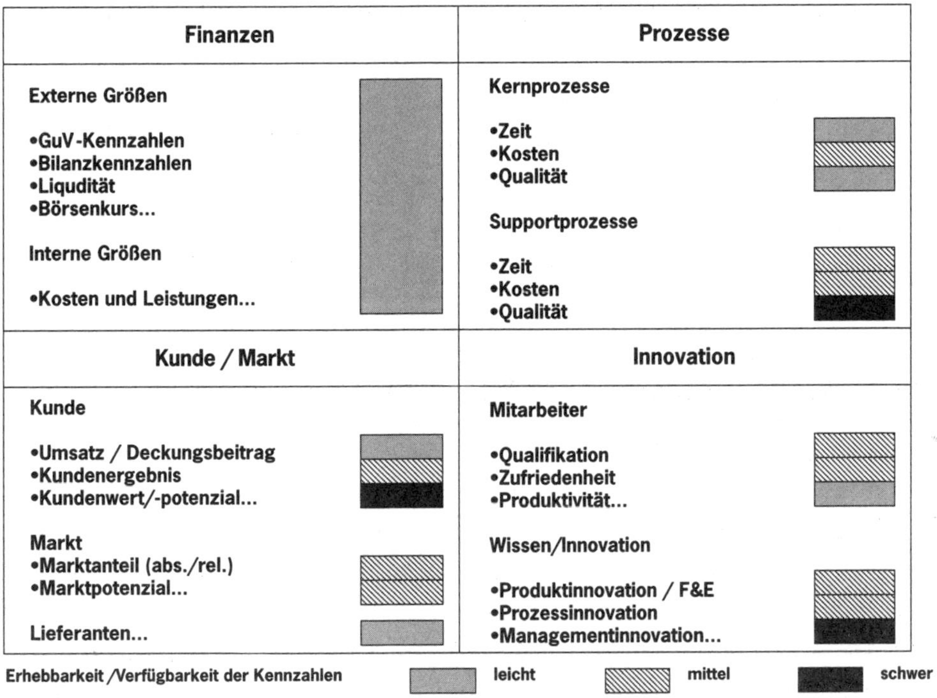

Abb. 45: Erhebbarkeit und Verfügbarkeit von Kennzahlen

2.3.5 Nutzen der BSC

Der Prozess der Erarbeitung einer BSC ist mindestens so wertvoll, wie die resultierenden Scorecards selbst. Es wäre verkürzt, die BSC nur als neue und integrierte Form des Berichtswesens zu betrachten. In Bezug auf die Unternehmenssteuerung stiftet die BSC folgende konkrete Nutzen (vgl. Kaplan/Norton 1997, S. 18f):

- Klärung und Konsensbildung in bezug auf die Strategie
- Kommunizierung der Strategie im gesamten Unternehmen
- Anpassung von abteilungsspezifischen und persönlichen Zielen an die Strategie
- Verknüpfung der strategischen Ziele mit langfristigen Zielen und Jahresbudgets
- Identifizierung und Verknüpfung von strategischen Initiativen
- Durchführung von periodischen und systematischen Strategie-Reviews und
- Feedback und Lernen über die Verbesserungsmöglichkeiten der Strategie.

Es eröffnen sich mit ihr allerdings neben der Verbesserung der Strategieumsetzung auch im Reporting eine Reihe von Chancen:

- gemeinsames Strategieverständnis unter den Führungskräften
- regelmäßige strategieorientierte Fokussierung und Anpassung des Berichtswesens
- Ermöglichung der „Vor-"Steuerung
- Kennzahlen werden in Verbindung mit anderen vor- und nachgelagerten Kennzahlen betrachtet
- Organisationskultur die (Selbst-)Controlling fördert
- Alle relevanten Entwicklungslinien können in die BSC eingebunden werden.

Checkliste 1: Umsetzung der Balanced Scorecard

- BSC-Einführung: Schaffen Sie das Problembewusstsein und sichern Sie sich grünes Licht für die Konzeption und Umsetzung.
- BSC-Inhalte: Brechen Sie die Strategie in ihren operationalen Teilbereichen herunter, leiten Sie Messgrößen ab und suchen Sie nach konfligierenden Zielen bzw. „weissen Flecken".
- BSC-Zusammenhänge: Überprüfen Sie die Kennzahlenzusammenhänge. Fördert die positive Gestaltung der (nicht-monetären) Treiberkennzahlen die Erreichung der monetären Ziele?

▮ BSC-Kennzahlen: Checken Sie, ob die Kennzahlen „fronttauglich", d.h. ein Abbild des operativen Geschäfts sind. Können die Linienfunktionen im Tagesgeschäft damit arbeiten? Wird die Strategie damit persönlich verbindlich?

▮ BSC-Fokus: Beschränken Sie sich auf max. 20 Kennzahlen je BSC, balancieren Sie Treiber- und Ergebniskennzahlen, interne und externe, sowie monetäre und nicht monetäre Größen aus. Decken Sie das Gesamtunternehmen und nicht nur Teile davon ab.

▮ BSC-Rahmenbedingung: Die Führungskräfte müssen sich als „Besitzer" der Scorecard fühlen und diese persönlich annehmen. Lassen Sie individuelle Ergänzungen zu, um die Akzeptanz durch die Führungskräfte sicherzustellen.

▮ BSC-Umsetzung: Schaffen Sie einen Protoypen und testen Sie. Sehen Sie eine „Amnestiephase" für die Einarbeitung vor. Vergessen Sie nicht, dass Controlling keine Sündenböcke sucht!

▮ BSC-Nutzen: Schaffen Sie den Sprung von Performance-Messung zu Performance-Management, indem Sie frühzeitig Nutzen schaffen und Entscheidungen ableiten.

Fazit:

▮ Die Balanced Scorecard ist in der Lage, die aktuellen Entwicklungslinien in der Unternehmenssteuerung zu integrieren.

▮ Eine mehrdimensionale Unternehmenssteuerung unter Integration aller im Unternehmen vorhandenen Informationen und der Nutzung auch nicht-monetärer Größen erlaubt eine aktive und strategieorientierte Steuerung des Unternehmens.

▮ Die Führung des Unternehmens auf Basis rein monetärer Größen greift häufig zu kurz, da Finanzgrößen keine Treiber- sondern Ergebniskennzahlen sind.

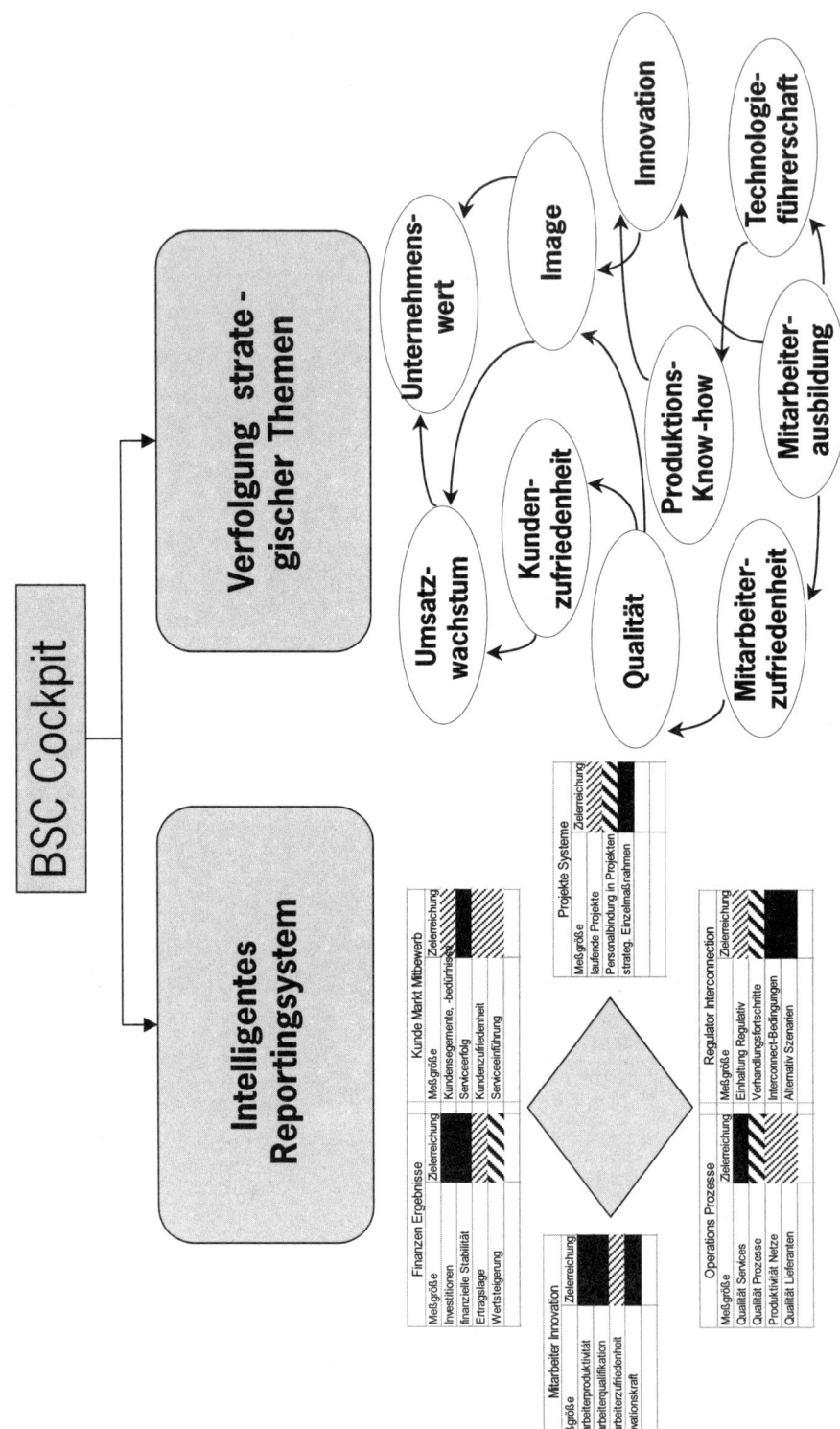

Abb. 46: Nutzen der BSC

3 Berichtswesen-Optimierung

3.1 Die Parabel vom Flickenteppich

In der Praxis kann man das Berichtswesen und die Bemühungen zur Weiterentwicklung durchaus mit dem Schicksal eines Flickenteppiches vergleichen.

> Eine Wohnung wurde eingerichtet. Zu diesem Zeitpunkt waren Flickenteppiche modern, vor allem solche, die viele blaue Flicken hatten. Ein solcher Teppich wurde angeschafft und ins Arbeitszimmer gelegt.
>
> Der Raum, für den der Teppich angeschafft wurde, hat sich über die Jahre verändert. Eine Wand wurde eingerissen, er wurde größer. Der Teppich wurde, das ist ja das praktische an Flickenteppichen, ebenfalls vergrößert, ein paar Flicken an die richtigen Stellen genäht und schon passt er wieder. Manchmal geht der Stoff aus und irgendwann wird auch der nackte Boden zum gewohnten Anblick.
>
> Neue, schönere, vielleicht auch funktionalere Möbel wurden gekauft. Wo früher freie Flächen waren, stehen jetzt Kästen. Und zwar auf dem Flickenteppich, denn der lag ja schon immer da. Vielleicht hätte man ihn ja auch verschieben können, anstatt an einer Stelle anzustückeln und ihn an anderer Stelle nicht zu benötigen. An der einen oder anderen Ecke passt er nicht mehr ganz und man hat ihn umgeklappt. Man könnte schon längst etwas wegschneiden, aber andererseits braucht man das Stückchen vielleicht später ja noch. Und außerdem hält doppelt schließlich besser.
>
> Der arme Flickenteppich schafft es irgendwie auch nach all den Jahren noch, fast den ganzen Raum zu bedecken, aber er passt nicht zu den neuen Möbeln. Vor allem ist er ja hauptsächlich blau und es wäre schön, wenn er auch mehr von den anderen Farben hätte. Aber vielleicht könnte man ja einen neuen, glänzenden Stoff darübernähen…

Transformieren wir die Parabel wieder auf das Berichtswesen, dann sollen damit folgende wichtige Punkte veranschaulicht werden:

▸ Eine Ist-Analyse ergibt meist Defizite. Es gibt praktisch nichts, das nicht noch weiter verbessert werden könnte. Wichtig ist allerdings, dass ein Defizit nicht automatisch bedeuten muss, dass etwas fehlt oder in zu geringem Ausmaß abgedeckt ist. Informationen, die im Überfluss vorhanden sind und im Übermaß bereitgestellt werden, stellen genauso Defizite dar. Weniger ist mehr!

▶ Das Berichtswesen muss fokussieren und priorisieren können. Eine rein inhaltlich-quantitative Ergänzung hilft alleine nicht weiter.

▶ Abgeleitet aus den Rahmenbedingungen und Anforderungen können grundsätzliche Veränderungen in Konzeption oder EDV-technischer Unterstützung notwendig sein. Die Evolution der bestehenden Systeme funktioniert nur bei bereits weitgehender Abdeckung der grundsätzlichen Anforderungen.

▶ Berichtswesen benötigt Struktur, z.B. eine klare Abgrenzung in Standard-, Ad-Hoc- und Exception-Reporting

▶ Das Berichtswesen muss die relevanten monetären und nicht-monetären Erfolgsfaktoren abdecken. Da die Anzahl der sinnvoll verfolgbaren Indikatoren nicht beliebig steigerbar ist, bedeutet dies eine Entfeinerung im bislang dominanten monetären Bereich.

Wollte man die Parabel in Richtung des klassischen Reporting und der Balanced Scorecard weiterspinnen, dann können Sie zwischen einem einfärbigen Spannteppich und einem mosaikartigen Sternparkett wählen.

Im Zuge der Reporting-Optimierung ist es wichtig, folgende Grundprinzipien zu beachten:

■ Aufzeigen von Handlungsmöglichkeiten (aktiv) und Wirkungen (sensitiv): Meist gibt es mehrere Entwicklungsvarianten, hier muss die gewünschte zukünftige Schwerpunktsetzung den Ausschlag geben.

■ Anpassung an dynamische Umweltveränderungen (flexibel): Der Ist-Zustand ist häufig „zementiert" und nur schwierig aufzubrechen. Ein neues Berichtswesen darf diesen Fehler nicht wiederholen und muss leichter an zukünftige Anforderungen anpassbar sein. Es wird in jedem Fall zukünftigen Anpassungsbedarf geben und es werden nie alle zukünftigen Anforderungen langfristig absehbar sein.

■ Wirtschaftlichkeit: Die Kosten-Nutzenrelationen sind zu beachten. Da im Berichtswesen der Nutzen vielfach nicht einfach zu quantifizieren ist (Wieviel Mio. EUR bringt ein unternehmensoptimales Berichtswesen?), muss es ein einheitliches Verständnis über den subjektiven Nutzen bzw. die derzeitigen Probleme geben.

Fazit:

- Neuerungen müssen zumindest in Teilen Altes ersetzen.
- Neuerungen sind nur relevant, wenn sie für den Adressaten merkbaren Nutzen stiften.
- Das Kosten-Nutzen-Verhältis der Verbesserung muss stimmen.

3.2 Anforderung: Controllinggerechtes Berichtswesen für die Controlling-Kunden

3.2.1 Systematisierung des Berichtswesens

Im Bereich der Informationssysteme wird eine Reihe von Begriffen verwendet, die inhaltlich unterschiedliche Reporting- bzw. Analysewerkzeuge betreffen. Da diese Begriffsabgrenzungen in der unternehmerischen Praxis wenig Relevanz haben, soll nur kurz die Systematisierung exemplarisch aufgezeigt werden (Abb. 47 in Anlehnung an Scheer 1994, S.4).

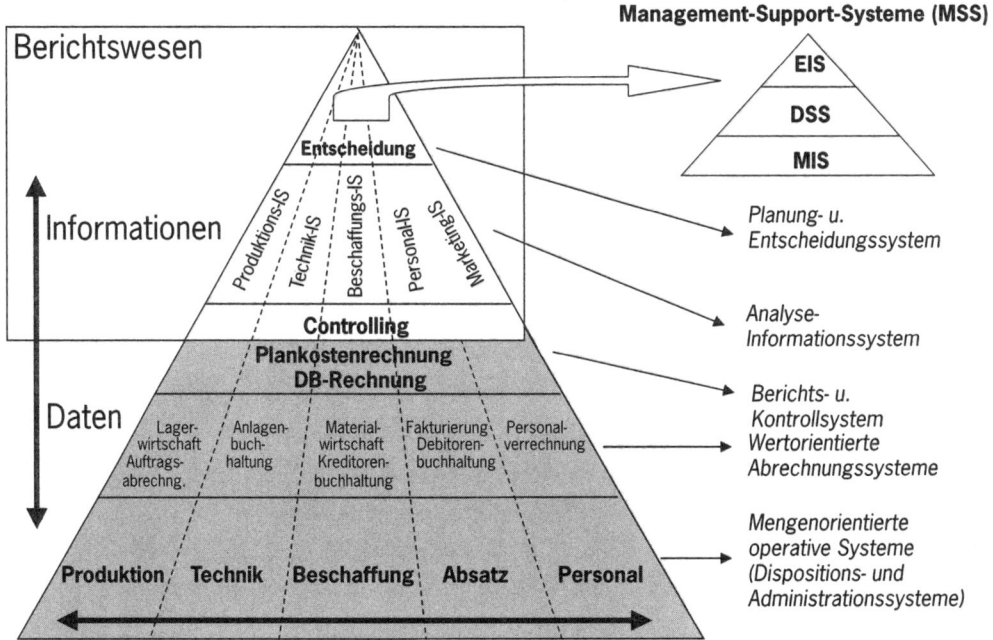

Abb. 47: Berichtspyramide und IS-Systematisierung

Management-Support-Systeme dienen der Informationsversorgung und Entscheidungsunterstützung des Managements. Die Ausprägungen

▸ Executive Information System (EIS),

▸ Decision Support System (DSS) und

▸ Management Information System (MIS) bezeichnen dabei unterschiedliche Ausrichtungen, Inhalte und Leistungsspektren (s. Abb. 48, in Anlehnung an Oehler 2000, S.8).

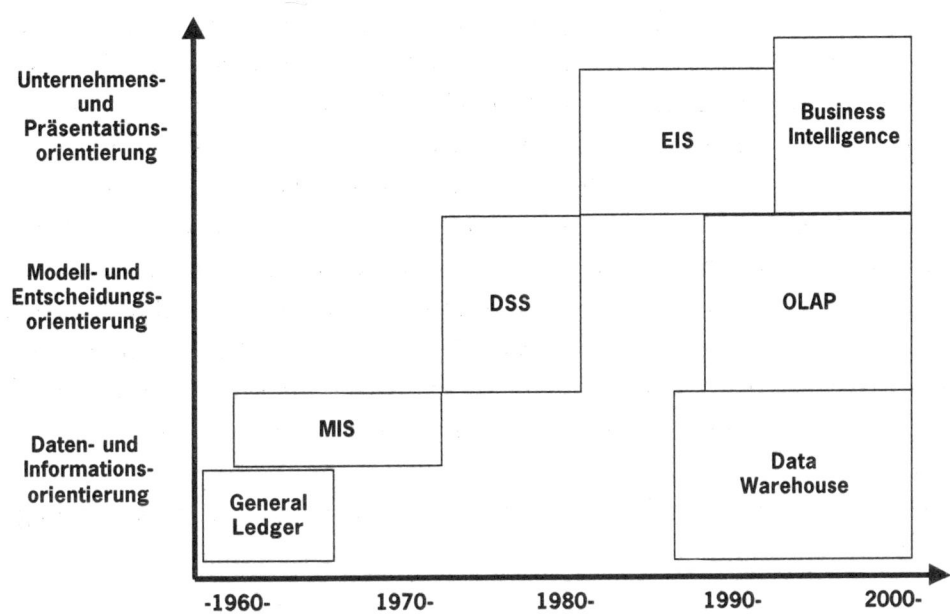

Abb. 48: Entwicklung der Informationsversorgung

Umgangssprachlich wird die Managementunterstützung mit Informationen häufig mit „MIS" oder „Management-Informationssystem" bezeichnet. Historisch betrachtet fällt darunter aber die direkt auf Transaktionssysteme aufsetzende Datenanalyse. Aufgrund der zu diesem Zeitpunkt noch begrenzten EDV-Unterstützung, konnten nur Massendatenaggregationen aus Insellösungen (Finanzbuchhaltung, Materialwirtschaft o.ä.) bewerkstelligt werden. Als „Management" wurden damit die jeweiligen Linienverantwortlichen, also das untere und mittlere Management verstanden.

Der nächste Entwicklungsschritt, „DSS" oder „Decision Support Systeme", versuchte von der bloßen Aufbereitung von Information Verbesserungen in Richtung der Entscheidungsunterstützung zu ermöglichen. Als zu bedienende Kunden wurden v.a. Fachspezialisten gesehen. Aufgrund der nach wie vor inadäquaten EDV-Unterstützung in den 70er und 80er Jahren gestaltete sich die auf Entscheidungssituationen abgestimmte Zusammenfassung von Daten als schwierig und war demnach in der Praxis nur beschränkt einsatztauglich und wenig erfolgreich.

Mit Aufkommen der ersten Überlegungen in Richtung kritischer Erfolgsfaktoren zu Beginn der 80erJahre verlagerte sich der „Kundenkreis" des Berichtswesens auf das Top-Management. Zielsetzung war es, Information auf Knopfdruck zu liefern. Gleichzeitig stellten sich damit neue und gesteigerte Anforderungen an die

EDV-Unterstützung, z.B. die Integration nicht-monetärer Daten oder interner und externer Daten. Die Entwicklung von „Controlling-Datenbanken", d.h. die Zusammenfassung von Daten aus unterschiedlichen Datenquellen, stellte einen ersten Schritt in Richtung eines „Executive Information Systems" oder „EIS" dar. Der manuelle Aufwand in der Erstellung der Berichte war allerdings sehr hoch.

Mit Verbreitung der Data Warehousetechnologie wurden in den Bereichen der Datenspeicherung und -verwaltung wesentliche Verbesserungen erzielt. Das gleiche gilt für auf ein Data Warehouse aufsetzende Modellierungs- (Online Analytical Processing – OLAP), sowie Analyse- und Präsentationstools (Business Intelligence). Daten könnten mittlerweile leichter aus heterogenen Quellen integriert werden und breiten Adressatenkreisen ohne umfangreichem EDV-Spezialwissen zur Verfügung gestellt werden.

Abb. 49 fasst die wesentlichen Begriffe nochmals zusammen (in Anlehnung an Laudon 2001, S. 41).

IS-Typ	Input	Verarbeitung	Output	Kunden
EIS	Aggregierte Daten, externe und interne Daten	Graphiken, Simulationen, interaktiv	Projektionen, Anfrage-beantwortung	Leitendes Management
DSS	Spezifische Daten oder große, auf Analyse ausgelegte Datenbasen; analytische Modelle und Datenanalyse-Tools	Interaktiv, Simulationen, Analyse	Spezielle Reports, Entscheidungs-analyse, Anfrage-beantwortung	Spezialisten, oberes Management
MIS	Aggregierte Transaktions-daten, high-volume Daten, einfache Modelle	Standard-reports, einfache Modelle, simple Analyse	Zusammen-gefasste und Exception Reports	Mittel-management
Weitere Formen von IS				
KWS (Knowledge Work Systems)	Design-Spezifikationen, Wissensbasis	Modellierung, Simulationen	Modelle, Graphiken	Spezialisten, technisches Personal

Office Systeme	Dokumente, Terminpläne	Dokumenten-management, Zeitplanung (scheduling), Kommunikation	Dokumente, Zeitpläne, Mail	Sachbearbeiter
TPS (Transaction Process Systems)	Transaktionen, Ereignisse (Geschäftsfälle)	Sortieren, Auflisten, Zusammenführen, Updaten	Detailreports, Listen, Zusammenfassungen	Operatives und dispositives Personal

Abb. 49: Begriffsabgrenzungen

Der aktuelle Stand dieser Technologien erlaubt die Umsetzung eines gleichermaßen schlanken, wie schlagkräftigen Berichtswesens. Dennoch geht auch hier die Entwicklung, v.a. in Richtung Nutzung des Internet weiter (s. 4).

Sieht man MIS als input- bzw. datenorientiert, DSS als output- bzw. problemorientiert und EIS als entscheidungsorientiert an, so kann es für ein controllinggerechtes Berichtswesen nur ein Ziel der Weiterentwicklung geben: die Umsetzungsorientierung.

3.2.2 Grundsätze eines controllinggerechten Berichtswesens

Die Optimierung des Berichtswesens zielt auf das Standardreporting ab. Es muss Anspruch des Standard-Berichtswesens sein, 80-90% des Informationsbedarfs der Adressaten abzudecken. Unter diesem Prozentsatz ist es zu eng definiert und ein zu hoher Anteil an Berichten muss in tendenziell aufwändigeren Ad-Hoc-Anfragen abgedeckt werden, versucht man 100% des Informationsbedarfs abzudecken, muss man scheitern, da der Bedarf selbst ja nicht völlig konstant ist.

In Summe muss das Berichtswesen die Controllingphilosophie dahingehend unterstützen, dass die Berichte keine Gutachten von externer (Controlling-)Seite darstellen, sondern das Selbstcontrolling und die Verantwortungsübernahme durch die Führungskräfte unterstützen. Oberste Maxime im Reporting muss die ganzheitliche Orientierung am Controlling-Kunden sein. Dies beinhaltet die Dimensionen Inhalte, Form, Medium und Frequenz.

Abb. 50 gibt einen Überblick über Grundsätze und Gestaltungsdimensionen im Berichtswesen (vgl. Müller/Böhm 1996, S. 510ff).

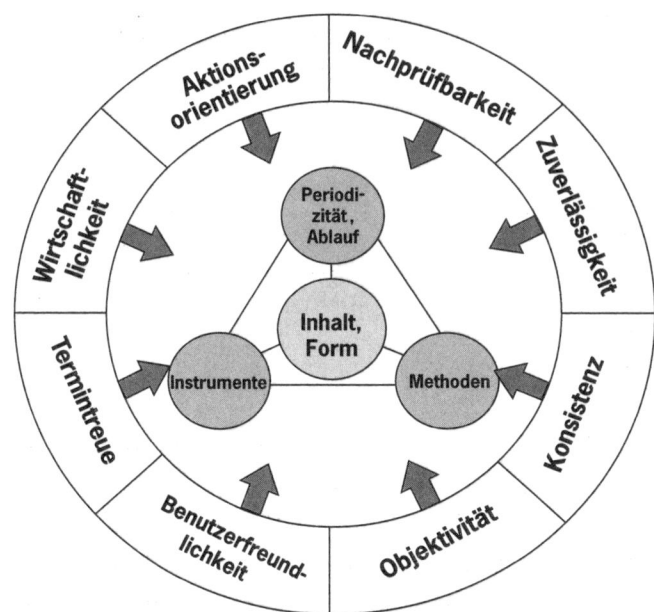

Abb. 50: Grundsätze und Gestaltungsdimensionen der Berichterstattung

▌ Aktionsorientierung

Ein Bericht ist kein Gutachten. Es sollen nicht Sachverhalte statisch festgestellt, sondern das Management in die Lage versetzt werden, aufbauend auf den Berichten Entscheidungen zu treffen, die die Unternehmenssituation verbessern. Das Berichtswesen muss die strategischen und operativen Erfolgsfaktoren des Unternehmens abbilden, um diese Anforderung erfüllen zu können. Die Finanzbuchhaltung kann mit ihrem rein monetären und aggregierten Fokus diese Anforderungen nicht erfüllen.

Beispiel:

Die Kundenzufriedenheit stellt einen kritischen Erfolgsfaktor dar, d.h. das Berichtswesen muss Informationen zum Thema Kundenzufriedenheit abbilden. Dies kann direkt geschehen, z.B. über Befragungen. Damit ist aber automatisch die Rückkoppelungsschleife sehr lang, da solche Erhebungen nur halbjährlich oder jährlich durchgeführt werden können. In Ergänzung sind somit indirekte, dafür intern verfügbare, Indikatoren aufzunehmen, z.B. Reklamationsquote, Liefertreue, Anzahl Bestellungen pro Kunde, o.ä.. Damit wird eine zeitnahe Reaktion ermöglicht. Ist der Signalgeber die Reklamationsquote (steigt um x% oder über definierten Schwellwert), können daraus abgeleitet sofort Aktionen gesetzt werden (z.B. Qualitätssicherung verstärken, Goodwill-Aktionen durchführen, o.ä.), um negative Einflüsse abzuschwächen.

▌ Nachprüfbarkeit

So wie Menschen, wenn Sie zu Themen überfragt oder nicht kompetent sind, dazu neigen, weitschweifige aber inhaltsleere Antworten zu geben bzw. exzessiv Fremdwörter zu verwenden, gibt es auch im Reporting ein entsprechendes Sprichwort:

„If you can't convince them, confuse them!"

Wenn Sie aber ein steuerungsrelevantes Reporting aufbauen wollen, dann sind Nachprüfbarkeit und Nachvollziehbarkeit der Ergebnisse eine wesentliche Voraussetzung für die Akzeptanz beim Management. Dazu ist es hilfreich, dass Berichte möglichst selbsterklärend verfasst werden. Die Dokumentation der Rechenwerke und Kennzahlen in einem Controllinghandbuch bringt Klarheit. Im Falle von Schätzwerten sind die Prämissen zu dokumentieren.

Beispiel:

Bei erwarteten Abweichungen vom Plan ist immer Vorsicht geboten. Aussagen wie „Wir werden die Marktführerschaft in Land A erreichen" oder „Die Kosten werden am Jahresende x% über Plan liegen" müssen vom Controlling und damit indirekt auch von den Controlling-Kunden nachvollziehbar sein. Häufig überdeckt die Interessenslage der operativ Verantwortlichen die objektive Ergebnisdarstellung bzw. wird diese mit Verbalargumenten in eine subjektiv gewünschte Richtung bewegt.

▌ Zuverlässigkeit

„Vertrauen – über lange Zeit aufgebaut und schnell wieder verloren", damit kann der Grundsatz der Zuverlässigkeit charakterisiert werden. Häufig wird dieses Prinzip verletzt, indem Berichte noch nachträglich geändert werden, etwa wenn Buchungsperioden nicht dezidiert abgeschlossen werden. Das Management erwartet, dass abgegebene Berichte nicht mehr verändert werden. Können Linienverantwortliche selbst Informationen abfragen und geschieht dies in einem Transaktionssystem (z.B. ein Kostenstellenbericht aus SAP R/3), so muss den Beteiligten klar sein, dass zumindest bis zum Periodenende sich der verarbeitete Buchungsstoff und damit das Berichtsergebnis ändert.

Da ein anderes wichtiges Prinzip im Berichtswesen die Zeitnähe ist, kann es zu Konflikten in der Beherzigung beider Prinzipien kommen, denn bei der „quick and dirty"-Vorgangsweise können sich eher Fehler einschleichen, als wenn man sich mehr Zeit für die Erstellung und Interpretation nimmt. Ein Mittelweg könnte hier die Korrektur geringfügiger Fehler im Folgebericht darstellen, sofern diese „weissen Flecken" nicht unmittelbar steuerungsrelevant sind.

> ### *Beispiel:*
>
> Das Berichtswesen muss innerhalb der definierten Spielregeln zuverlässig sein. Wird für den Monatsbericht der 8. Arbeitstag nach Ultimo vereinbart, dann ist dies einzuhalten. Gleichzeitig kann aber auch vereinbart werden, dass um den Fertigstellungstermin gewährleisten zu können, Abgrenzungen notwendig sind und damit eine gewisse Unschärfe in Kauf genommen wird. Unter Zuverlässigkeit des Berichtswesens fällt auch, dass die Berichtselemente so lange nicht verändert werden, bis sich Management und Controlling bewusst auf Adaptionen geeinigt haben. Das Controlling kann und soll Verbesserungen vorschlagen, aber es sollte keine einseitigen Änderungen vornehmen.

▍ Konsistenz

Je komplexer eine Unternehmensorganisation ist, desto umfangreicher sind die notwendigen Führungsinformationen und die Abläufe der Informationsgewinnung. In vielen Fällen können idente oder ähnliche Daten aus unterschiedlichen Systemen gewonnen werden. Diese Problematik besteht v.a. bei sehr heterogenen Softwarelandschaften und umso mehr, je geringer der Grad der Integration ist. Das Controlling hat durch die Systemgestaltung ein konsistentes Berichtswesen zu gewährleisten. Ist das Berichtswesen stark Excel-orientiert, sind Prüfsummen zur Vollständigkeitsprüfung und Logik-Checks unabdingbar. Bisweilen wird die Meinung vertreten, dass wesentliche Kennziffern nach 2 Methoden gleichzeitig ermittelt werden sollten. Dies stiftet in der Regel aber mehr Verwirrung als Nutzen.

> ### *Beispiel:*
>
> Banale Fragen wie „Wie hoch war der Umsatz im abgelaufenen Monat?" oder „Wie hoch ist der Personalstand?" führen häufig zu einen breiten Spektrum an Antworten. Grund dafür ist das Fehlen einer einheitlichen Terminologie und dahinter stehend einer einheitlichen Definition. Ob mit Umsatz der

Brutto-, Netto- oder Netto-Netto-Umsatz gemeint ist, muss festgelegt werden. Interessieren alle Kategorien gleichermaßen, dann müssen alle Begriffe eingesetzt werden. Für den Personalstand (Köpfe oder Vollzeitäquivalente, inkl. oder exkl. Karenzen, etc.) gilt dasselbe.

Ist ihr Berichtswesen Excel-basiert, dann sollten Sie die Summe der Kostenstellenblätter mit der Summe aus dem Transaktionssystem vergleichen, um die Berichtsqualität sicherzustellen.

■ Objektivität

„Glaube nur dem Bericht, den Du selbst gefälscht hast", so könnte man die augenzwinkernde Pauschalkritik an der Statistik auf das Reporting ummünzen. Bisweilen steht der Controller im Spannungsfeld unterschiedlicher Interessen. Zur qualitativ hochwertigen Interpretation der Ergebnisse ist die Zusammenarbeit mit den Linienverantwortlichen unabdingbar, gleichzeitig wurde anhand des Prinzips der Nachprüfbarkeit bereits auf mögliche Verzerrungen in der Ergebnisinterpretation hingewiesen. Die rationale Entscheidungsbasis des Managements muss durch objektive Führungsinformation gesichert werden. Im Falle von Interessenkonflikten muss der Controller die Moderationsfunktion übernehmen.

Beispiel:

Objektivität per se ist wohl nicht zu erreichen. Das Berichtswesen muss zumindest versuchen, sicherzustellen, dass alle Beteiligen besten Wissens und Gewissens gehandelt haben. Zur Annäherung an diesen Zustand ist vor allem eine offene und fehlertolerante Unternehmenskultur hilfreich. Eine fehleraverse und absicherungsorientierte Kultur verunmöglicht Objektivität.

■ Benutzerfreundlichkeit

„Von den 50 Seiten kann ich 2 wirklich gut gebrauchen, aber auf Seite 8 kann man noch weiss das Papier durchschimmern sehen – da könnten noch mehr Zahlen drauf!" So oder ähnlich könnte sich ein ironischer Berichtsempfänger äussern.

Die mangelnde Benutzerfreundlichkeit wird oft vom Management kritisiert. Benutzerfreundlich sind Unterlagen dann, wenn sie nach allgemein gültigen Gestaltungsnormen oder nach individuellen Vorgaben der Empfänger aufbereitet sind und dadurch der Inhalt, die Botschaft und die Logik vom Empfänger rasch erfasst werden können. Ungeeignete Form oder Gliederung führen dazu, dass Berichte nicht gelesen werden.

> **Beispiel:**
>
> Inhalte (welches Detaillierungsniveau, welche Steuerungsgrößen), Frequenz (z.B. monatlich), Layout (Unterstützung der Zahlen mit Graphiken bzw. Tabellenorientierung) und Medium (Online-Selbstanalyse, klassisches Papierberichtswesen) müssen sich an den Adressaten orientieren. Ein Kostenstellenbericht in einem Transaktionssystem nutzt einem Kostenstellenleiter wenig. Ist der Kostenstellenbericht aus einem Einzelplatz OLAP-Tool verfügbar, nutzt es ihm noch immer nichts, wenn der Einzelplatz nicht sein Arbeitsplatz ist.

▌ Termintreue

Mit Termintreue ist meist nicht nur die Einhaltung von definierten Berichtsterminen gemeint, sondern auch die Zeitnähe des Berichtswesens. Geben Sie dem Controlling einen Monat zur Berichtserstellung Zeit, dann wird die Termintreue 100% sein, die Steuerungsrelevanz ist damit jedoch nicht gegeben.

Um Zeitnähe zu gewährleisten wird häufig von von „quick and dirty" gesprochen, eigentlich aber „quick and clean" gemeint und „slow and dirty" realisiert.

Für alle Standardberichte sollten Stichtage für die Vorlage vereinbart werden. Ein Termindruck kann im Sinne eines positiven Stresses sinnvoll sein, es ist aber auch klar, dass dem Detaillierungsgrad und der Genauigkeit der Interpretation der Ergebnisse damit Grenzen gesetzt werden. Termintreue und Zeitnähe haben besonders in Konzernen große Bedeutung, z.B. im Bereich des Ausweises konsolidierter Ergebnisse. Wie erwähnt, muss es im Unternehmen akzeptiert sein, dass je schneller nach Ultimo die Berichte vorliegen sollen, umso mehr Schätzwerte, Abgrenzungen und ähnliche Hilfsmittel eingesetzt werden müssen.

> **Beispiel:**
>
> Um mehr Zeitnähe zu erreichen und trotzdem die vereinbarten Termine einhalten zu können, werden in einigen Bereichen pragmatische Ansätze notwendig sein. Werden Überstunden verspätet abgerechnet, so kann man mit Durchschnitts- oder Schätzwerten operieren, fehlen Eingangsrechnungen, werden die Werte laut Bestellung angesetzt bzw. Rückstellungen gebildet.

▌ Wirtschaftlichkeit

„Man kann alles treiben, aber man kann es auch überteiben!" Es wurde bereits darauf hinwiesen, dass ein verbessertes Berichtswesen nicht unbedingt ein Mehr an Berichten oder ein Mehr an Detaillierung bedeuten muss. Umfang, Detaillierungsgrad und Schnelligkeit der Berichtserstellung müssen gegen den Einsatz personeller und systemtechnischer Ressourcen abgewogen werden. Controlling hilft, Kosten-Nutzenrelationen auf allen Ebenen des Unternehmens zu beurteilen, es muss sich aber auch selbst einer solchen Beurteilung stellen. Berichtsinhalte, Zweck, Frequenz sind zu hinterfragen: Was wird wie oft berichtet? Wer berichtet womit? Was wird wozu an wen berichtet?

Gerade anhand des Berichtswesens wird klar, dass Controlling (und die dafür eingesetzten Ressourcen) nicht dann den größten Nutzen stiften, wenn zusätzliche Berichte produziert werden, sondern wenn das Berichtswesen klar auf die Erfolgsfaktoren ausgerichtet ist und das Controlling mehr Zeit für die aktive Beratung der Führungskräfte hat.

> **Beispiel:**
>
> Jeder Bericht, der erstellt wird, bindet Ressourcen, v.a. Personalressourcen. Dies gilt umso mehr im Falle von Excel-basiertem Berichtswesen, da hier in hohem Maße manuelle Eingriffe und Kontrollen notwendig sind. Unterstellt man, dass ein Teil der Berichte von den Kunden nicht verwendet wird, sind dies nur versteckte Leerkapazitäten. Zusätzliche Berichtsanforderungen verschärfen diese Thematik, wenn nicht gleichzeitig Altes und Unnützes abgeschafft wird. Die freie Kapazität muss für die Beratung der internen Kunden eingesetzt werden.

Sie können überprüfen, inwieweit ihr Berichtswesen diese Anforderungen erfüllt, in dem Sie Abb. 51 ausfüllen:

Anforderung	Bedeutung der Anforderung für das Unternehmen				Erfüllungsgrad der Anforderung			
	Überragend	Hoch	Niedrig	Unbedeutend	100 %	Hoch	Ausreichend	Gering
Objektivität								
Termintreue								
Aktionsorientierung								
Benutzerfreundlichkeit								
Konsistenz								
Nachprüfbarkeit								
Zuverlässigkeit								
Wirtschaftlichkeit								

Abb. 51: Erfüllungsgrad der Berichtswesen-Anforderungen

3.2.3 Gestaltungsdimensionen im Reporting

In Abb. 50 werden neben den Grundprinzipien eines controllinggerechten Berichtswesens auch die Gestaltungsdimensionen

▸ Periodizität / Ablauf
▸ Instrumente
▸ Methoden

dargestellt.

3.2.3.1 Periodizität und Ablauf im Berichtswesen

Die Periodizität oder Frequenz ist ein wesentlicher Stellhebel im Berichtswesen. „So häufig wie nötig, so selten als möglich" kann hier postuliert werden. Mehr Steuerungsrelevanz wird weder durch mehr Inhalte noch durch häufigeres Berichten automatisch realisiert.

Der Monat hat sich sich als Standardberichtsintervall durchgesetzt. Dagegen ist nichts einzuwenden, es ist aber wichtig zu sehen, dass es neben dem Monats-Berichtswesen auch Inhalte gibt, die in abweichenden Intervallen zu berichten sind. Inhalte sind v.a. dann kurzfristig berichtsrelevant, wenn Sie entweder unmittelbar beeinflusst werden können oder hohe Risiken in sich bergen.

Im Extremfall müssen Daten real-time zur Verfügung stehen, dies gilt im Wesentlichen für Daten aus technischen Betriebsdatenerfassungssystemen. Hier gilt es negative Abweichungen (z.B. Anstieg der Betriebstemperatur) sofort festzustellen, um Probleme vermeiden zu können (z.B. Produktionsstillstand durch Maschinenausfall) oder zumindest rasch reagieren zu können. Daten, die extrem kurzfristig steuerungsrelevant sind, werden im Regelfall Mengendaten sein. Die Steuerung am „shop-floor-level" wird meist über nicht-monetäre Daten erfolgen, die ergebnismäßigen Konsequenzen sind hier als Nachläufer zu sehen.

In vielen Unternehmen spielen auch monetäre Werte eine Rolle im untermonatlichen Berichtswesen, z.B. zur zeitnahen Messung der Vertriebsleistung (Auftragseingang oder Auftragsstand).

In einem Führungskräftereporting sollten diese monetären und nicht-monetären Werte zumindest in verdichteter Form Eingang finden.

Die im Berichtswesen lange vernachlässigte Integration qualitativer Informationen, die häufig aus externen Quellen oder mittels eigener Erhebungen beschafft werden müssen, ist v.a. für ein übermonatliches Berichtswesen relevant. Entweder finden diese Informationen, z.B. über die Marktentwicklung oder interne Themen, wie etwa Personal, Eingang in ein Quartalsreporting oder die entsprechenden Daten sind im Monatsberichtswesen repräsentiert, werden aber seltener aufgefrischt.

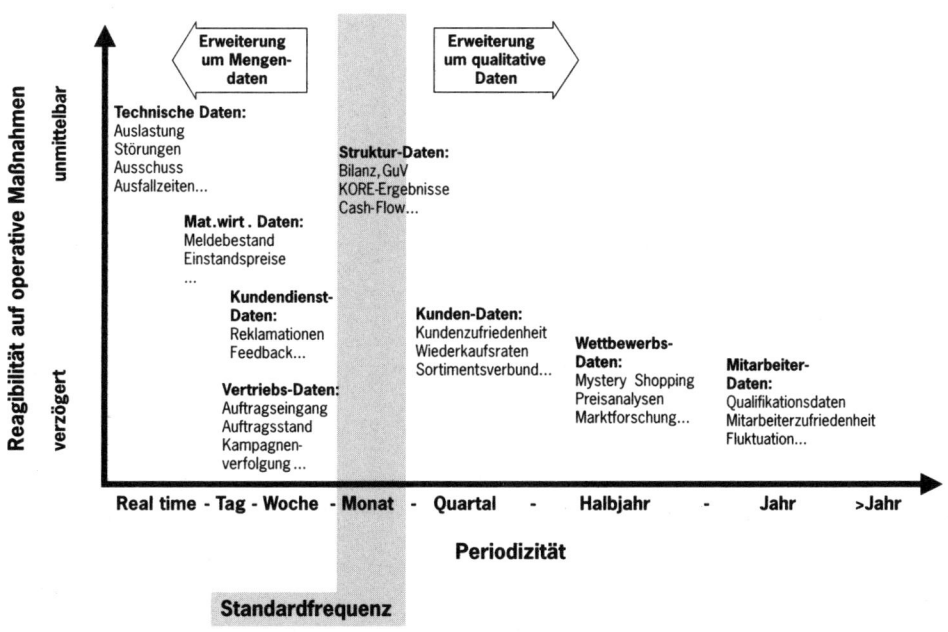

Abb. 52: Periodizität und Reagibilität

Muss ein sehr zeitnahes Berichtswesen sich auf einen extrem kleinen Ausschnitt für spezifische Funktionen beschränken, so bietet ein übermonatliches Berichtswesen die Möglichkeit, Abweichungen intensiver zu analysieren bzw. Zusammenhänge mit Einflussfaktoren und Rahmenbedingungen aufzuzeigen.

Ein optimiertes Berichtswesen muss auf unterschiedliche Inhalte und Adressatenkreise mit einer angepassten Periodizität reagieren können. Je kürzer das Berichtsintervall ist, desto höhere Anforderungen an die Automatisierung der Datenzurverfügungstellung werden gestellt. Erleichternd ist in der Praxis, dass solche „ultra-operativen" Daten in der Regel aus einem Vorsystem kommen und keine Verknüpfungen von Informationen für die einzelnen Adressaten notwendig sind. Im Bereich dieser kurzfristigen und permanenten Informationsversorgung ist auch nur noch Selbst-Controlling möglich, d.h. die Verantwortlichen müssen direkten Zugang zu den Vorsystemen haben.

3.2.3.2 Berichtswesen-Instrumente
Zur Versorgung der Kunden mit Information stehen dem Controlling 2 Instrumente zur Verfügung:
▸ Klassisches Papier-Berichtswesen oder
▸ EDV-gestütztes Berichtswesen.

In der Bedienung der Kunden dominiert nach wie vor das klassische Papier-Berichtswesen, auch wenn im Zuge der Verbreitung von OLAP-Werkzeugen (s. 4.3) hier ein Trend zur Selbstanalyse spürbar ist.

Im klassischen Papier-Berichtswesen können 2 Basiskonzepte unterschieden werden, nämlich
▸ der Aufbau des Berichtswesens in Form von Eckdatenblättern, hier steht der bewusste Versuch der Beschränkung auf das Wesentliche im Vordergrund, bzw.
▸ die Gestaltung in Form von Berichtsbüchern, mit dem Ziel, möglichst breiten Berichtsservice zu bieten (s.a. 3.3.3.2).

Im EDV-gestützten Berichtswesen kann man zwischen einer „bedienten Selbstbedienung", bei der ein Teil der Informationen für die User möglichst simpel in elektronischer Form zugänglich gemacht wird (z.B. via Intranet) und der echten Selbstbedienung im Sinne der eigenständigen Datenanalyse unterschieden werden. Die eigenständige Datenanalyse setzt allerdings den Einsatz und den Endbenutzerzugang zu OLAP-Tools voraus.

3.2.3.3 Berichtswesen-Methoden

In der Praxis ist eine klare Unterscheidung in einzelne Berichtsmethoden sinnvoll (vgl. Müller/Müller 1996, S.507):

■ Standardberichte

Das Standard-Berichtswesen beinhaltet wirtschaftliche, technische, marktbezogene und alle anderen permanent steuerungsrelevanten Daten für unternehmerische Meinungsbildungs- und Entscheidungsprozesse. Diese Daten sollen transparent gemacht und zur Entscheidungsunterstützung zeitnahe zur Verfügung gestellt werden. Standardberichte werden in der Regel in einer definierten Struktur zu festgesetzten Terminen erstellt. Innerhalb der Standardberichte kann man zwischen

▸ Planungsberichten (als Grundlage und Ergebnis der strategischen und operativen Planung)

▸ Abweichungsberichten (z.B. Monats- oder Quartalsberichten) und

▸ Statusberichten (z.B. Geschäftsbericht)

unterscheiden.

■ Ausgelöste Berichte (Exception-Reporting)

Das Exception-Reporting dient im Wesentlichen zur Effizienzsteigerung im Einsatz der verfügbaren Managmentkapazität, indem es das Augenmerk auf kritische Abweichungen lenkt, deren Beseitigung zu priorisieren ist. Die Toleranzschwellen der Abweichungen werden meist als +/- x% vom Planwert definiert und sind jeweils im Einzelfall festzulegen. Bei wichtigen Kostenblöcken werden die Toleranzschwellen enger definiert sein (z.B. kann eine Einkaufspreissteigerung von A-Materialien um 1,2% ein Warnsignal auslösen, im Sachkostenbereich reicht für einzelne weniger bedeutsame Kostenarten eine Toleranzschwelle von 10%). Das Exception-Reporting wird sinnvollerweise durch eine intuitiv erfassbare Symbolik im Berichtswesen unterstützt (Ampellogik, Smileys oder Pfeile).

■ Sonderberichte (Ad-Hoc-Reporting)

Während Exception-Reports durch Signale ausgelöst und automatisch erstellt werden, basieren Ad-Hoc-Berichte auf dezidierten Anforderungen der Controlling-Kunden bzw. Eigeninitiative des Controlling. Es ist durchaus auch sinnvoll, wenn das Controlling aufgrund des eigenen Erkenntnisstandes solche Berichte erstellt und an das Management heranträgt. Feasibility Studien, Investitionsrechnungen, Gemeinkostenanalysen, etc. gehören zu diesen Sonderberichten.

In der Unternehmenspraxis findet man Standard-, Exception- und Ad-Hoc-Reporting nie für sich alleine stehend, sondern immer kombiniert. Es gibt kein

Unternehmen, dass mittels des Standard-Reportings alle Inhalte oder Nachfragen abdeckt und es gibt kein Unternehmen, das auf eine Basis-Informationsversorgung zugunsten eines reinen anlassfallbezogenen Berichtswesens verzichtet. Meist findet man folgende Kombinationen:

▮ **Standardreporting ergänzt durch Ad-Hoc-Abfragen**
Dies ist wohl in der Praxis die häufigste Konstellation. Probleme die hiebei auftreten können, sind

> ▸ eine unklare Abgrenzung zwischen Standard- und Ad-Hoc-Berichtswesen
> ▸ Ad-Hoc-Abfragen, die in das reguläre Berichtswesen hineinwachsen, ohne dass sie tatsächlich regelmäßig gebraucht würden oder
> ▸ Ad-Hoc-Analysen, die repetitiv erstellt werden und nicht ins Standard-Berichtswesen aufgenommen wurden
> ▸ das Fehlen von Exception-Reports als anlassbezogene, automatisch ausgelöste Ad-Hoc-Berichte.

▮ **Standardreporting ergänzt durch Exception Reporting und Ad-Hoc-Abfragen:**
Diese Kombination ist als höherwertig anzusehen, da alle zur Verfügung stehenden Instrumente eingesetzt werden. Als problematisch muss aber häufig festgestellt werden, dass

> ▸ das Berichtswesen aufgebläht wird, d.h. die Existenz des Exception-Reporting nicht zu einer Verschlankung des Standard-Berichtswesen genutzt wird
> ▸ eine klare Abgrenzung zwischen Exception- und Ad-Hoc-Reporting fehlt
> ▸ die Toleranzschwellen für das Exception-Reporting zu eng (Reaktion auf unproblematische Abweichung) oder zu breit (zu spätes Erkennen von Problemen) definiert sind.

3.2.4   7 Schwachstellen bei der Erfüllung der Anforderungen

Es liegt in der Natur der Sache, dass Anforderungen nicht immer erfüllt werden. Die Schwachstellen, die dabei zutage treten, lassen sich zu folgenden Gruppen zusammenfassen:

1. ungeeignete Datenbasis

Das alte EDV-Prinzip „Mist rein – Mist raus" gilt 1:1 auch im Berichtswesen. Ist die Datenqualität an der Quelle, d.h. in den Vorsystemen schlecht, kann dies nicht mehr geheilt werden. Die Inhalte des Berichtswesens sind damit dann nicht nur nicht steuerungsrelevant, sie könnten sogar zu Fehlentscheidungen führen. Darüber hinaus wird wertvolle Controlling-Kapazität für wenig wertschöpfende Tätigkeiten, wie etwa die aufwändige Abstimmung und Ermittlung von Daten, eingesetzt.

2. ungeeignete oder fehlende Werkzeuge

Das Berichtswesen muss EDV-technisch unterstützt werden. Bei mangelnder oder fehlender Automatisierung von Datengewinnung,- speicherung und -präsentation entsteht hoher Aufwand bei der Berechnung, Darstellung und Präsentation der Berichte.

3. Gestaltungsfehler

„Das Auge isst mit", auch im Reporting. Ist die äußere Form der Darstellung der Berichtsinhalte ungeeignet, widmet der Adressat sein Augenmerk nur noch in geringem Ausmaß den Inhalten. Im Extremfall wird der Bericht aus diesen prinzipiellen Gründen nicht gelesen.

4. ungeeignete Vergleiche

Das Controlling muss ein profundes Verständnis für die Branche und die (technische) Leistungsfähigkeit des Unternehmens haben. Die Kooperation mit den jeweiligen Linienverantwortlichen muss gewährleisten, dass in Berichten nicht „Äpfel mit Birnen" verglichen oder aus den dargestellten Daten falsche Rückschlüsse gezogen werden. Dies ist nicht nur suboptimal für das Unternehmen, sondern untergräbt auch das Vertrauen in die Leistungsfähigkeit des Controlling.

5. mangelnde Rahmenbedingungen

Die Rahmenbedingungen für Unternehmen ändern sich schneller und häufiger als in der Vergangenheit. Neben diesen externen Einflüssen und Rahmenbedingungen gibt es auch interne Gegebenheiten, wie etwa Umstellungen in den EDV-Systemen, unklare Vorgaben und Personalfluktuation, die ein controllinggerechtes Berichtswesen erschweren.

6. Filterung der Information

Stellen die bislang genannten Schwachstellen einfach Fehler dar, die „passieren" können, so sind die fehlende Objektivität oder die Manipulation aus Eigeninteressen Missbräuche, die in einem Unternehmen nicht toleriert werden können und in der Praxis auch zu Personalkonsequenzen führen müssen.

7. fehlende Akzeptanz des Controllers

Aus persönlichen oder fachlichen Gründen wird das Controlling nicht akzeptiert. Da Informationen aber in jedem Fall fließen, überlagern informelle Berichte das formelle Berichtswesen, dessen Bedeutung dadurch stark beeinträchtigt wird.

3.2.5 Erfolgsfaktoren im Reporting

Möchten Sie die o.a. Schwachstellen aktiv und dauerhaft vermeiden, sollten Sie folgende Tipps beachten, um Ihr Reporting effizienter und effektiver zu gestalten (in Anlehnung an Deyhle/Steigmeier 1988, S. 65f):

1. Empfänger-orientiert berichten statt absender-orientiert

Sie haben mehrere Stellschrauben, um Ihr Berichtswesen an die Bedürfnisse der Adressaten anzupassen. Sie müssen die Frequenz berücksichtigen (ein Kostenstellenleiter braucht die Auslastung wöchentlich, vielleicht ruft er sie selbst sogar täglich ab, auf Ebene der Geschäftsführung reicht diese Kennzahl vermutlich monatlich und über Kostenstellengruppen aggregiert). Adressaten können Graphik- oder Zahlentypen sein, das Berichtswesen sollte zumindest auf der 1. und ggf. 2. Ebene diesem Umstand Rechnung tragen. In der Regel werden auch die betriebswirtschaftlichen Kenntnisse schwanken, ein Glossar und eine nicht zu fachterminologisch ausgerichtete Sprache können hierbei helfen.

2. Nicht nur logisch denken, sondern sich auch psychologisch verhalten

Logisch richtige Argumente kommen beim Adressaten oft falsch an (z.B. kann aus einem kommunizierten „Wir werden flexibler" ein verstandenes „Wir waren bis jetzt starr" werden). Dagegen gibt es ein einfaches Gegenmittel: fügen Sie das Wörtchen „noch" ein („Wir werden noch flexibler"), damit bleibt ein positiver Grundton gewahrt. Faktenpräsentationen nutzen wenig, wenn Sie nicht vom Empfänger auch emotional angenommen werden.

3. Nicht Beweise sammeln für das, was geschehen ist, sondern Informationen bieten als Einstieg dafür, wie man etwas noch besser machen kann

Vermeiden Sie Rechtfertigungssituationen und forcieren Sie aktives Fragen in Richtung „Was machen wir daraus?"

4. Für jedermann sichtbare Ergebnis-Protokolle

Maßnahmen müssen festgehalten werden, damit sie verbindlich und verfolgbar sind, aber Geheimniskrämerei hat keinen Platz. Setzen Sie in Controlling-Meetings Beamer ein, so ist die Datenpräsentation und auch die Online-Protokollierung für alle nachvollziehbar. Für Protokollzwecke kann auch ein Flipchart eingesetzt werden. Ungereimtheiten oder Missverständnisse können vor Ort ausgeräumt werden. Dies erspart die umständliche Abstimmung danach. Die spätere Verteilung der Protokolle ist natürlich trotzdem notwendig.

5. Nicht dauernd ändern

Das Standard-Berichtswesen heisst so, weil es den „Standard-"„Informationsbedarf abdeckt, aber auch weil es „standard"isiert ist. Die Berichte dürfen nicht jeden Monat anders aussehen. Dies gilt umso mehr, wenn es keine inhaltlichen Änderungen in den Berichten gibt. Anders herum sollten Sie nicht neue Inhalte in alten Berichten verstecken. Die Weiterentwicklung des Berichtswesens sollte ähnlich betriebswirtschaftlicher Standard-Software in Releasewechseln erfolgen, d.h. Änderungswünsche werden gesammelt und bei Erreichung einer kritischen Schwelle en bloc umgesetzt.

6. Nicht so viele rechnerische Verzierungen anbringen

Berichte müssen zu Aktionen führen und sollen nicht zum Nachrechnen auffordern. Im Regelfall ist es nicht sinnvoll, detaillierte Kennzahlenermittlungen anzubringen. Ein Glossar kann Wichtiges erklären, alles Andere kann auf Anfrage nachgeliefert werden.

7. Nicht so viel schriftlich berichten, mehr persönlich präsentieren

Bereits unter der Thematik „Partnering" im Balanced Controlling (s. 1.4) wurde auf die Wichtigkeit der Interaktion zwischen Controlling und Management hingewiesen. Diese Interaktion wird v.a. durch die Kommunikation der Berichte und Berichtsinhalte möglich. Die Berichtsdiskussion hilft auch Probleme, wie die Über- (liest keiner) oder Unterkommentierung (sind banal und aussagelos) von Berichten, abzuschwächen.

8. Zielorientiert berichten

Das angesprochene Partnering ist auch notwendig, um zielorientiert berichten zu können. Die Anforderungen des Managements im Sinne der Steuerungsziele müssen klar sein und auch dem Controlling kommuniziert werden. Das Berichtswesen kann dann auf diese Anforderung hin ausgerichtet werden.

9. Berichte empfänger-orientiert etikettieren

Nur ein geringer Teil der Informationen, die vermittelt werden, bleiben dauerhaft im Gedächtnis. Es ist hilfreich, trockene Inhalte griffig zu formulieren oder mit prägnanten Symbolen zu untermauern (z.B. Smileys).

10. Zahlenberichte verpacken

Rein zahlenbasierte Berichte, egal ob in Tabellen- oder Listenform, schaffen es häufig nicht, Prioritäten und Abhängigkeiten zu zeigen. Adressatenorientierter und maßvoller Einsatz von Graphiken ist zweckmäßig.

3.2.6 Aspekte der Informationspolitik

Im Rahmen der Informationspolitik ist zu klären, wer welche Informationen erhalten soll. Ihr Berichtswesen reflektiert die Informationspolitik in Ihrem Haus. Grundsätzlich kann man zwischen einer offenen und einer restriktiven Informationspolitik unterscheiden (s. Abb. 53). Wenn Sie eine offene Informationspolitik verfolgen, wird eine Vielzahl an Informationen im Unternehmen kommuniziert, im Extremfall bis auf Mitarbeiterebene. Es wird dennoch nicht sinnvoll oder erwünscht sein, alle Details zu kommunizieren. Ein Gutteil an Daten ist sensibel oder nur mit gewisser Vorbildung zu verstehen.

Wenn Sie eine restriktive Informationspolitik verfolgen, hat nur ein ausgewählter Personenkreis Zugang zu Informationen und auch hier im Wesentlichen nur zu Informationen, die den eigenen Einflussbereich betreffen. Nur auf Ebene der Unternehmensleitung sind bereichsübergreifende Informationen verfügbar.

Informationspolitik	Offen	Restriktiv
Adressaten(-kreise)	breiter, tiefer, größere Anzahl Adressaten	limitiert auf ausgewählte Adressaten der oberen Führungsebenen
Berichtsinhalte	bereichsbezogene und bereichsübergreifende Berichtsinhalte	bereichsbezogene Berichtsinhalte
Berichtsdiskussion	häufiger, intensiver, interdisziplinärer	isolierte Standpunktdiskussion
Führungsverständnis	partizipativ	hierarchisch
Mitarbeiterverständnis	Partner, Unternehmer im Unternehmen; „Mit-"arbeiter	Ausführende, Mit-„arbeiter"

Informationsverteilung	forciert elektronische Medien (Push-Prinzip über Intranet oder Pull-Prinzip über Selbst-controlling-Möglichkeiten, z.B. OLAP-Tools)	eher klassische Informationsverteilung (Papierberichtswesen)

Abb. 53: Übersicht Informationspolitik

Eine offene Informationspolitik entspricht einerseits der Controlling-Philosophie, andererseits unterstützt sie einen zeitgemäßen, partizipativen Führungsstil. Dennoch ist festzulegen, wie offen „offen" tatsächlich ist. Jeder operative Kostenstellenverantwortliche braucht die Informationen seiner Kostenstelle. Es hat wenig Sinn, erst auf einer Abteilungs- oder Bereichsleiterebene Berichte zur Verfügung zu stellen. Möglicherweise ist es in der Produktion auch sinnvoll, den Kostenstellenleitern zusätzlich Informationen über vor- und nachgelagerte Kostenstellen zur Verfügung zu stellen, damit sie besser den gesamten Produktionsprozess einschätzen können. Es kann auch sinnvoll sein, unternehmensweite Benchmarks, etwa aus dem Personalbereich (Überstunden, Krankenstände o.ä.) darzustellen. Im Kreis der Führungskräfte könnte man den Schritt in Richtung eines gemeinsamen Sets an Gesamtunternehmensinformation setzen, dass dann für den jeweiligen Bereich weiter vertieft wird.

Eine offene Informationspolitik darf nicht bedeuten, dass nach dem Gießkannenprinzip Informationen undifferenziert und adressatenunspezifisch zur Verfügung gestellt werden. Wichtig ist vielmehr, dass alle Adressaten jenes Maß an bereichsübergreifender Information bekommen, dass es Ihnen ermöglicht, die Interdependenzen zwischen dem eigenen Einflussbereich und anderen Teilen des Unternehmens besser einzuschätzen und Maßnahmen darauf abzustimmen.

Wenn Sie sich zu einer offenen Informationspolitik bekennen, ist es umso wichtiger, sicherzustellen, dass die Inhalte auch verstanden werden, ansonsten fließt viel Energie in interne Diskussionen, die nur zur Beseitigung von Missverständnissen dienen. Beachten Sie folgende Erfolgsfaktoren in der Ergebniskommunikation (vgl. Peters 1991, S. 585):

▸ Einfachheit der Kommunikation
▸ Sichtbarkeit der Messgrößen (visuelles Management, z.B. klassisches oder elektronisches „Schwarzes Brett", wichtig auch am Shop-Floor-Level)
▸ Einbindung ALLER
▸ objektive Datenerhebung

▸ „geradliniges" Messen der wichtigen Dinge (keep it simple, Sicherstellen der Nachvollziehbarkeit)

▸ Erzielung eines umfassenden Gefühls der Wichtigkeit und der permanenten Verbesserung.

Fazit:

▮ Es ist egal, ob Ihr Berichtswesen MIS, FIS, EIS oder anders heißt, die Inhalte sind wichtig.

▮ Die Anforderungen an das Berichtswesen sind Hygienefaktoren und müssen jedenfalls gewährleistet werden.

▮ Der Berichtswesen-Kunde ist König, Berichte müssen aber auch „verkauft" werden.

▮ Nicht alles, was gewünscht wird, macht Sinn. Das Controlling muss hier das Problembewusstsein schaffen.

▮ Die Automatisierung der Informationsflüsse allein bringt wenig. Der zielgerichtete Einsatz moderner Informationstechnologie und die Qualität der Datenbasis sind wichtig.

▮ Transparente Information muss auch gewollt werden.

3.3 Vorgehensweise: Berichtswesen-Optimierung als Projekt

Die Berichtswesen-Optimierung soll nicht als Einmal-Aktion verstanden werden, sondern muss permanent, wie auch die Weiterentwicklung des gesamten Controlling-Systems, vorangetrieben werden. Sinnvollerweise wickelt man aber den ersten großen Verbesserungsschritt, u.a. auch deshalb, weil häufig eine neue Software eingeführt wird, als Projekt ab.

Dabei hat sich in der Praxis der in Abb. 54 dargestellte Ablauf als sinnvoll erwiesen.

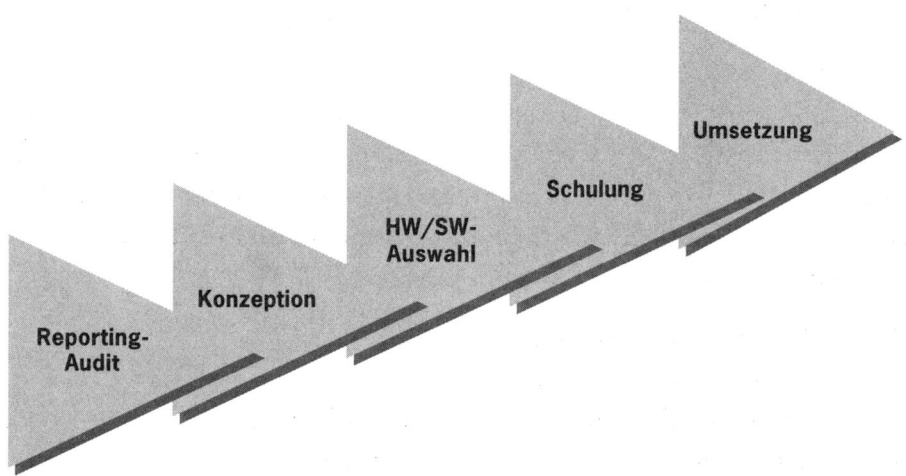

Abb. 54: Projektablauf Berichtswesen-Optimierung

3.3.1 Projektorganisation

Ein Projekt hat ein Projektziel, sowie einen definierten Anfang und ein definiertes Ende. Um die Zielerreichung zu gewährleisten und den Terminplan einzuhalten, empfiehlt sich die Installierung einer Projektorganisation. Die Projektorganistion muss die Größe und Komplexität eines Projektes reflektieren. Als wichtige Elemente einer Projektorganisation gelten folgende Gremien:

▮ Lenkungsausschuss

Im Lenkungsausschuss ist der Projektauftraggeber vertreten und bei Einbindung eines externen Beraters sinnvollerweise auch der Auftragnehmer. Der Lenkungsausschuss ist kein Arbeits- sondern ein Entscheidungsgremium. Es ist wichtig, die

Überlastung des Lenkungsausschusses, der aufgrund der Top-Management-Besetzung nur in langen Intervallen zusammentritt, mit Detailentscheidungen zu vermeiden. In den Lenkungsausschuss werden nur Entscheidungen getragen, die das Pouvoir der Projektleitung übersteigen oder die aus Divergenzen zwischen interner und externer Projektleitung herrühren.

■ Projektleitung
In der Projektleitung ist die operative Ausführungsverantwortung verankert. Der Großteil der Projektentscheidungen wird in diesem Gremium getroffen. Ist ein externer Berater eingebunden, so sollte die Projektleitung gemeinschaftlich wahrgenommen werden. Ein interner Projektleiter ist in jedem Fall zu bestellen. Die Projektleitung hat maßgeblichen Einfluss auf den Projekterfolg.

■ Projektteam
Das Projektteam ist das Arbeitsgremium des Projektes. Bei großen Projekten arbeiten mehrere Projektteams unter Teilprojektleitungen. Bei mehreren Teilprojekten und Projektteams ist besonders auf die Abstimmung zwischen den Projektteams zu achten und die Einheitlichkeit und die überschneidungsfreie Vollständigkeit des Konzepts zu gewährleisten.

■ Temporäre Projektteammitglieder
In den meisten Projekten ist punktuell spezifisches Know-how nötig. Da eine permanente Einbindung die Projektorganisation aufblähen würde, ist es sinnvoller, dieses Know-how temporär von außen einzubringen.

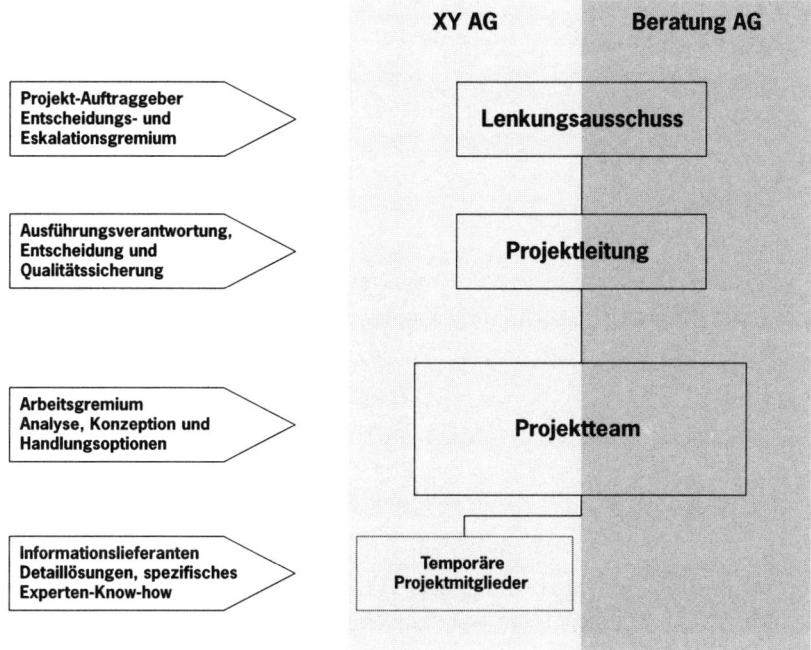

Abb. 55: Projektorganisation und –aufgaben

Die nachfolgenden Schritte können als Teilprojekte oder Aufgabenpakete im Rahmen der Berichtswesen-Optimierung gesehen werden.

3.3.2 Reporting-Audit

Im Rahmen des Reporting-Audit werden der
▸ Ist-Ausbaugrad des Berichtswesens und
▸ der Informationsbedarf
überprüft. Die Organisationsstruktur, Vorsysteme, Mengengerüste und Bereiche mit hohem manuellem Aufwand müssen analysiert werden. Daraus ergeben sich „weisse Flecken", die im Zuge der Reporting-Weiterentwicklung abzudecken sind.

3.3.2.1 Analyse des Ist-Ausbaugrades im Berichtswesen
Im Rahmen der Ist-Analyse ist es notwendig, die vorhandenen Standardberichte zu dokumentieren. Zur Dokumentation des bestehenden Berichtswesens hat sich eine Tabelle mit folgendem Aufbau bewährt:

Bericht	Beschreibung	Berichtsersteller	Berichtsempfänger	Frequenz
(Name)	(Inhalt)	(Verantwortung)	(Verteiler)	
was		wer	für wen	wie oft

Abb. 56: Dokumentation der bestehenden Standardberichte

Es ist sinnvoll, sich im Rahmen der Dokumentation auf die Standardberichte zu beschränken. Bzgl. der Ad-Hoc- oder Exception-Berichte, die ja jedesmal unterschiedliche Strukturen und Inhalte aufwiesen, ist aus dem Informationsbedarf abgeleitet zu klären, ob die allgemeine Datenlage diese Auswertungen erlaubt.

Die Ist-Analyse muss neben dem formalen Aufbau des Berichtswesens v.a. die Steuerungsrelevanz überprüfen. Die Fragechecklisten 2 und 3 enthalten die wichtigsten Analysefragen.

Checkliste 2: formaler Aufbau des Berichtswesens

- Wer ist der Berichtsersteller (zentrales Controlling, dezentrales Controlling, Linienfunktionen, Tochtergesellschaften,...)?
- Wer ist der Berichtsempfänger (Adressaten)?
- Was sind die Berichtsinhalte (monetär, nicht-monetär, umsatz-, ergebnis- oder wertorientiert...)?
- Wie detailliert wird berichtet (Standard vs. Ad-Hoc-Berichte)?
- Wann wird berichtet (regelmäßige Frequenz, anlassbezogen,..)?
- In welchen Dimensionen (Datenarten) wird berichtet (Plan, Ist, Forecast,...)?
- Hat das Controlling die Gesamtverantwortung für das Berichtswesen?
- In welcher Form wird berichtet (auf Basis selbstständiger rechtlicher Einheiten, konsolidiert)?
- Spielen Benchmarking-Überlegungen eine Rolle?
- Wie sind die Berichte aufgebaut (Tabellen, Graphiken, Text)?
- Sind die Berichte hierarchisch verknüpfbar (Adressatenebenen)?
- Wie gut ist das Berichtswesen mit EDV-Tools unterstützt?
- Funktioniert die Datenübernahme aus den Vorsystemen? Sind manuelle Eingriffe nötig?
- Wie intensiv arbeiten die Adressaten mit den Berichten (Selbstcontrolling)?

Checkliste 3: Steuerungsrelevanz des Berichtswesens

▌ Für wie vollständig halten Sie die Berichte, die Sie üblicherweise zum Treffen von Entscheidungen angeboten bekommen?

▌ Wie häufig kommt es vor, dass gewünschte Informationen/Berichte zum erforderlichen Zeitpunkt nicht vorliegen?

▌ In welchem Ausmaß sind die Berichte/Informationen Ihren Bedürfnissen angepasst (Verdichtungsgrad, Darstellungsform?)

▌ Werden Ihnen Informationen angeboten, die Sie zwar nicht verlangt haben, die Sie aber für die Entscheidungsfindung verwenden können?

▌ Wie häufig kommt es zu Konflikten bei der Beschaffung von Informationen, weil die benötigten Informationen aus verschiedenen Abteilungen stammen?

▌ Wie beurteilen Sie die Problem- und Entscheidungsadäquanz der angebotenen/vorliegenden Informationen?

▌ Enthalten die angebotenen Berichte Informationen über
  ‣ die Wirkung auf die Zielerreichung
  ‣ mögliche Korrekturmaßnahmen
  ‣ neue Alternativen, Ziele und Strategien
  ‣ Frühwarninformationen?

▌ Wie häufig können die für Entscheidungszwecke benötigten Informationen nicht beschafft werden?

Aus der (ehrlichen) Beantwortung dieser Fragen ergeben sich bereits schwerpunktmäßige Problemfelder im Berichtswesen. Da Sie auch im Zuge der Berichtswesen-Optimierung gezwungen sein werden, Priorisierungen zu treffen, müssen die wichtigsten Problemfelder zuerst aufgearbeitet werden.

3.3.2.2 Analyse des Informationsbedarfes

Ein optimiertes Berichtswesen muss sich am Informationsbedarf ausrichten (s. 1.1.3). Wichtig ist dabei Folgendes:

‣ Das Berichtswesen darf nicht auf Vermutungen des Controlling über den Bedarf des Managements aufbauen, Interviews und Workshops sind nötig.

‣ Die Ergebnismechanik des Unternehmens (welche Faktoren treiben Leistungen und Kosten?) muss bekannt sein.

‣ Es muss klar zwischen aggregierten Führungs- und detaillierten Ausführungsinformationen unterschieden werden (s. Abb. 57).

	Führungsinformationen	Ausführungsinformationen
Zweck	• Strategieumsetzung, Erfüllung von Führungsaufgaben	• operative Steuerung des Tagesgeschäfts
Charakteristika	• aggregierte Informationen über das Gesamtunternehmen, wesentliche Unternehmensteile und Schwerpunkte (Kenngrößen) • monetäre Wirkungsgrößen ergänzt um Treiberkennzahlen	• aggregierte Informationen über den direkt beeinflussbaren Teilbereich (Stellgrößen) • nicht monetäre Treiberkennzahlen ergänzt um monetäre Wirkungsgrößen
Detaillierung	• niedrig, Gesamtüberblick wichtig	• hoch, spezifischer Blickwinkel
Inhalte	• interne und externe Informationen (Benchmarking)	• hauptsächlich interne Informationen ergänzt um gesetzte Standards aus Benchmarks
Adressaten	• Führungskräfte der 1. und 2. Führungsebene	• Führungskräfte der unteren Ebenen, Sachbearbeiter, „Shop-floor"-Level
Datenquelle	• alle verfügbaren Datenquellen	• primär technische oder kaufmännische Transaktionssysteme
Frequenz	• primär monatlich, ergänzend quartalsweise oder untermonatlich	• täglich bis monatlich
Beispiele	• Finanzkennzahlen: Umsatz, Ergebnis, Cashflow… • Kunden-/Marktkennzahlen: Marktanteil, Kundenzufriedenheit, Key Accounts… • Prozesskennzahlen: Gesamtauslastung, Ausschusskosten… • Wissens- und Innovationskennzahlen: Investitionen in Schulung, time-to-market für Neuprodukte, Anzahl neue Patente…	• Finanzkennzahlen: Kosten- und Leistungsabweichungen des Verantwortungsbereichs (Kostenstelle), Einkaufspreise,… • Kunden-/Marktkennzahlen (primär im Vertrieb): Einzelkundenumsätze, Anzahl Besuche,… • Prozesskennzahlen (je Prozess): Fehler, Auslastung, Bearbeitungs- und Durchlaufzeiten, Termintreue, Anzahl Reklamationen… • Wissens- und Innovationskennzahlen: Schulungstage und -kosten, Anzahl Verbesserungsvorschläge…

Abb. 57: Führungs- vs. Ausführungsinformation

▸ Die Berichtswesen-Optimierung muss im Gegenstromverfahren mit dem Management erfolgen. Das Controlling erhebt und bewertet auf Basis eigener Verbesserungsvorschläge die Anforderungen, erarbeitet einen detaillierten Vorschlag und stimmt diesen wieder mit den internen Kunden ab. Eine reine Befragung der Controlling-Kunden liefert meist nur vage Anforderungen.

▸ Der vom Management artikulierte Bedarf ist nicht automatisch im Berichtswesen abzubilden, vielmehr ist die Schaffung eines gemeinsamen Verständnisses über die Ergebnismechanik, Erfolgsfaktoren und daraus abgeleiteten Steuerungsgrößen nötig (z.B. auf Basis von Ursache-Wirkungszusammenhängen). In der Praxis immer wieder anzutreffende Wünsche nach Verlängerung des Berichtsintervalls (Quartals- statt Monatsberichtswesen) müssen durch die Überzeugungskraft des Controlling verhindert werden.

▸ Der von Controlling und Management gemeinsam erarbeitete Informationsbedarf muss in der Konzeptionsphase Niederschlag in konkreten Berichtsprodukten finden.

▸ Die Berichtswesen-Optimierung ist ein dauerhafter Prozess.

Bei der Analyse des Informationsbedarfes ist es wichtig, „über den Tellerrand hinauszuschauen". Wie bereits unter 1.2.1 ausgeführt, müssen die vom Management artikulierten Wünsche (Informationsanforderungen) nicht immer optimal zur Unternehmenssteuerung geeignet sein (z.B. zu starke monetäre oder Vergangenheitsorientierung).

Die Analyse des Informationsbedarfs muss auf Basis der Ergebnismechanik des Unternehmens erfolgen. Welche Faktoren entscheiden über Erfolg oder Misserfolg? Sind diese Faktoren abgebildet? Welche Stellhebel beeinflussen diese Faktoren? Sind diese Stellhebel im Berichtswesen bereits vorhanden?

Die Informationsbedarfsanalyse wird in vielen Fällen ein Bild ähnlich Abb. 3 zeigen, d.h. dass Informationsbedarf, Informationsnachfrage und Informationsangebot nicht deckungsgleich sind. Im Zuge der Konzeption ist der Soll-Ausbaugrad des Berichtswesens nach Umfang, Frequenz, Adressaten und Inhalten festzulegen, um diese drei Schnittmengen möglichst zur Deckung zu bringen.

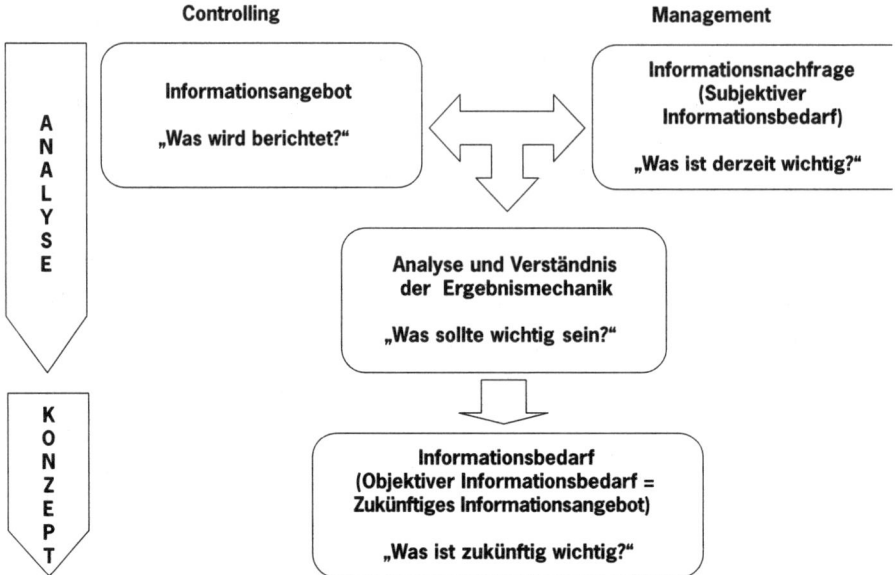

Abb. 58: Erhebung Informationsbedarf

Die Informationsnachfrage (als Basis für den Informationsbedarf) kann leicht und schnell anhand des folgenden Quick-Checks abgebildet werden:

Was bedeutet Erfolg für
Ihr Unternehmen/ Ihren Bereich/ Ihre Abteilung ?

Notieren Sie die 5 wichtigsten Faktoren:

▲ ....

▲ ....

▲ ....

▲ ....

▲ ....

Abb. 59: Quick-Check Informationsnachfrage

Meist werden als wichtige Faktoren Kundenzufriedenheit, Termintreue, Flexibilität, hohe Margen oder qualifizierte Mitarbeiter genannt. Stellt man allerdings die Frage

„Welche dieser 5 Faktoren sind derzeit in Ihrem Berichtswesen abgebildet?"

dann bleibt meist nicht viel davon übrig (in unserem Beispiel vermutlich die Margen und vielleicht noch die Termintreue). Dies bedeutet nichts anderes, als dass sehr stark mit den derzeit verfügbaren Zahlen und damit rein monetären „lagging" indicators operiert wird. Jeder weiß, dass eigentlich andere Faktoren erfolgsbestimmend sind, aber man ergibt sich in sein Schicksal – was dauerhaft nicht akzeptabel ist.

In der Realität wird man diese Analyse natürlich nicht nur auf 5 Faktoren beschränken und auf alle Adressatenbereiche ausdehnen.

3.3.2.3 Analyse der Vorsysteme und eingesetzten Reporting-Tools

Da die Berichtswesen-Konzeption häufig technische Aspekte hat, muss die Ist-Analyse die Vorsysteme und Tools miteinbeziehen.

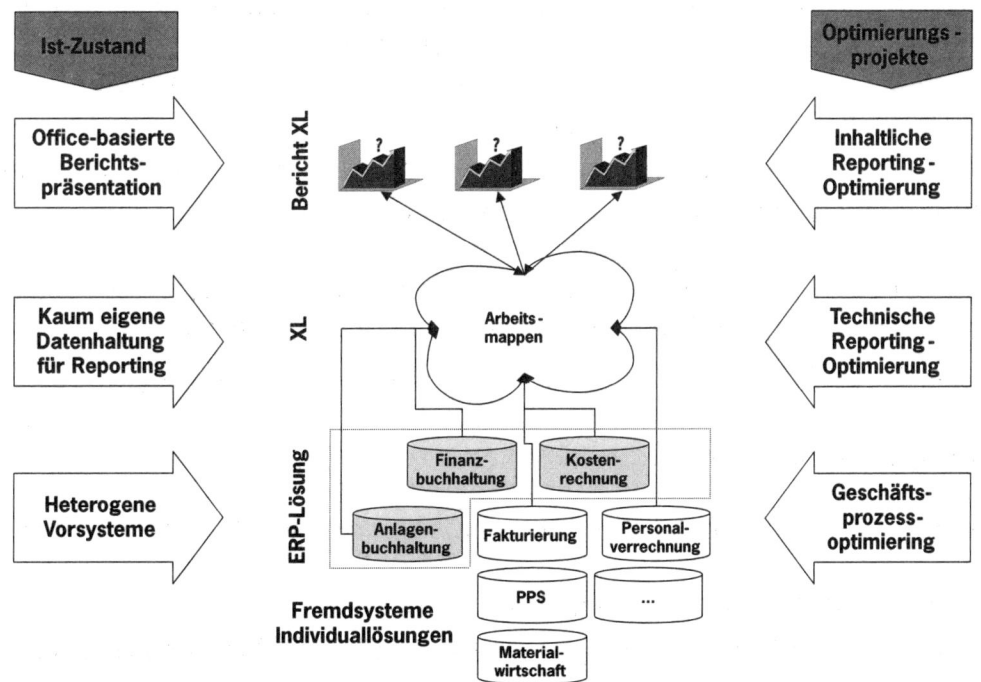

Abb. 60: Software-Landschaft (schematisch)

Einen wesentlichen Punkt aus Sicht der Reporting-Optimierung stellen die Vorsysteme oder Transaktionssysteme dar. Diese zu optimieren (oder ggf. zu erneuern) ist kein originäres Reportingthema, sondern basiert auf Überlegungen zur Gestaltung der Geschäftsprozesse. Für das Berichtswesen ist es wichtig, dass in den Vorsystemen

> ▶ alle reportingrelevanten Merkmale gepflegt sind
> ▶ die Datenqualität gewährleistet ist
> ▶ Schnittstellen zu einer Reporting-Datenbank realisierbar sind und
> ▶ technische Probleme nicht zu Verzögerungen im Rahmen des Monatsabschlusses führen.

Datenhaltung und –auswertung sind aber sehr wohl Berichtswesen-Optimierungsthemen. In der Praxis existiert häufig keine dezidierte redundante Datenhaltung für Berichtszwecke. Vielfach wird direkt aus den Transaktionssystemen reportet. Dies beinträchtigt die Performance des Basissystems und darüber hinaus haben die Berichtsgeneratoren der operativen Systeme meist nur eingeschränkte Funktionalitäten. Weiters ist es nicht möglich, in einer Abfrage Daten aus mehreren Teilmodulen zu kombinieren, die Integration erfolgt dann meistens manuell in Excel.

Während Datenhaltung und –aufbereitung in den Bereich der technischen Optimierung fallen, geht es bei den tatsächlichen Berichten stärker um die Optimierung der transportierten Inhalte. Auch auf moderne Data Warehouselösungen ist häufig für Layout- oder Präsentationszwecke Excel aufgesetzt.

Um die in Abb. 60 dargestellte System-Landkarte aufstellen zu können, empfiehlt sich die Systemerhebung anhand folgender Tabelle:

Name der Applikation und Einsatzbereich	Schnittstellen von Applikationen	Schnittstellen zu Applikationen	Betriebs-system	Hardware

Abb. 61: Eingesetzte Soft- und Hardware

Bei integrierten Systemen, z.B. SAP R/3, sind die einzelnen Module anzuführen.

3.3.2.4 *Ist-Prozesse im Reporting*

In der Praxis findet man häufig Reporting aus unterschiedlichen Abteilungen an die Geschäftsführung oder den Vorstand.

Dies ist aus verschiedenen Gründen nicht optimal:

▶ Die Einheitlichkeit des Berichtswesens ist nicht gewährleistbar. Insellösungen, Inkompatibilitäten der Inhalte und Berichtswesen-Wildwuchs sind die Folge.

▶ Die Strukturen sind unterschiedlich, da einheitliche Standards bzgl. Zeilen- oder Spaltenstruktur und Kennzahlenermittlung schwer durchsetzbar sind.

▶ Die Inhalte sind weniger steuerungsrelevant, da sie sich immer nur auf die jeweilige Funktion beziehen können.

▶ Die 2. und 3. Ebene wird auf die Funktion als Berichtslieferanten reduziert, es kann wenig Information zurückfliessen.

▶ Die Datenqualität ist kaum absicherbar. Es kommt häufig zu durch Bereichsinteressen gefärbte Informationsweitergabe.

▶ Es werden unterschiedliche Medien genutzt.

▶ Es erfolgt keine systematische Weiterentwicklung.

▶ Der Ausbaugrad und die Qualität des Berichtswesens differiert je Funktion sehr stark.

▶ Das Controlling kann keine befriedigende Wirkung als interner Berater erzielen.

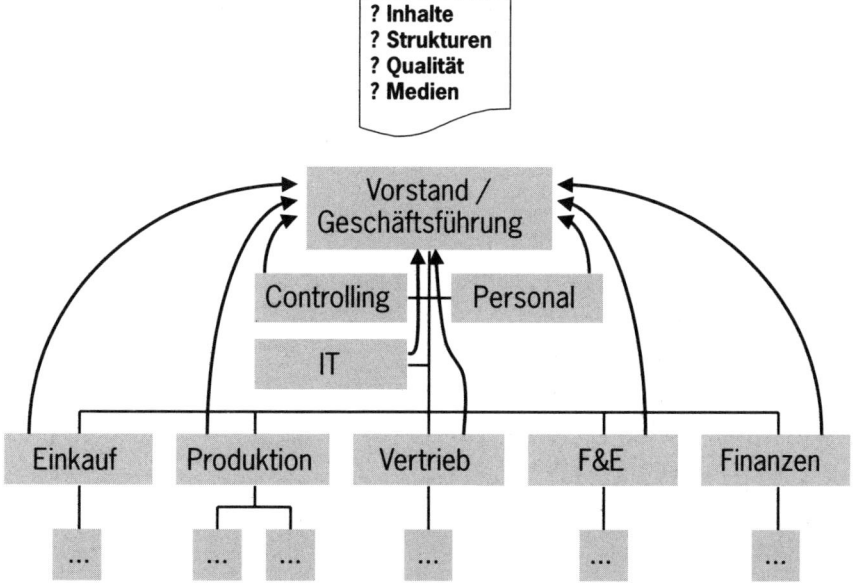

Abb. 62: Ist-Reportingprozesse

Ziel muss es sein, das Controlling als Informationsmanagement-Abteilung und Informationsdrehscheibe zu sehen und zu implementieren.

Vorteile dieses Zugangs sind:

▶ Konzentration der Verantwortung für das unternehmensweite Berichtswesen an einer Stelle (Betrieb, Wartung und Weiterentwicklung),

▶ Implementierung der Qualitätssicherung im Berichtswesen,

▶ ALLE Controlling-Adressaten werden mit steuerungsrelevanter Information versorgt,

▶ Strukturen und Medien werden vereinheitlicht und Kennzahlen sind unternehmensweit einheitlich definiert,

▶ Controlling wird in die Lage versetzt, als Querschnittsfunktion alle Bereiche unterstützen zu können.

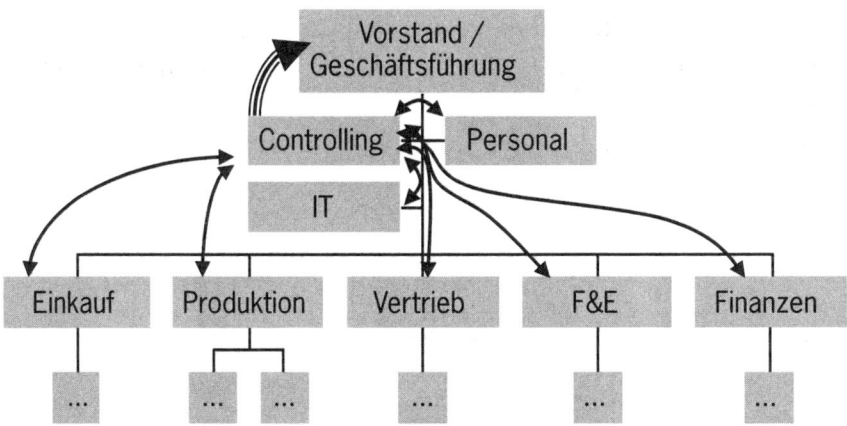

Abb. 63: Das Controlling als Informationsdrehscheibe

Wichtig ist zu beachten, dass es natürlich nicht sinnvoll sein kann, einen Bottleneck zu schaffen, an dem sich die Informationen stauen und es zu Zeitverlusten kommt. Das Controlling sollte aber ein Filter im Sinne der Qualitätssicherung sein indem

▶ Daten kritisch hinterfragt werden,

▶ Plausibilitätsprüfungen durchgeführt werden,

▶ Zusammenhänge aufgezeigt werden (dadurch wird echter Mehrwert geschaffen) und

▶ Bereichsinteressen in der Darstellung nicht zum Management durchschlagen.

Die Berichtserstellung sollte sich an einem allgemein gültigen Ablauf orientieren (s. Abb. 64, vgl. Müller/Böhm 1996, S. 508). Dieser Ablauf trägt 4 wichtigen Punkten Rechnung, die in der Praxis im Allgemeinen zu kurz kommen:

▌ Datenerhebung

In der Regel wird nur auf Daten aus Vorsystemen abgestellt und sehr selten mit den Verantwortlichen im Vorfeld gesprochen. Dies ist v.a. in jenen Bereichen wichtig, in denen aus Gründen der Zeitnähe qualifizierte Schätzwerte angesetzt werden. Ein qualitativ hochwertiger Schätzwert kann meist nur dezentral erarbeitet werden.

▌ Erstellung des (schriftlichen) Berichts

In der Praxis beschränken sich Berichte meist auf die zahlenmäßige Darstellung, Kommentare sind zu selten eingebaut. Gerade verbale Erläuterungen können die Ergebnisinterpretation wesentlich erleichtern. Wenn die Kommentare nicht bloß den Zahlenteil wiederholen, sondern einen Zusatznutzen bringen sollen, ist es ebenfalls notwendig, gemeinsam mit den Verantwortlichen für die Kommentierung zu sorgen.

▌ Präsentation/Diskussion

Gerade in diesem Bereich ist in den Unternehmen Handlungsbedarf gegeben. Diese Phase existiert in vielen Organisationen schlichtweg nicht. „Beim Reden kommen die Leute zusammen" – diese Regel gilt auch hier. Der Nutzen des Berichtswesens und damit auch der Nutzen, den Controlling im Unternehmen stiftet, kann wesentlich gesteigert werden, wenn Berichte nicht nur versendet oder vorgelegt werden, sondern tatsächlich auch eine intensive Diskussion über die Kernaussagen stattfindet.

▌ Ergebnisprotokoll

Fehlen Berichtsdiskussionen, wird es auch keine aus dem Reporting abgeleiteten Maßnahmen geben. Es wurde bereits darauf hingewiesen, wie wichtig es ist, den Controlling-Regelkreis von der Planung über die Ist-Erfassung und die Abweichungsfeststellung bis hin zur Maßnahmendefinition und -umsetzung zu schließen (s.a. 2.1.4). Ein Ergebnisprotokoll (Wer macht was bis wann?) hilft zu vermeiden, „der Gigant in der Analyse, aber die Maus in der Umsetzung" zu sein.

DATENERHEBUNG Ist-Werte aus dem Rechnungswesen und anderen Vorsystemen Gespräche mit Verantwortlichen	**ERSTELLUNG DES (SCHRIFTLICHEN) BERICHTS** Verfasser (z.B. Controlling) in Abstimmung mit den Verantwortlichen
ERGEBNISPROTOKOLL Verfasser (z.B. Controlling) im Namen der Geschäftsleitung	**PRÄSENTATION DISKUSSION** Teilnehmer: Entscheidungsträger, Verantwortliche, Berichtsverfasser

Abb. 64: Ablauf der Berichtserstellung von Führungsinformationen

3.3.3 Reporting-Konzeption

3.3.3.1 *Rahmenbedingungen im Berichtswesen*

Rahmenbedingungen für die Gestaltung des Berichtswesens und deren Auswirkungen auf das Berichtswesen sind:

1. *Managementverhalten*

▸ Der intuitive Manager: Entscheidungen beruhen v.a. auf Erfahrung und / oder Gefühl, das Berichtswesen wird nur ergänzend als steuerungsrelevant erachtet

▸ Der verwaltende Manager: alles ist zu dokumentieren, das Berichtswesen hat die Zielsetzung der umfassenden Darstellung der Vergangenheit und ist zu wenig steuerungsaktiv

▸ Der chaotische Manager: Einzelanfragen dominieren, das Standard-Berichtswesen ist zu schmal, das Ad-Hoc-Berichtswesen ist zu breit

▸ Der diktatorische Manager: die Auswirkung auf das Berichtswesen ist schwierig einzuschätzen, auf alle Fälle geht subjektiv immer alles zu langsam

▸ Der analytische Manager: Entscheidungen basieren stark auf objektiven Informationen, hier stehen die Chancen zur optimalen Gestaltung des Reporting am besten.

2. *Unternehmenskultur*

Die Unternehmenskultur wird einerseits durch das Managementverhalten geprägt und spiegelt sich andererseits in der Informationspolitik wider (s. 3.2.6). Eine offene, partizipative und fehlertolerante Unternehmenskultur ist für Controlling im Allgemeinen und Berichtswesen im Speziellen förderlich.

3. Umfelddynamik

▸ Gering: ein stabiles Umfeld erleichtert die Unternehmensführung auf Basis des Standard-Berichtswesen

▸ Mittel: die Bedeutung von Ad-Hoc- und Exception-Reporting steigt, externe Größen sind verstärkt einzubauen

▸ Hoch: wenn das Unternehmen mit internen Maßnahmen (z.B. Reorganisation, Neustrukturierung der Geschäftsfelder) reagiert, muss das Standard-Berichtswesen angepasst werden. Die Bedeutung von Ad-Hoc- und Exception-Reporting, sowie externen Daten steigt weiter.

4. Aufbau- und Ablauforganisation

Das Ausmaß der organisatorischen Stabilität beeinflusst das Berichtswesen. Änderungen in der Aufbauorganisation müssen im Berichtswesen nachvollzogen werden. Das Steuerungsparadigma (Kostenstellen vs. Profit Center) determiniert die groben Inhalte. Prozessorientierte Unternehmen benötigen eine entsprechende Darstellung auch im Berichtswesen.

5. Leistungspalette

Die Breite der Produktpalette kann dazu führen, dass eine Steuerung auf Ebene der Produktgruppen gegenüber den Einzelprodukten dominiert (z.B. Lebensmitteleinzelhandel). Die meisten Unternehmen bieten Produkte und Services an, tw. werden auch Projekte abgewickelt, dies muss über unterschiedliche Berichte abgedeckt werden.

6. Internationalität / Konzernstruktur

Thematiken wie Konsolidierungsstandards, internationale Rechnungslegungsstandards, Währungsumrechnung und globale Geschäftsfelddefinitionen stellen das Berichtswesen v.a. im Bereich der Standardisierung vor große Herausforderungen.

7. Unternehmensgröße

Je kleiner Unternehmen sind, desto schlanker kann und muss auch das Berichtswesen ausfallen. Da kleine Unternehmen schlechter Risikosituationen auspuffern können, ist die Kenntnis und Abbildung der kritischen Erfolgsfaktoren essentiell.

8. Eigentümerstruktur

Je nach Eigentümerstruktur entstehen zusätzliche Anforderungen im Berichtswesen. Im Falles eines Eigentümerunternehmens sind die Berichtsanforderungen mit dem Berichtswesen an die Geschäftsführung abgedeckt, im anderen Extrem führt eine Börsennotierung zu stärkerer Orientierung an externen Ansätzen und zur Bedienung anspruchsvoller zusätzlicher Adressatenkreise.

3.3.3.2 Berichtswesen-Philosophie

Ein optimiertes Berichtswesen kann auf 2 Reporting-Philosophien, nämlich Berichte als Nachschlagewerke oder Berichte als Eckdatendatenblätter anzulegen, basieren.

▌ Berichte als Nachschlagewerke

Sind Berichte etwa in Form von Berichtsmappen oder -büchern konzipiert, dann steht eine umfassende Berichterstattung mit allen Details als wichtiges Ziel im Vordergrund.

Vorteile	Nachteile
• derselbe Bericht kann für die erste und zweite Führungsebene verfasst werden	• bei nicht übersichtlicher Gestaltung der Berichtshefte geht der Überblick für die Führungskraft leicht verloren
• Rückfragen „sollten" durch die umfassende Berichterstattung reduziert werden	• alle Führungskräfte bekommen alle Informationen (Überfluss)
• alle Führungskräfte sind über alle Unternehmensbereiche informiert	• sehr aufwändige Berichterstellungsphase bei geringem Informationsnutzungsgrad

Sollen Berichte als Nachschlagewerke sinnvoll eingesetzt werden, so setzt dies eine offene Informationspolitik voraus (s. 3.2.6). Die Entwicklung geht allerdings eher weg von der „Mehr ist besser"-Einstellung.

▌ Berichte als Eckdatenblätter

Sind Berichte als Eckdatenblätter konzipiert, wird die Konzentration auf wenige wesentliche Größen und eine zusammenfassende Berichterstattung betont.

Vorteile	Nachteile
• Information sehr komprimiert und auf das Wesentlichste beschränkt • Berichterstellung für das Controlling weniger aufwändig • Information für den Berichtsadressaten schnell zu verarbeiten	• für die operative Steuerung zu wenig Information (parallele Detailberichte je Ressort erforderlich) • Führungskräfte haben keinen Überblick über alle Unternehmensbereiche • zusätzliche Berichte für die zweite Führungsebene

Besteht bei Nachschlagewerken die Gefahr, dass zuviel Unnützes berichtet wird, besteht bei Eckdatenblätter die Gefahr der zu starken Aggregation, der Vernachlässigung wichtiger Einflussfaktoren und eines erhöhten Bedarfs an Ad-Hoc-Reports.

Da obige Varianten nur das Standard-Berichtswesen abdecken, ist es in jedem Fall nötig, in Ergänzung über ein Exception Reporting zu verfügen (s. 3.2.3.3).

3.3.3.3 *Schaffung von Standards im Reporting*

Im Zuge der Reporting-Optimierung sollte eine maximale Standardisierung der Strukturen angestrebt werden. Dies erleichtert die Ergebnisdiskussion und macht das Berichtswesen besser wartbar.

Mit zunehmender Verbreitung von OLAP-Tools wird die Trennung in Spalten und Zeilen aufgeweicht, da nach dem Prinzip von Pivot-Tabellen die Dimensionen weitgehend beliebig angeordnet werden können und Werttypen in den einzelnen Matrixfelder abgebildet werden können.

Abb. 65 und Abb. 66 illustrieren die freie Festlegung von Zeilen und Spalten in Berichten anhand der Excel-Pivottabelle.

In Listenform vorhandene Daten können frei gruppiert und analysiert werden. Mit Drag-and-Drop werden die einzelnen Felder in die gewünschten Bereiche (Spalten, Zeilen oder Daten) gezogen. Die Zeilen und Spalten können auch nachträglich noch vertauscht werden.

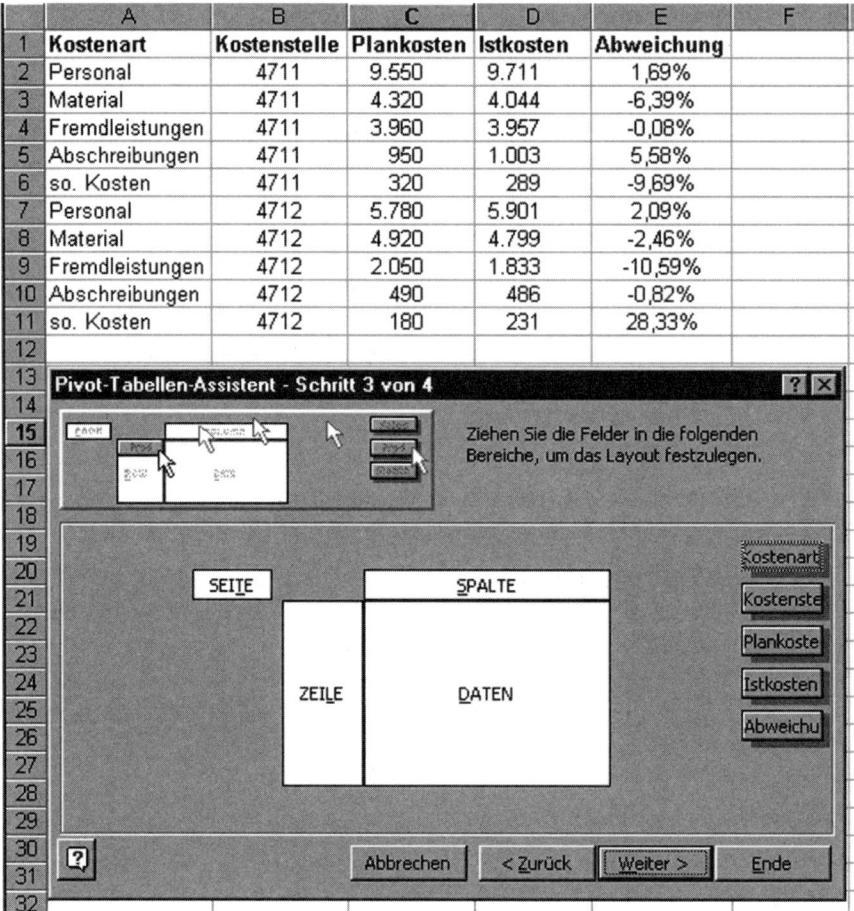

Abb. 65: Festlegung von Zeilen und Spalten

Aus dieser Festlegung resultiert ein Bericht, der je nach individueller Präferenz Kostenarten oder Kostenstellen in Spalten oder Zeilen ausweist.

Kostenstelle	Daten	Kostenart Abschreibungen	Fremdleistungen	Material	Personal	so. Kosten	Gesamtergebnis
4711	Summe - Plankosten	950	3960	4320	9550	320	19100
	Summe - Istkosten	1003	3957	4044	9711	289	19004
	Summe - Abweichung	5,58%	-0,08%	-6,39%	1,69%	-9,69%	-8,89%
4712	Summe - Plankosten	490	2050	4920	5780	180	13420
	Summe - Istkosten	486	1833	4799	5901	231	13250
	Summe - Abweichung	0,82%	-10,59%	-2,46%	2,09%	28,33%	16,57%
Gesamt: Summe - Plankosten		1440	6010	9240	15330	500	32520
Gesamt: Summe - Istkosten		1489	5790	8843	15612	520	32254
Gesamt: Summe - Abweichung		4,76%	-10,66%	-8,85%	3,78%	18,65%	7,68%

Abb. 66: Spaltendarstellung Kostenarten

Kostenart	Daten	Kostenstelle 4711	4712	Gesamtergebnis
Abschreibungen	Summe - Plankosten	950,00	490,00	1.440,00
	Summe - Istkosten	1.003,00	486,00	1.489,00
	Summe - Abw %	5,58%	-0,82%	4,76%
Fremdleistungen	Summe - Plankosten	3.960,00	2.050,00	6.010,00
	Summe - Istkosten	3.957,00	1.833,00	5.790,00
	Summe - Abw %	-0,08%	-10,59%	-10,66%
Material	Summe - Plankosten	4.320,00	4.920,00	9.240,00
	Summe - Istkosten	4.044,00	4.799,00	8.843,00
	Summe - Abw %	-6,39%	-2,46%	-8,85%
Personal	Summe - Plankosten	9.550,00	5.780,00	15.330,00
	Summe - Istkosten	9.711,00	5.901,00	15.612,00
	Summe - Abw %	1,69%	2,09%	3,78%
so. Kosten	Summe - Plankosten	320,00	180,00	500,00
	Summe - Istkosten	289,00	231,00	520,00
	Summe - Abw %	-9,69%	28,33%	18,65%
Gesamt: Summe - Plankosten		19.100,00	13.420,00	32.520,00
Gesamt: Summe - Istkosten		19.004,00	13.250,00	32.254,00
Gesamt: Summe - Abw %		-8,89%	16,57%	7,68%

Abb. 67: Spaltendarstellung Kostenstellen

Aus didaktischen Gründen und aufgrund der Tatsache, dass das klassische Papierberichtswesen nach wie vor wichtig ist, werden dennoch Spalten und Zeilen separat diskutiert.

1. Spaltenstruktur

Die Spaltenstruktur drückt im Regelfall die Wertetypen im Berichtswesen aus (Plan, Soll, Ist, Erwartung/Wird, Abweichungen). Damit wird betont, was steuerungsrelevant ist. Ist in allen Berichten „Ist Vorjahr" repräsentiert, das „Wird" fehlt aber, dann wird damit eine eher reaktive Form der Unternehmenssteuerung deutlich. Anders ausgedrückt: wenn Sie eine aktive Steuerung über Erwartungswerte forcieren wollen, dann müssen sich die Erwartungswerte auch flächendeckend im Berichtswesen widerspiegeln.

Die in der Spaltenstruktur abgebildete Zeitdimension (aktueller Monat, Kumulation) sollte ebenfalls unternehmensweit einheitlich sein. In Unternehmen mit einer wichtigen saisonalen Komponente ist neben der Kumulation der einzelne Monat aufgrund der Asymmetrie wichtig.

2. Zeilenstruktur

Zeilen drücken meistens den Berichtsgegenstand aus, z.B. Kostenarten, Kunden, Regionen, Produkte,... In diesen Dimensionen spielt eine eindeutige Hierarchisierung eine wichtige Rolle. Moderne ERP-Lösungen, etwa SAP R/3, erlauben die Anlage einer Vielzahl von Alternativhierarchien. Hier ist es wichtig, sich von den technischen Möglichkeiten nicht verleiten zu lassen und die Eindeutigkeit in den Vordergrund zu stellen. Eine Produkthierarchie sollte möglichst eindeutig sein (z.B. primär nach technischen Funktionalitäten, auch wenn sie alternativ nach Farben auswerten wollen). Im Bereich der Kostenarten sollte es eine an der GuV-orientierte primäre Hierarchie geben, die um für Kostenrechnungszwecke zusätzlich notwendige Kostenarten ergänzt wird (z.B. für interne Leistungsverrechnung). Die Notwendigkeit weiterer Kostenartenhierarchien ist kritisch zu hinterfragen (ggf. kann eine Hierarchie „Beeinflussbare Kosten" sinnvoll sein).

KOA-Nr	Kostenart
51xxxx	Hilfsstoffe
54xxxx	Reinigungsmaterial...
61xxxx	Löhne
61xxxx	Lohnnebenkosten
65xxxx	Überstunden
66xxxx	Freiwilliger Sozialaufwand...
71xxxx	Instandhaltung
72xxxx	Büromaterial
76xxxx	Repräsentation
77xxxx	Abschreibung Betriebs- und Geschäftsausstattung
91xxx	Interne Leistungsverrechnung (Belastung)
	Summe beeinflussbare Kosten
53xxxx	Energie
62xxxx	Gehälter
62xxxx	Gehaltsnebenkosten...
77xxxx	Abschreibungen Gebäude
78xxxx	Versicherungen
99xxxx	Umlagen
	Summe nicht beeinflussbare Kosten
	Gesamtsumme

Abb. 68.: Alternative Kostenartenstruktur

3. Begriffsdefinitionen

„Wie hoch ist unser Personalstand?" „Wieviel Umsatz haben wir letzten Monat gemacht?" Solche Fragen können eine Vielzahl an divergierenden Antworten hervorrufen. Dies hat einen Grund: die Begriffe (und damit die Kennzahlen) sind nicht eindeutig definiert.

Ein Glossar im Sinne einer für alle Adressaten zugänglichen Kennzahlenspezifikation schafft hier Klarheit. Ähnliche Kennzahleninhalte müssen begrifflich unterschieden werden (z.B. Umsatz netto und Umsatz netto netto). Abb. 69 stellt den Aufbau schematisch dar:

Kennzahl (Bezeichnung)	Berechnung	Datenquelle	Aktualisierung
Umsatz netto	Umsatz lt. Faktura (Preislistenpreis abzgl. Rechnungsrabatte)	Fakturierung	täglich
Umsatz netto netto	Umsatz netto - kalkulatorische Erlösschmälerungen (Jahresboni, Zuschüsse, so. Erlösschmälerungen)	Fakturierung, Kostenrechnung	täglich
Personalstand	Vollzeitäquivalente ohne Leiharbeitskräfte auf Basis x Stunden: Arbeiter + Angestellte + Mitarbeiter in Ausbildung - Karenzen - Präsenzdiener	SAP HR, Personalabteilung	monatlich
...			

Abb. 69: Kennzahlenglossar

4. Zahlendarstellung

Bei der formalen Ergebnisdarstellung sind folgende Punkte zu klären:

▎ Darstellung von Kosten und Erlösen

Werden Kosten mit „-" dargestellt? ERP-Lösungen stellen häufig Kosten ohne Vorzeichen und Erlöse als negative Kosten, d.h. mit „-" dar. Dies kann, muss aber nicht in das Berichtswesen übernommen werden. Problematisch ist diese Situation v.a. dann, wenn z.B. das Kostenstellenreporting aus dem ERP-System kommt und andere Berichte aus einem MIS-Tool. Hier ist auf Einheitlichkeit zu achten.

■ Darstellung von Abweichungen

Die Abweichungsdarstellung erfolgt in der Regel als +/- x% (und/oder Absolutbetrag vom Plan), d.h. das Ist wird auf den Plan bezogen. Dies sollte auch bei Vorjahresvergleichen beibehalten werden. Auf eine Prozentdarstellung sollte nie verzichtet werden, eine Absolutdarstellung dient der Ergänzung. Werden statt Prozenten Prozentpunkte ausgewiesen (z.B. bei Auslastungskennzahlen), so ist dies explizit zu vermerken.

Wichtig ist, die Vorzeichenlogik zu klären: es kann entweder „Mehr = + und Weniger = -" oder „Positiv = + und Negativ = -" gelten. Die jeweilige Variante ist durchgängig beizubehalten. Leichter zu administrieren ist die rein mathematische Variante, allerdings muss den Berichtsempfängern klar sein, dass eine negative Kostenabweichung positiv dargestellt wird.

5. Definierte Mindestbestandteile

Alle Berichtselemente sollten Mindestbestandteile (Verfasser, Erstellungsdatum, Berücksichtung der internen Standards...) beinhalten. Bei Anlage neuer Berichtselemente hilft eine Checkliste (Checkliste 4), die Qualitätsstandards sicherzustellen.

Checkliste Mindestbestandteile

	Check
Allgemein	
Ersteller	☐
Erstellungsdatum	☐
Titel	☐
Frequenz	☐
Inhaltsbezeichnung	☐
Verteiler	☐
Seite von Seiten	☐
Währung	☐
Einheiten	☐
Inhalte (Spalten und Zeilen)	
aktueller Monat	
Ist	☐
Plan (Soll)	☐
Abweichung (abs/%)	☐
Kumulation	
Ist	☐
Plan (Soll)	☐
Abweichung (abs/%)	☐
Gesamtjahr	
Erwartung (Wird)	☐
Plan (Soll)	☐
Abweichung (abs/%)	☐
Zeilenstruktur	☐
Kommentar	☐
Layout	
Graphisch unterstützt	☐
Schwellwerte definiert	☐
Optional	
Vorjahreswerte	☐
Dateiname	☐

3.3.3.4 *Vergleichsdimensionen*

Das Prinzip von Feed-Back und Feed-Forward wurde bereits im Zuge des Controlling-Regelkreises behandelt (s. 2.1.3). Die Vergleichsdimensionen und deren Anwendungsfelder unterscheiden sich:

▊ Ist-Ist-Vergleich

Der Ist-Ist-Vergleich wird meist als interner Vergleich mit Vorperioden, z.B. dem Vergleichszeitraum des Vorjahres angelegt. Dies ist rein reaktiv und aus Sicht der Unternehmenssteuerung maximal als Ergänzung (z.B. bei starken Saisonalitäten, etwa im Handel) einzusetzen. Wichtiger wäre die Anwendung als externer aktiver Vergleich im Sinne eines Benchmarking.

■ Plan-Ist-Vergleich[9] (oder Soll-Ist-Vergleich)
Die geplanten Größen werden mit den realisierten Größen verglichen. Der Plan-Ist-Vergleich ist der in der Praxis häufigste Vergleich.

■ Plan-Wird-Vergleich
Den geplanten Größen werden unterjährig Erwartungswerte per Jahresende gegenübergestellt, um zeitnahe Maßnahmen zur Zielerreichung setzen zu können. Die Erwartungsrechnung setzt sich zunehmend auch in der Praxis durch.

■ Plan-Plan-Vergleich
Im Zuge der Planung ist es sinnvoll, unterschiedliche Szenarien zu simulieren. Nach Verabschiedung des Plans hat dieser Vergleich keine Relevanz mehr.

■ Wird-Wird-Vergleich
Ein Wird-Wird-Vergleich dient zur Konsistenzprüfung von Vorschaugrößen, etwa im Rahmen einer permanent rollierenden Planung.

3.3.3.5 Optimierung des Berichtserstellungsprozesses

Zwei Einflussfaktoren treiben den Wunsch nach Optimierung des Berichtserstellungsprozesses. Zum einen steigen die externen Anforderungen, z.B. von Seiten der Investoren oder Shareholder nach zeitnaher und transparenter Information, zum anderen erfordert die dynamische Markt- und Umfeldentwicklung ein zeitnahes Reagieren des Managements im Tagesgeschäft.

Mit Optimierung ist im Regelfall Beschleunigung – häufig wird das Schlagwort „Fast Close" verwendet – bei zumindest gleichbleibender Datenqualität gemeint.

Da der Berichtserstellungsprozess, zumindest was das interne Berichtswesen angeht, monatlich zu durchlaufen ist, ist eine Optimierung wichtig, da ein schlecht organisierter Erstellungsprozess ein permanentes Problem ist. Eine Untersuchung der KPMG Consulting ergibt bezüglich der Zeitnähe im Berichtswesen ein wenig befriedigendes Bild (vgl. KPMG Consulting in is report 4/2001, S. 20):

---

9   Plankosten: geplante fixe und variable Kosten auf Basis der Planleistung, vgl. IGC 2001, S.164; Sollkosten: geplante fixe und variable Kosten auf Basis der Istleistung, vgl. IGC 2001, S.196ff. Die Unterscheidung ist v.a. in produzierenden Unternehmen relevant.

Erforderliche Arbeitstage zur Berichterstellung	Monatliche Berichterstattung	Quartalsweise Berichterstattung
3 bis 5	10%	3%
6 bis 10	40%	25%
11 bis 15	35%	30%
Mehr als 15	15%	42%
Summe	100%	100%

Abb. 70: Unterjährige Berichterstattung

Faktoren wie Geschäftsmodell, Unternehmensgröße, Konzernstruktur o.ä. stellen wesentliche Einflussfaktoren für die Zeitnähe eines Monatsabschlusses und des darauf aufbauenden Berichtswesens dar. Als Daumenregel kann man für größere Einzelgesellschaften 8 bis 10 Arbeitstage als Zeitspanne bis zur Vorlage definieren. Dies bedeutet, dass lt. obiger Studie gut 50% der Unternehmen einen Verbesserungsbedarf haben.

Es wurde bereits mehrmals darauf hingewiesen, dass es mit der Berichtserstellung alleine ja noch nicht getan ist. Die Berichte müssen diskutiert, Abweichungsursachen erkannt, Maßnahmen definiert und umgesetzt werden. Bis zur Ergebnisverbesserung vergeht noch wesentlich mehr Zeit, als rein in der Berichtserstellung benötigt wird. Der Wert des Berichtswesens nimmt allerdings mit zunehmender Zeitverzögerung stark ab.

Die KPMG-Studie nennt auch wesentliche Probleme im Rahmen der Abschlusserstellung in Reihenfolge ihrer Bedeutung (vgl. KPMG Consulting in is report 4/ 2001, S. 20):

‣ mangelnde Qualität der Zahlen
‣ unzureichende Integration der DV-Systeme
‣ „Überraschungen"
‣ Anzahl der Berichterstattungsebenen
‣ unzureichende Kontrolle und unklarer Berichterstattungsprozess

Neben diesen allgemeinen Problemfeldern werden noch weitere Themenkreise genannt, die aber primär für die externe Berichterstattung relevant sind, wie

‣ Zusammenarbeit mit Wirtschaftsprüfern und
‣ Rechnungslegungsgrundsätze.

V.a. die mangelnde Integration der EDV-Systeme im Berichtswesen mit den operativen Transaktionssystemen und ein problematischer Belegfluss führen zu spätem Buchungsschluss im Rechnungswesen und in den sonstigen Vorsystemen. Weitere Gründe für Zeitverzögerungen stellen

- lange Liegezeiten bei den Berichtsbearbeitern
- zu viele Stellenwechsel im Berichtsablauf (Chef – Controller – Berichtersteller)

dar.

Allgemeine Ansatzpunkte zur Beschleunigung sind:

- Optimierung der Integration der diversen EDV-Systeme und Minimierung manueller Eingriffe bzw. Datenerfassungen
- Optimierung des Belegflusses in den Vorsystemen
- Vorziehen von Abschlussarbeiten und Berichtserstellungen, die nicht am Monatsabschluss anknüpfen
- Vorziehen des Buchungsschlusses
- „Liebe zum Detail vergessen!"

Die Optimierung des Reporting-Prozesses muss bis in die EDV-technischen Systemdetails gehen. Da viele Arbeitsschritte im Reporting-Prozess automatisiert sind, müssen Optimierungsüberlegungen nicht nur die Steigerung des Automatisationsgrades, sondern auch die Parallelisierung von Aktivitäten zum Ziel haben. In einem bis auf Einzeltätigkeiten detaillierten Berichtsaktivitätenkalender (s. Abb. 71) können alle Erstellungsschritte in ihrem zeitlichen und inhaltlichen Ablauf dargestellt werden. Dies eignet sich sowohl zur Analyse des Reporting-Prozesses, um Liegezeiten und Verbesserungspotenziale zu erkennen, als auch zur Dokumentation und Arbeitsanweisung im optimierten Prozess.

KT	AT	bis h	Aktivität	EDV-Job	Verantw.
2	1	12.00	Leistungsaufträge abschliessen	LA4711	Controlling
		14.00	Zuschläge buchen		Controlling
		17.00	Buchungsschluss Kreditoren		Kreditorenbh.
3	2		...		
4	3	10.00	Afa buchen	AF0815	EDV
5	4		...		
6	5	09.30	Datenüberleitung MIS-Tool		Controlling
		16.00	Berichtsvorlage		Controlling
...	...				

KT...Kalendertag; AT...Arbeitstag

Abb. 71: Berichtsaktivitätenkalender

Über diese allgemeinen Optimierungsansätze hinaus müssen aber die unternehmensspezifischen Problemstellungen je Datenquelle oder Vorsystem des Reporting analysiert und verbessert werden.

Vorsystem	Wichtige zu übernehmende Daten[10]	Problem	Spezifische Optimierungsansätze
Fakturierung	• Fakturenpositionen einschließlich Erlösschmälerungen • Fakturenkopfdaten (Kundeninformationen, Datum) • Kundenstamminformationen	• manuelle „Sonder"-Fakturen • Wildwuchs an Kundenkonditionen • Teilrechnungen / Problematische Leistungsfeststellung (z.B. Projektgeschäft)	• Maximierung Standardfakturen • Vereinheitlichung der Kundenkonditionen • standardisierte Prinzipien der Teil- und Endfakturierung • klare Richtlinien zur Leistungsfeststellung
Personalverrechnung	• Lohnarten je Mitarbeiter und Kostenstelle • Stunden nach Zeitkategorien	• Disziplin der Zeiterfassung • Überstundenverrechnung	• elektronische Zeiterfassung • durchschnittliche oder erwartete Überstunden für Berichtswesen
Anlagenbuchhaltung	• Abschreibung je Kostenstelle	• Informationsfluss zwischen Anschaffung und Inbetriebnahme • Nachaktivierungen, Zusatzinvestitionen	• Systemintegration • Optimierung der Kommunikation zwischen kaufmännischem und technischem Bereich
Materialwirtschaft	• Materialkosten je Materialart nach Aufträgen (kann auch über Standards erfolgen) • Lagerstandsinformationen (Menge, Wert, Reichweite) • Obligos • Materialstamminformationen	• Ablauf Anforderung -> Budgetprüfung -> Bestellung -> Lieferung -> Rechnungsprüfung -> Verbuchung	• Automatisierung Budgetprüfung • Kontierung bei Bestellung • vorläufige Verbuchung der Lieferung lt. Bestellung bei fehlender oder ungeprüfter Rechnung
Produktionsplanungs- und	• Stunden nach Zeitkategorien	• Auftragserfassung und -abrechnung	• Automatisierung (z.B. Barcodes)

Vorsystem	Wichtige zu übernehmende Daten[10]	Problem	Spezifische Optimierungsansätze
Steuerungssystem	• Betriebsdaten (Stückzahlen, Termine, Zeiten, Intensitäten, Auslastungen,....) • Work-In-Progress	• Bestandsbewertung / Work-In-Progress • Bereitstellung nicht-monetärer Information (Termintreue o.ä.)	• Integration mit KORE und Materialwirtschaft • Festlegung der berichtsrelevanten Datenfelder
Finanzbuchhaltung	• Kontensalden	• zeitnahe Datenübernahme aus den Vorsystemen • Belegfluss (v.a. Eingangsrechnungen) • Trade-off Abgrenzungen FIBU vs. Normalisierung KORE	• abh. von Vorsystemen • vorläufige Verbuchung ohne Prüfung durch den Empfänger • Automatisierung der unterjährigen Abgrenzungen (z.B. Versicherungen)
Kosten- und Leistungsrechnung	• Kosten je Kostenart und Kostenträger (Produkt, Projekt, Auftrag,...)	• Trade-off Abgrenzungen FIBU vs. Normalisierung KORE • Leistungsabgrenzung	• Kosten-Nutzen-Verhältnis der Information (eher Abgrenzung in FIBU forcieren) • Prinzipien der Leistungsermittlung festlegen (z.B. Meilensteine bei Projekten oder Aufträgen) oder reine Kostenneutralisierung
sonstige Info-Systeme (CRM, QM, Projektmanagement, Instandhaltung, Logistik,...)	• v.a. nicht-monetäre Information und Detailinformation	• fehlende Berücksichtigung der notwendigen Steuerungsinformationen, Daten nicht gepflegt	• Festlegung der berichtsrelevanten Datenfelder (z.B. abgeleitet aus BSC)

10 Die Daten werden im Regelfall für Berichtszwecke stark aggregiert.

Abb. 72: Optimierungsansätze im Berichtswesen-Erstellungsprozess

Die Optimierung muss immer vor dem gewünschten Detaillierungsniveau der Informationen erfolgen. Hier kann auch eine „Entfeinerung" der Information sinnvoll sein und eine Beschleunigung ermöglichen.

3.3.4 Software-Auswahl

Ist Ihr derzeitiges Berichtswesen nur in geringem Maß EDV-technisch unterstützt (keine einheitliche Datenbasis, exzessiver Einsatz von Excel auch für Datenhaltungszwecke o.ä.), ist eine technische Erneuerung anzuraten. Haben Sie aber bereits ein MIS-Tool im Einsatz, so betreffen die Änderungen möglicherweise das betriebswirtschaftliche Konzept, können aber in der bestehenden Software abgebildet werden. Hier ist zur Entscheidungsunterstützung zumindest eine Feasibility Studie sinnvoll. Abb. 73 zeigt ein praxiserprobtes Vorgehensmodell zur Softwareauswahl (in Anlehnung an Müller 1991, S. 13).

In der Mehrzahl der Berichtswesen-Projekte ist es notwendig, die EDV-technische Unterstützung zu verbessern. Bereits aus der Vorgehensweise im Projekt wird aber klar, dass die Konzeption die Messlatte für die Software sein muss und nicht ein Software-Paket gekauft werden soll, dass dann die Umsetzungsmöglichkeiten vorgibt. Software-Firmen versuchen vielfach, ihre Produkte als „off the shelf" verwendbar darzustellen und quasi als Commodity zu verkaufen. Aufgrund der meist beachtlichen Investitionssumme in MIS-Projekten, der Bindung der internen Kapazitäten und auch der Langfristigkeit der Entscheidung ist aber ein strukturiertes mehrstufiges Vorgehen zu empfehlen. Meist existieren für inhaltliche Problemstellungen eine Reihe von am Markt verfügbaren Produkten, die in Frage kommen können. Die Kunst ist hierbei, das funktionale und kostenmäßige Optimum herauszuholen.

Software-Projekte sind für klassische Investitionsfehler anfällig. Vielfach gibt eine aus subjektiven Gründen favorisierte Lösung und diese wird ausgewählt. Im Rahmen von Investitionsentscheidungen ist die Vorab-Einengung auf nur eine Entscheidungsoption aus ökonomischen und funktionalen Gesichtspunkten nie optimal.

Eine Marktrecherche, z.B. auf Basis allgemein zugänglicher Informationen (Internet, Messen, Kongresse, Produktbroschüren; s.a. 4.4) erlaubt eine Vorauswahl an Produkten und IT-Partnern. Um aus dieser Marktrecherche die optimale Lösung auszuwählen, hat sich in der Praxis ein stufenweises Vorgehensmodell als optimal erwiesen (s. Abb. 74). Ein solches Vorgehen erlaubt es, mit relativ geringem Aufwand in einer ersten Phase mittels eines „Request for Information" den

Markt zu sondieren. In einem solchen Request werden grundlegende Informationen zur Leistungsfähigkeit des potenziellen IT-Partners abgefragt. Dies kann mit relativ geringem Aufwand eine Anzahl von 10-15 Lösungen umfassen. Damit wird sichergestellt, dass keine relevante Investitionsoption übersehen wird. Anhand von Knock-Out-Kriterien kann dann dieser Kreis sehr rasch auf eine Handvoll relevanter Lösungen eingeschränkt werden.

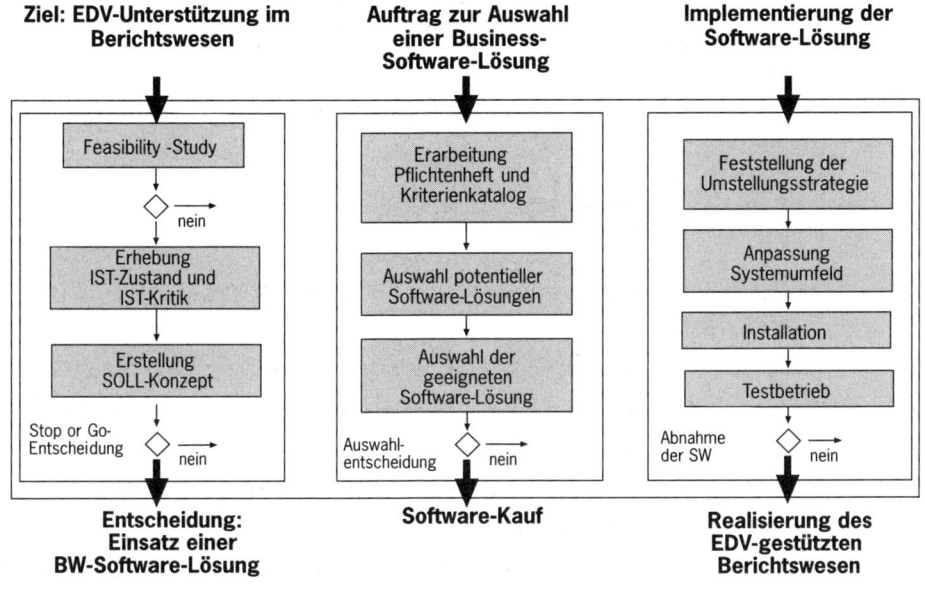

Abb. 73: Vorgehensmodell Software-Auswahl

Checkliste 5: Knock-Out-Kriterien für Software-Anbieter

▮ Daten der letzten 3 Jahre („Track-Record") des Softwarehauses (Umsatz, Mitarbeiter, aktiv seit,...)

▮ Branchen- oder problemspezifische Referenzen

▮ Bereitschaft zur Zusicherung spezifischer Berater

▮ Bereitschaft zur Vereinbarung von Pönaleklauseln

▮ Verfügbare Kapazitäten im geplanten Umsetzungszeitraum

▮ Integration des Schulungsangebotes

▮ Allgemeiner Support (Hotline, 2nd level support, Vor-Ort-Service...)

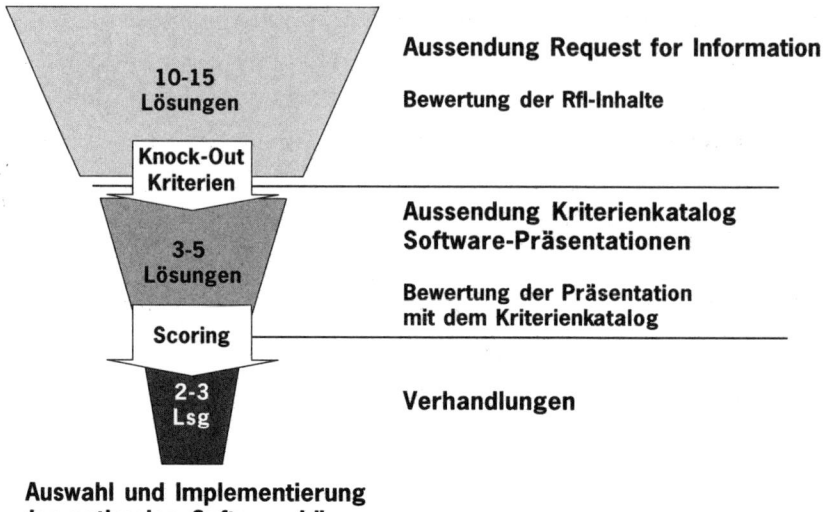

Abb. 74: Selektionsmechanismus im Rahmen der Software-Auswahl

In der nächsten Stufe wird ein Kriterienkatalog als operationalisierter Anforderungskatalog ausgesendet, der detailliert die notwendigen Software-Funktionalitäten abtestet. Die ausgefüllten Kriterienkataloge sind zu bewerten.

Die Bewertung des Kriterienkataloges sollte in einem Scoring-Verfahren erfolgen. Dabei ist innerhalb der Kriterien nach

▸ Muss-Anforderungen (funktionale Knock-Out-Kriterien, z.B. Möglichkeit zum Aufbau elektronischer Berichtshefte)

▸ Soll-Anforderungen (gewünschte Funktionalitäten, z.B. komfortable Exportierbarkeit in MS-Office-Applikationen) und

▸ Kann-Anforderungen (nicht notwendige Zusatzfunktionen, z.B. Einbindung in Workflow-Applikationen)

zu unterscheiden.

Die Bewertung der Funktionserfüllung erfordert die Gewichtung der Kriterien nach ihrem Beitrag zum Nutzen des Gesamtsystems, die Summe der jeweiligen Kriterienebenen ergibt 100%. Die Haupt- und Teilkriterien werden paarweise in Beziehung gesetzt (vgl. Müller/Müller 1996, S. 618):

Gewichtung	Aussage
9:1	Kriterium A ist sehr viel wichtiger als Kriterium B (Kriterium B spielt gegenüber Kriterium A praktisch kaum eine Rolle)
7:3	Kriterium A ist viel wichtiger als Kriterium B
6:4	Kriterium A ist wichtiger als Kriterium B
5:5	Beide Kriterien sind etwa gleich wichtig
4:6	Kriterium A ist weniger wichtig als Kriterium B
3:7	Kriterium A ist viel weniger wichtig als Kriterium B
1:9	Kriterium A ist sehr viel weniger wichtig als Kriterium B (Kriterium A spielt gegenüber Kriterium B praktisch kaum eine Rolle)

Abb. 75: Paarweiser Kriterienvergleich

Die relative Gewichtung in Prozent errechnet sich folgendermaßen:

Relative Gewichtung = 100/Summe absolut * Punkte absolut

Die Genauigkeit des Kriterienkataloges wird durch das Detaillierungsniveau der Dekomposition der Kriterien festgelegt (s.a. Abb. 76 in Anlehnung an Müller 1991, S. 71).

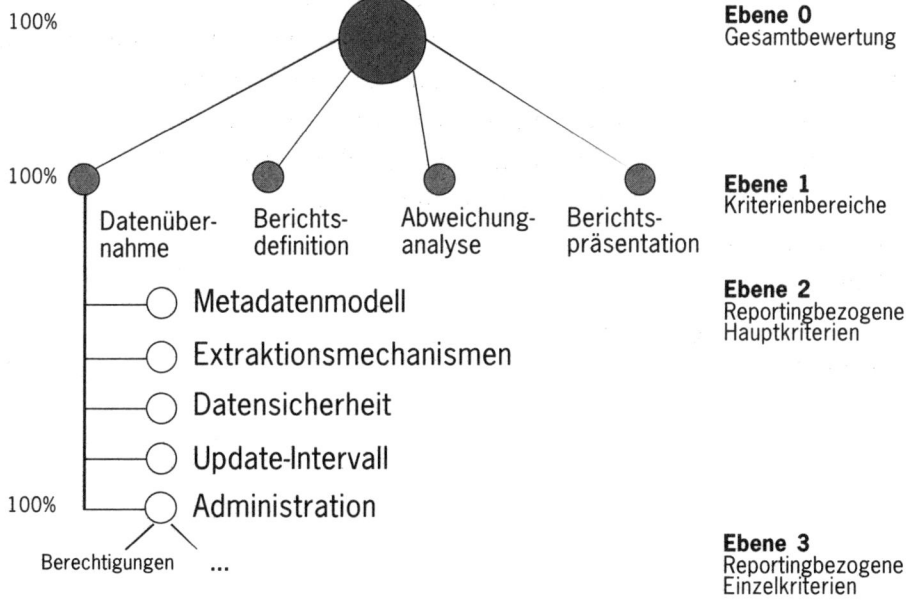

Abb. 76: Kriterienhierarchie

In dieser Phase ist es sinnvoll, Produktdemonstrationen durchführen zu lassen. Dies gilt zumindest für jene Lösungen, die den Kriterienkatalog weitgehend erfüllen. Einerseits wird damit „Look & Feel" vermittelt und andererseits entwickelt man anhand der Präsentationen auch ein Gefühl für die Qualität der Zusammenarbeit mit den potenziellen Partnern.

Checkliste 6: Vorbereitung von Software-Demonstrationen

■ Definieren Sie eine Aufgabenstellung: z.B. Anlegen eines Berichtes, Demonstration der Navigationsmöglichkeit im Datenbestand („Slicing und Dicing"), ...

■ Stellen Sie auszugsweise Strukturdaten zur Verfügung: Kostenstellenstruktur, Aufbau Artikelstamm, ...

■ Stellen Sie Bewegungsdaten zur Verfügung: z.B. unsensible Altdaten

■ Stellen Sie sicher, dass auch Berater und nicht nur Vertriebsmitarbeiter des Anbieters vor Ort sind, sonst können offene Fragen meist nicht geklärt werden

■ Laden Sie nicht nur die internen Entscheidungsträger, sondern auch die zukünftigen Key User (Sachbearbeiter) ein

---

Mit den 2-3 bestbewerteten Lösungen und Partnern werden Verhandlungen aufgenommen. Neben den funktionalen Kriterien spielt dabei die Kostenseite eine wesentliche Rolle. Bei den Kosten muss auf die Gesamtkosten, die sog. „Total Cost of Ownership" abgestellt werden, um zu einer seriösen Bewertung zu kommen. Unter die Total Cost of Ownership fallen (vgl. Laudon 2001, S. 131):

  ‣ Anschaffungskosten von Hardware und Software
  ‣ Upgrades von Hardware und Software
  ‣ Wartung
  ‣ Technischer Support und
  ‣ Schulung.

3.3.5 Schulung

Die Controlling-Kunden müssen inhaltlich und technisch geschult und informiert werden:

▶ Welche neue Berichtsinhalte werden umgesetzt? Welche Steuerungsinstrumentarien sind vorhanden? Welche alten Berichte werden abgeschafft oder ersetzt?

▶ Key User, d.h. Anwender, die selbst an der Systemgestaltung mitwirken (z.B. Berichte anlegen oder Ad-Hoc-Abfragen durchführen), müssen intensiv am Produkt geschult werden, um die optimale Nutzung in der täglichen Arbeit zu gewährleisten. Für Führungskräfte, die im Wesentlichen lesenden Zugriff auf vorgefertigte Berichte haben sollen, ist eine Basiseinschulung in der Anwendung nötig, um die Einstiegshürden in ein neues System abzubauen und die Akzeptanz zu fördern.

Die meisten modernen MIS-Lösungen verwenden entweder Excel-Oberflächen oder eigene intuitiv erfassbare Oberflächen, so dass sich der Schulungsaufwand in Grenzen hält. Dennoch sollte an dieser Stelle auf die Wichtigkeit der Einschulung hingewiesen werden, da der Nutzen erst mit der Integration eines neuen Systems in das Tagesgeschäft gestiftet wird.

Bei größeren Organisationen bieten sich Schulungen im „Train-the-Trainer"-Prinzip an. Key-User werden dabei intensiv geschult und geben dieses Wissen dann an andere interne Anwender weiter. Bei Key-Usern ist die Schulung überlappend mit der Umsetzung wichtig. Bei Führungskräften und anderen „Info-Usern" reicht eine Schulung nach Produktivsetzung aus. Damit kann auch die sofortige Anwendbarkeit des erworbenen Wissens sichergestellt werden.

3.3.6 Umsetzung

Die Umsetzung eines MIS-Projektes soll rasch und kostengünstig unter Wahrung der konzeptionellen Anforderungen vonstatten gehen.

Die Umsetzung kann dabei entweder schrittweise vonstatten gehen oder es wird versucht, sofort die gesamt Bandbreite abzudecken. MIS-Projekte sind in der Regel noch in einer Größendimension, die eine „Big Bang"-Einführungen als sinnvoll erscheinen lässt. Der Vollständigkeit halber seien aber dennoch beide Varianten mit ihren Vor- und Nachteilen dargestellt (vgl. Neuhäuser-Metternich/Witt 2000, S.219):

Step-by-Step	Big Bang
Vorteile	**Vorteile**
• Wenige von der Einführung betroffene Fachabteilungen • Anfragen der Anwender können bewältigt werden • Sukzessiver Erfahrungszuwachs • Geringes Einführungsrisiko • Realisierung von Quick Wins	• Kurzer Einführungszeitraum • Wenig Aufwand für Schnittstellenerstellung • Potenziell erreichbare Verbesserung bei der Organisation und Informations- systeme sind hoch • Bereichsübergreifende Prozesse in einem Schritt umsetzbar
Nachteile	**Nachteile**
• Zusätzliche Schnittstellen pro Zwischen- schritt • Verwendung der Schnittstellen nur während der Einführung • Langer Einführungszeitraum • Organisatorische Änderungen ggf. schwieriger umsetzbar (vor- und nach- gelagerte Bereiche in alten Systemen)	• Sehr straffes Projektmanagement notwendig • Umfangreiche Tests unerläßlich • Hoher Personalbedarf, da neben zeit- und intensitätsmäßiger Anpassung auch noch eine quantitative Anpassung erforderlich werden kann • Hohes Einführungsrisiko

Abb. 77: Software-Einführungsszenarien

Im Falle einer Big Bang-Einführung muss darüber hinaus sichergestellt werden, dass das Projekt nicht zu komplex für die zur Verfügung stehenden personellen Ressourcen ist.

Im Zuge eines MIS-Projektes sind folgende, vom Einführungsszenario unab- hängige Flopfaktoren zu vermeiden:

Flopfaktor	Maßnahme
Der Wille zur Veränderung (v.a. beim Management) ist nicht gegeben.	Problembewusstsein muss geschaffen und der Nutzen muss kommuniziert werden.
Die Einstellung der Fachbereiche ist negativ, die Mitarbeiter sind nicht motiviert, der Glaube an die Machbarkeit fehlt.	s.o.
Das Tagesgeschäft wird unterschätzt.	Die Ressourcen müssen aufgestockt werden. Ggf. kann der aus dem Projekt erwartete Leistungsumfang noch modularisiert werden.
Die Datenqualität in den Alt-Systemen ist mangelhaft.	Weder für die Vergangenheit, noch rein technisch lösbar, die zugrunde liegende Problematik (z.B. mangelnde Buchungsdisziplin) muss bewusst gemacht werden.
Schnittstellen zwischen den Systemen bzw. Komplexität der Software werden unterschätzt.	Technische Anforderungen müssen weitestgehend im Rahmen der SW-Auswahl geklärt werden. Kostenpauschalen begrenzen das Risiko.
Es gibt keinen dezidierten internen Projektleiter (Achtung: ein Projektleiter des IT-Partners reicht nicht aus!).	Bestellen Sie einen Projektleiter, allerdings einen qualifizierten und nicht einen, der gerade unterausgelastet ist!
Not-invented-here-Syndrom: die EDV-Abteilung (seltener die Controlling-Abteilung) legt sich gegen Standardapplikationen quer	Anhand des Kriterienkataloges ist objektiv nachvollziehbar, dass die ausgewählte Lösung die Anforderungen abdeckt. Betonen Sie die unveränderte Wichtigkeit der EDV-Abteilung und bestimmen Sie einen Ansprechpartner für die Applikation.
My-Baby-Effekt: die Controlling- und / oder EDV-Abteilung klammert sich an liebgewonnene Eigenapplikationen	s.o., hier können auch Argumente der Controlling-Kunden, die von solchen Insellösungen meist ausgeschlossen sind, helfen.
Auf Basis einer überzogenen Erwartungshaltung („gläsernes Unternehmen") werden Projekterfolge unterbewertet und entstehen Frustrationen.	Forcieren Sie eine realistische Sichtweise des Leistungsspektrums und Umsetzungszeitraumes.

Abb. 78: Flopfaktoren im Berichtswesen

3.3.7 Berichtswesen-Handbuch als Working Paper

Der Output des Optimierungsprojektes sollte in einem Berichtswesen-Handbuch dokumentiert werden. Dieses Handbuch ist allerdings nichts Statisches sondern beinhaltet wichtige inhaltliche und organsiatorische Punkte zum Thema Berichtswesen. Änderungen und Aktualisierungen werden nachgezogen. In Checkliste 7 sind die wichtigsten Inhaltspunkte verzeichnet.

Checkliste 7: Berichtswesen-Handbuch

1. Berichtskalender
   - Buchungsschlüsse Vorsysteme
   - Berichte verfügbar ab (je Kategorie)
   - Meeting-Termine

2. Adressatenkreise
   - Aufsichtsrat
   - Vorstand / Geschäftsführung
   - Bereichsleiter....

3. Beschreibung der Kernberichtselemente je Adressatenkreise
   - Ergebnisrechnung nach Sparten / Regionen...
   - Projekt-Berichtswesen
   - Balanced Scorecards

4. Berichtsmedien
   - E-mail
   - Internet/Intranet
   - Direkt aus MIS-Tool
   - Papier

5. Glossar
   - Kennzahlendefinition
   - Abkürzungsverzeichnis

Fazit:

- Stellen Sie einen straffen Zeitplan auf, der Einführungszeitraum muss überschaubar sein.
- Stellen Sie das interne und externe Projektmanagement sicher. Konzeption und Implementierungsprojektleitung müssen in einer Hand sein.
- Definieren Sie wenn möglich Teilprojekte mit eigenständiger Verantwortung, um die Komplexität zu reduzieren.
- Mitarbeit und Unterstützung durch das Top-Management ist notwendig, um Veränderungen durchsetzen zu können.
- Stellen Sie ein interdisziplinäres Team aus Berichtserstellern und -adressaten unterschiedlicher Ebenen zusammen.
- Folgen Sie einer Top-Down-Vorgehensweise.
- Führen Sie eine schlanke Ist-Analyse durch.
- Sorgen Sie für eine klare Projektdefinition: „Was ist Berichtswesen?" und „Was ist Kostenrechnung bzw. Planung?"
- Für ein zukunftssicheres Reporting ist eine moderne EDV-Unterstützung essentiell.
- Die Ausrichtung muss am Informationsbedarf (nicht an Nachfrage oder Angebot) erfolgen.
- Ein Externer kann neben Software- und Implementierungs-Know-how-Träger auch als Kapazitätspuffer eingesetzt werden.

3.4   Layout und Graphik im Berichtswesen

Die Beschäftigung mit den Berichtsinhalten dominiert häufig die Überlegungen bzgl. der optimalen optischen Aufbereitung der Information. Layout und Graphik spielen v.a. im Papierberichtswesen, mit dem auch in der näheren Zukunft noch weite und primär wichtige Adressatenkreise bedient werden, eine wesentliche Rolle.

3.4.1   Papier-Berichtswesen

„Das Auge isst mit", d.h. die optische Aufbereitung von Berichten stellt einen nicht zu unterschätzenden Faktor dar. Oberziel des Berichtswesens ist es, das Management in die Lage zu versetzen, Entscheidungen zu treffen. Dafür ist es essentiell, dass die Informationen auch „ankommen", d.h., dass die wichtigen Aussagen vom Management wahrgenommen und verstanden werden und darauf aufbauend Maßnahmen gesetzt werden. Layout und Graphik können hierbei Wesentliches leisten.

Graphische Unterstützung der Berichtsinhalte bewirkt

- höhere Aufmerksamkeit
- bessere Einprägsamkeit
- bessere Erinnerung und
- vollständigere Wiedergabe.

Doch eines vorweg: Spielen Sie nicht! Berichte sind keine Kunstwerke und Verzierungen, Cliparts oder Ähnliches haben im Berichtswesen nichts verloren!

Eine adressatengerechte optische Unterstützung ist primär für das klassische Papierberichtswesen, aber auch für EDV-gestütztes Berichtswesen relevant, wenngleich jedes der beiden Medien Spezifika aufweist.

3.4.1.1   Allgemeine Gestaltungsprinzipien

Im Rahmen des papierbasierten Berichtswesens für „bediente" Controlling-Kunden sind folgende Gestaltungsprinzipien zu beachten:

- Angaben zur Lesart

Währungsangaben und Einheitsangaben (z.B. „in Tsd EUR") müssen auf allen Berichten vorhanden sein und möglichst einheitlich gehandhabt werden.

▋ Reihenfolge der Berichtselemente

Bereichsübergreifende Berichte sollten immer dieselbe Abfolge und farbliche Codierung haben (z.B. zuerst Darstellung des Gesamtunternehmens -> Region A -> Region B.... oder Gesamtunternehmen -> Sparte 1 (rot) -> Sparte 2 (blau)....)

▋ Einbau von Graphiken

Graphiken sollten so nahe als möglich bei den Basiszahlen gezeigt werden, idealerweise am selben Blatt. Die Graphiken in den Anhang zu stellen entwertet sie und macht ständiges Blättern zwischen Detailwerten und der Graphik nötig.

Die Größe der Graphiken kann je Graphiktyp variieren, Extreme sind aber zu vermeiden („Briefmarke" ist zu klein, eine Gesamtseite meist zu groß). 3-D-Graphiken sind meist eher störend, da die Datenwerte v.a. bei komplexeren Inhalten schlechter lesbar sind.

▋ Einbau von Kommentaren

Kommentare dürfen keinesfalls in den Anhang kommen, da sie (im Gegensatz zu Graphiken) kaum noch Datenwerte enthalten, d.h. alleine für sich in der Regel nicht verstanden werden können. Kommentare müssen am selben Blatt mit den Daten dargestellt werden. Wird eine tiefergehende Kommentierung nötig, so kann dies auf Folgeblättern geschehen.

▋ Erstellung von Kommentaren

Die Kommentierung von Berichten stellt das Controlling vor große Herausforderungen. Ein Kommentar erhöht die Aussagekraft eines Berichtes ganz wesentlich. Ein aussagekräftiger Kommentar kann aber im Regelfall nur vom Controlling gemeinsam mit dem jeweiligen operativ Verantwortlichen erstellt werden, da das Controlling meist nur die monetäre Entwicklung kommentieren kann. Die Treiber, die in einer Balanced Scorecard abgebildet werden, kennen aber die Linienverantwortlichen wesentlich besser. Weiters ist es wichtig, dass das Controlling nicht als Informationsfilter oder -verzerrer wahrgenommen wird. Bei der gemeinschaftlichen Kommentierung von Berichten muss das Controlling jedenfalls auf die objektive Nachvollziehbarkeit achten, um nicht bereichsgefärbte Informationen an das Management zu berichten.

▋ Zeitraumdarstellung

Die Berichtselemente sollen klar in einen Zukunfts- und einen Vergangenheitsteil getrennt sein. Diese Struktur sollte möglichst durchgängig beibehalten werden.

▮ Darstellung der Abweichungen

Die Ampellogik ist prädestiniert zur Veranschaulichung von Abweichungen. Wichtig ist die individuelle Definition der Schwellwerte für den Übergang von „grün" zu „gelb" zu „rot".

▮ Schriftarten

Die Schriftgröße sollte durchgängig gleich sein und die Lesbarkeit mit freiem Auge ermöglichen. Tausender-Trennzeichen erleichtern Lesbarkeit.

▮ Farbeinsatz

Der Farbeinsatz wird überbewertet und als Konsequenz daraus übertrieben. Ein Tipp: Testen Sie Ihre Graphiken in Schwarz-Weiss. Sind Sie schwer verständlich, wird Ihnen auch Farbe nicht viel weiterhelfen.

Checkliste 8: Farbeinsatz im Reporting

Der Einsatz von Farbe ist sinnvoll, wenn

▮ Sie etwas hervorheben wollen, z.B. ein Wort, einen Wert, eine Abweichung, einen Teil der Graphik.

▮ Sie Farbe zur Strukturierung nutzen, z.B. durchgängige Verwendung einer Farbe je Geschäftsfeld. Falls ein Berichtselement nur einmal dargestellt wird, ist auch eine farbliche Kennzeichnung nicht nötig.

▮ Sie Unterscheidungen erleichtern wollen (z.B. die Datenarten Plan, Ist und Forecast).

▮ Sie die Symbolik der Farben nutzen. Achtung: nur bei den Ampelfarben rot – gelb – grün können Sie auf allgemein gültige Assoziationen vertrauen.

Wenn Sie Farbe einsetzen, dann beachten Sie die intuitive Wahrnehmung von Farben („rot" steht für Negatives, „grün" für Positives, blasse Farben drücken Zurückhaltung aus und passen nicht zu drastischen Aussagen, etc.).

Verwenden Sie kein Hintergrundmuster oder Hintergrundfarben, das ist nur für Schlagwortpräsentationen oder große Auditorien (z.B. Bilanzpressekonferenzen o.ä.) angebracht.

3.4.1.2 *Einsatz der richtigen Graphik*

Wie stellt man fest, welche Graphik wofür geeignet ist? Die Auswahl erfolgt häufig nach individueller Präferenz des Erstellers. Dies führt dazu, dass alle passenden und auch unpassenden Inhalte in vorwiegend einen „Lieblings"-Graphiktyp gepresst werden. Eine Tortengraphik eignet sich aber nicht für die gleichen Inhalte wie ein Balkendiagramm oder eine Liniendarstellung. Bisweilen macht man auch die Erfahrung, dass verschiedene Graphiken einfach nicht verstanden werden und probiert deshalb andere Typen aus.

Es ist nicht leicht, aus einer Vielzahl an verfügbaren Graphiktypen, die richtige auszuwählen. Um die Auswahl zu erleichtern, ist es sinnvoll, sich zu überlegen, welche Daten bzw. welche Vergleiche dargestellt werden sollen. Die Übersicht in Abb. 79 (in Anlehnung an Zelazny 1992, S. 27) und die nachfolgenden Beispiele sollen Ihnen bei der Auswahl des richtigen Graphiktyps helfen. Dabei wird jeweils von einem abzubildenden Vergleichstyp ausgegangen. Damit Sie leichter feststellen können, um welchen Vergleichstyp es sich in Ihrer konkreten Problemsituation handelt, ist es hilfreich, den Vergleich verbal zu formulieren. Anhand der „Stichwörter", die in der Aussage vorhanden sind, können Sie feststellen, um welchen Vergleichstyp es sich handelt. Die Aussage „35% des Umsatzes wird im Heimmarkt erwirtschaftet" deutet aufgrund der enthaltenen Prozentangabe auf einen Umsatzstrukturvergleich hin.

Vergleichstyp	Beispiel	Stichwort	Geeigneter Graphiktyp
Strukturdaten: Darstellung von Anteilen einer Komponente am Gesamten	„Produktgruppe A hat einen DB-Anteil von 20%." „50% des Umsatzes werden im Export erwirtschaftet."	Anteil, Prozent, Prozentsatz	Kreisdiagramm, gestapeltes Säulendiagramm
Rangfolgen: Unterschiedliche Berichtsobjekte werden wertend gegenüberge-stellt oder gereiht	„Gemessen an den Marktanteilen liegt unser Unternehmen an der 3. Stelle." „Die Personalkosten der Vertriebsregion Süd liegen über dem Landesdurchschnitt."	Größer als, kleiner als, gleich, über, unter, xte Stelle	Balkendiagramm, Säulen-diagramm
Zeitreihen: Darstellung der Veränderung von Berichtsobjekten im Zeitverlauf	„Das Umsatzwachstum hat sich heuer deutlich abgeschwächt." „Die Auftragslage schwankt sehr stark."	Steigen, sinken, verändern, schwanken, wachsen, einbre-chen,...	Säulendiagramm, Linien-diagramm
Häufigkeiten: Darstellung klassenbezogener statistischer Auffälligkeiten	„2/3 der Mitarbeiter sind zwischen 50-60 Jahre alt." „Der Großteil der Aufträge liegt unter 10.000 EUR."	Von – bis, Bereich, Klasse, Häufigkeit, Verteilung	Säulendiagramm, Linien-diagramm
Korrelationen: Aufzeigen von Zusammenhängen (Variablen)	„Das Ergebnis ist durch die Umsatzausweitung nicht gestiegen." „Die Erhöhung der Provisions-zahlungen hat keine positiven Effekte auf den Auftragsein-gang."	Relativ zu, steigt/sinkt (nicht) mit,...	Doppelseitiges Balkendiagramm, Punktdiagramm

Abb. 79: Vergleichs- und Graphiktypen

■ Darstellung von Strukturdaten

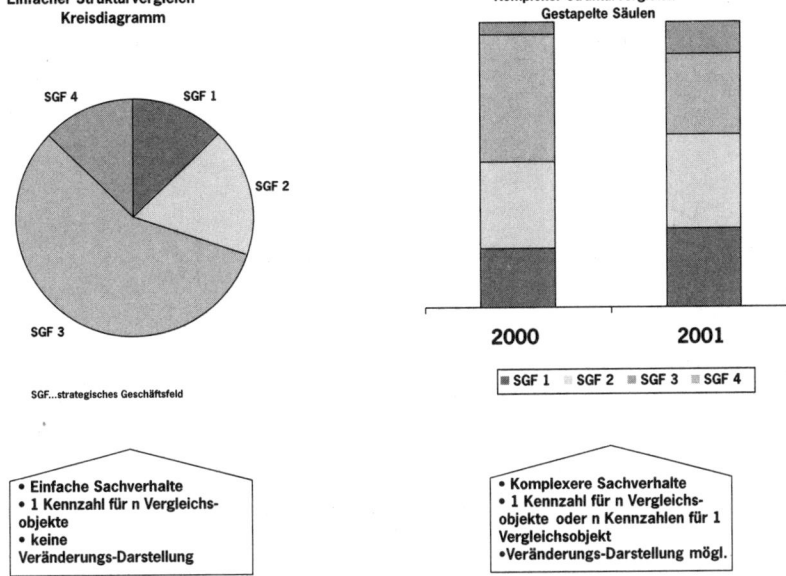

Abb. 80: Darstellung von Strukturdaten

■ Darstellung von Rangfolgen

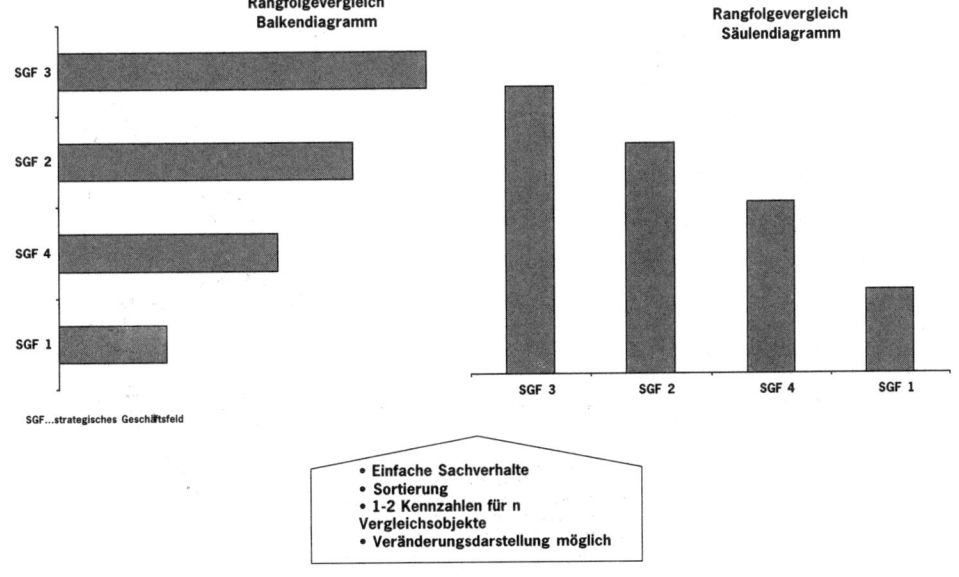

Abb. 81: Darstellung von Rangfolgen

■ Darstellung von Zeitreihen

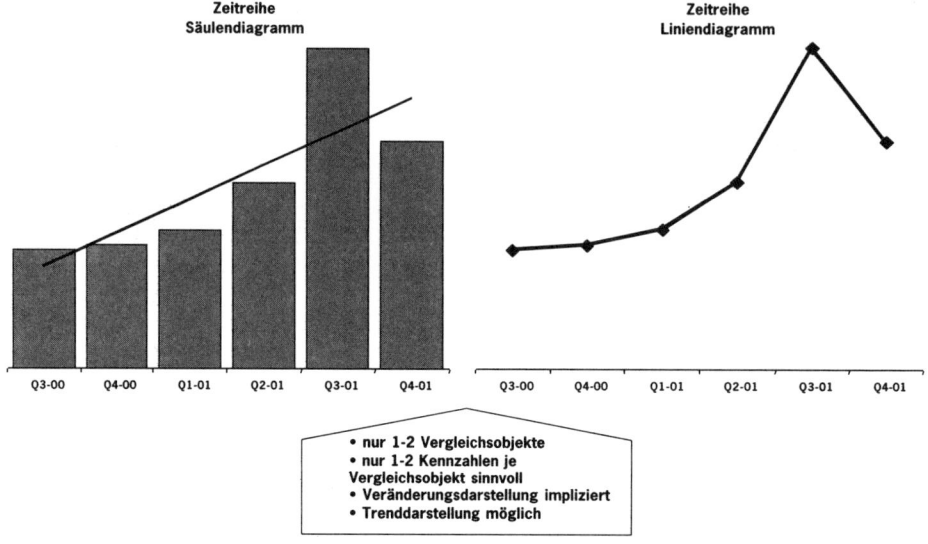

Abb. 82: Darstellung von Zeitreihen

■ Darstellung von Häufigkeiten

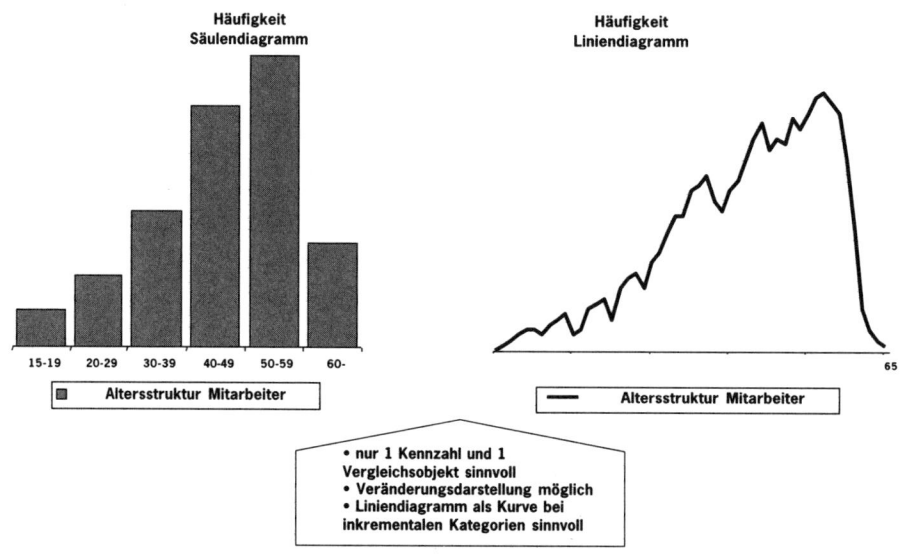

Abb. 83: Darstellung von Häufigkeiten

▌ Darstellung von Korrelationen

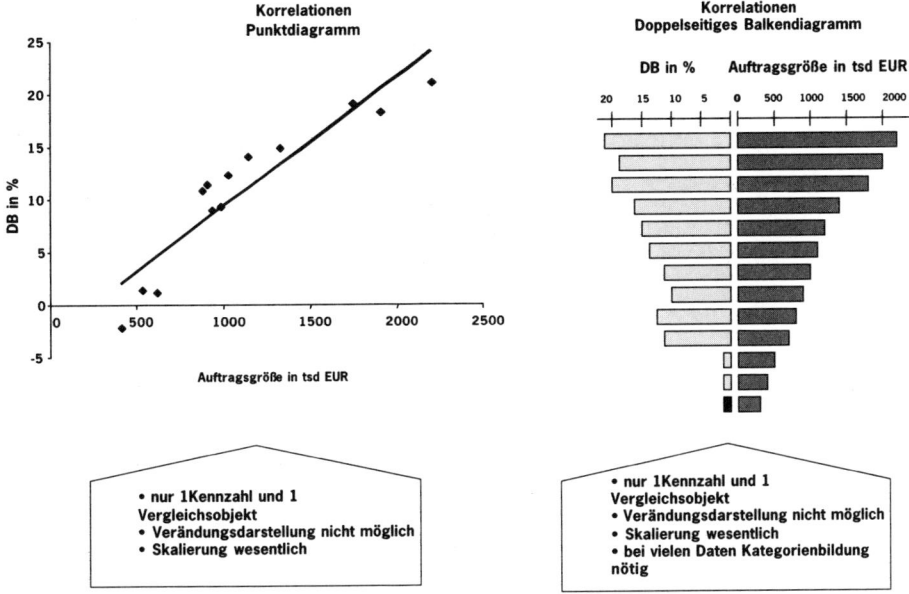

Abb. 84: Darstellung von Korrelationen

Doppelseitige Balkendiagramme werden von Excel oder Power Point derzeit standardmäßig nicht unterstützt.

3.4.1.3 *Kernelemente einer Graphik*

Um die Möglichkeiten der graphischen Unterstützung von Zahlen oder Texten bestmöglich zu nutzen, sollte jede Graphik folgende wesentliche Bestandteile aufweisen:

Checkliste 9: Graphik-Bestandteile

▌ Titel: Was ist der Inhalt der Graphik? Es reichen Stichworte.

▌ Aussage: Wie lässt sich die transportierte Information in einen Satz zusammenfassen? Gelingt es Ihnen nicht, eine griffige Aussage zu formulieren, ist auch der Nutzen bzw. die Verständlichkeit der Graphik zweifelhaft.

▌ Einheit und Zeitraum: Was wird hier genau darstellt? Erfolgt die Darstellung 1:1 oder in einem Maßstab (Tausend, Million,...)?

▌ Graphik: Die Darstellung sollte in Abhängigkeit vom Analysezweck gewählt werden (s. 3.4.1.2)

Im Einzelfall können folgende weitere Inhalte relevant sein:

▌ Basisdaten und Kommentare: Falls zum Verständnis Detaildaten notwendig sind, sollten diese möglichst nahe der Graphik gezeigt werden, dasselbe gilt auch für Kommentare. Soll dem Leser nur die Möglichkeit gegeben werden, bei Bedarf detaillierter Informationen nachschlagen zu können, werden diese Informationen in einen Back-Up-Teil gegeben, um den Kernbericht nicht zu überfrachten.

▌ Quelle: werden Sekundärdaten oder Daten, die nicht direkt den Transaktionssystemen entnommen werden, verwendet, ist die Quelle anzugeben.

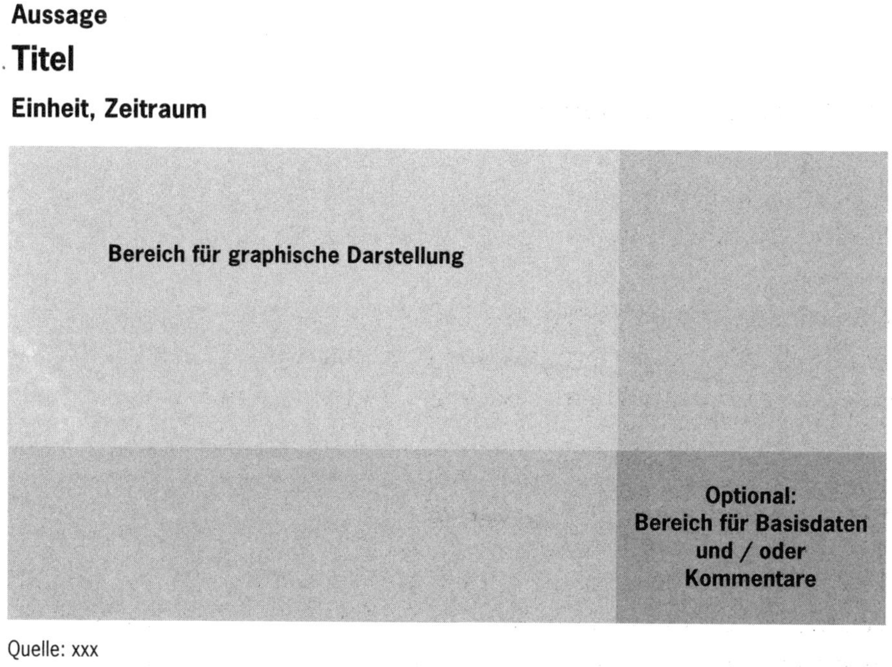

Aussage

Titel

Einheit, Zeitraum

Bereich für graphische Darstellung

Optional:
Bereich für Basisdaten
und / oder
Kommentare

Quelle: xxx

Abb. 85: Kernelemente graphischer Darstellung

Abb. 86 stellt die Umsetzung anhand eines Beispiels dar.

Die Ausweitung des Umsatzes in den neuen Geschäftsfeldern Kunststoffe und Services ist noch nicht gelungen.

Umsatzanteile der strategischen Geschäftsfelder

in %, 01-09/2001

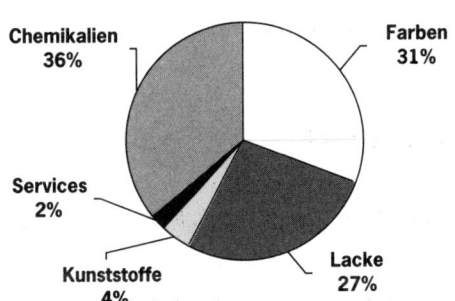

SGF	Umsatz In Mio EUR	Umsatzanteil In %
Chemikalien	434,4	36,1
Farbe	373,1	31,0
Lacke	325,6	27,0
Kunstoffe	48,2	4,0
Services	23,0	1,9
Summe	1.204,3	100

In den ersten drei Quartalen 2001 ist es nicht gelungen, die neuen Geschäftsfelder Kunststoffe und Services umsatzmäßig auszuweiten. Das GF Services liegt mit dzt. 1,9% Umsatzanteil auf Vorjahresniveau. Es erscheint unrealistisch, die geplanten 2,8% heuer noch zu erreichen, da die Auftragslage für das 4. Quartal schwach ist....

Abb. 86: Beispiel integrierte graphische Darstellung

3.4.1.4 *Von der Aussage zur optischen Umsetzung*

„Glauben Sie keiner Statistik, die Sie nicht selbst gefälscht haben!" Daten können aus unterschiedlichen Blickwinkeln betrachtet werden. Die Aussagen, die Sie daraus ableiten, werden ebenfalls differieren. Aus Sicht des Controlling ist es wichtig, die wesentlichen Erkenntnisinhalte an die Entscheidungsträger zu transportieren und nicht aufgrund unklarer Aussagen oder missverständlich dargestellter Ergebnisse die Abweichungsanalyse zu erschweren oder gar zu verunmöglichen.

Das nachfolgende Beispiel verdeutlicht, dass derselbe Datenbestand ganz unterschiedliche Aussagen zulassen kann.

Die Produktgruppen A und B sind umsatzmäßig ähnlich wichtig. Die Umsatzverteilung für das Jahr 2001 stellt sich wie folgt dar:

Verkaufsregion	Produktgruppe	
	A	B
Nord	11%	41%
Ost	29%	29%
Süd	36%	4%
West	24%	26%
Summe	100%	100%

Abb. 87: Umsatzverteilung

Bereits die tabellarische Darstellung, die ja bereits selbst Berichtselement sein könnte, lässt gravierende Unterschiede erkennen.

Sie können, je nach Interpretation der Ergebnisse aber unterschiedliche Aussagen ableiten und diese graphisch unterstützen.

Eine mögliche Aussage wäre das bloße Aufzeigen von Strukturunterschieden. Abb. 88 stellt die Basisdaten ohne wesentliche zusätzliche Interpretation dar.

„Die Produktgruppen A und B haben eine unterschiedliche Umsatzstruktur."

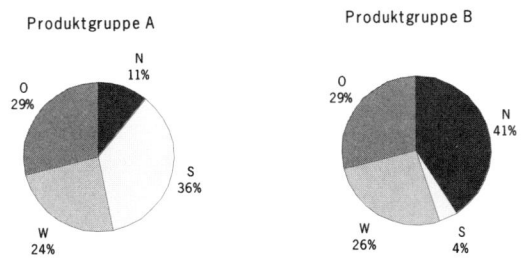

„Die Produktgruppen A und B haben eine unterschiedliche Umsatzstruktur."

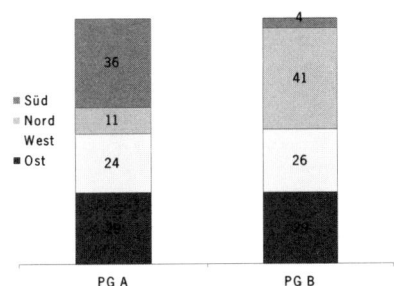

Abb. 88: Allgemeine Darstellung von Unterschieden

Aus den Ausgangsdaten ist aber ersichtlich, dass die Umsatzverteilung innerhalb und zwischen den einzelnen Produktgruppen regional differiert. Entsprechende Aussagen und die passende graphische Darstellung zeigt Abb. 89.

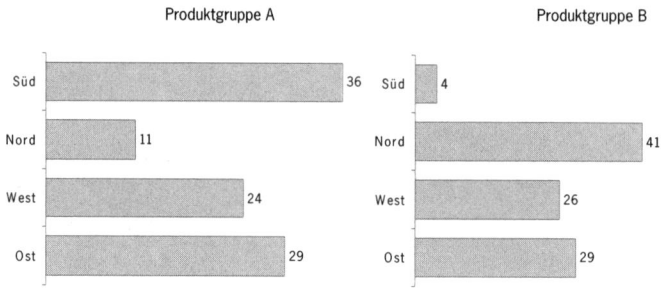

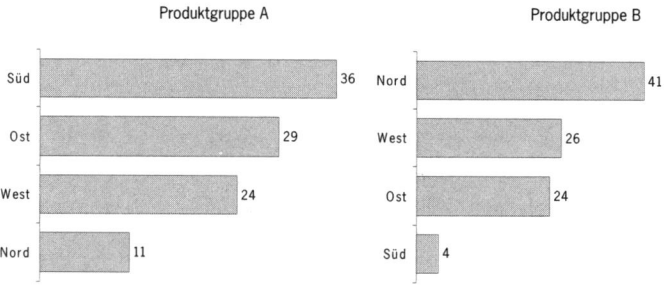

Abb. 89: Herausarbeiten von Schwerpunkten

Die Aussage beeinflusst sehr stark die Wahrnehmung der Daten. Eine Aussage kann zu denselben Daten eher positiv oder negativ gefärbte Inhalte haben. Das sprichwörtliche Glas kann „halb voll" oder „halb leer" sein. Die Aussagen dürfen nicht verzerrt oder von Interessen beeinflusst sein. Über den Graphiken der Abb. 90 könnten auch Aussagen wie „Produkt A flopt im Norden" oder „Die Marketingaktion für Produkt B im Süden ist verpufft" stehen.

**„Die Produktgruppen kompensieren ihre jeweiligen regionalen
Schwächen."
oder
„Die Produktgruppen ergänzen sich in ihrer
regionalen Umsatzstruktur."**

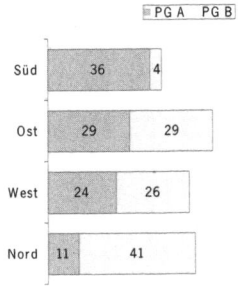

**„Im Süden dominiert Produktgruppe A, im Norden Produktgruppe B.
Im Osten und Westen sind beide gleich stark."**

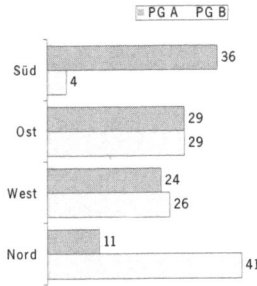

Abb. 90: Graphische Argumentationsunterstützung

Komplexe Sachverhalte lassen sich nicht einfach graphisch umsetzen. Häufig werden graphische Darstellungen mit Inhalten überladen und die eigentliche Botschaft ist nicht mehr verständlich. Wollen Sie z.B. auf Kostensteigerungen im Zeitverlauf aufmerksam machen, kann es eine einzelne Graphik überfordern, wenn Sie Kosten nach Kostenarten, deren Veränderung und die jeweiligen Perioden darstellen möchten. Als Lösung könnten Sie die Graphik in eine Strukturdarstellung nach Kostenarten und in eine Veränderungsdarstellung nach Perioden aufteilen. Das Anfügen einer Datentabelle sorgt für mehr Klarheit. Abb. 91 und Abb. 92 illustrieren dies anhand eines Negativ- und Positivbeispiels.

Personalkostensteigerungen

in Mio. EUR, 1999-2001

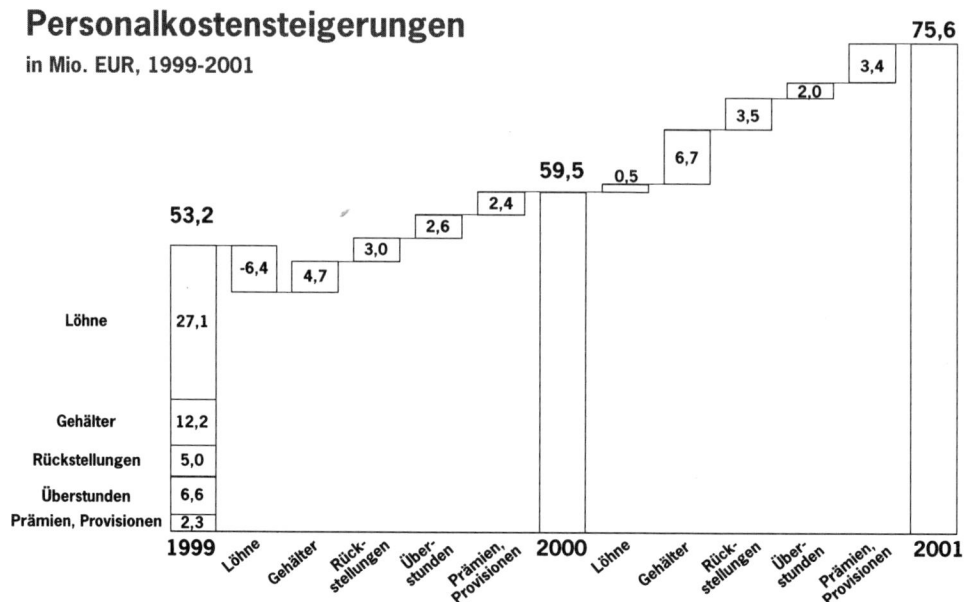

Abb. 91: Inhaltsüberladene graphische Darstellung

Personalkostensteigerungen

in Mio. EUR und %, 1999-2001

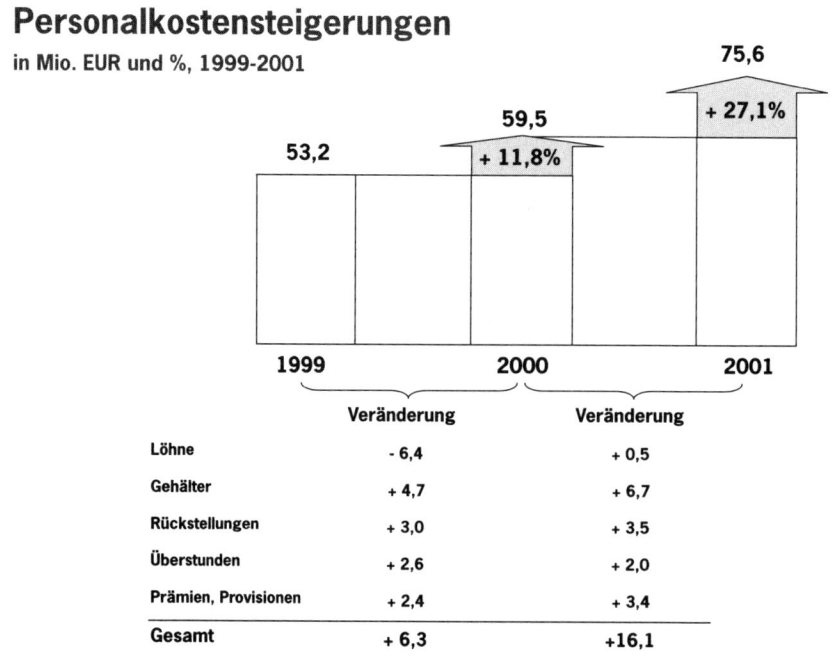

	Veränderung	Veränderung
Löhne	- 6,4	+ 0,5
Gehälter	+ 4,7	+ 6,7
Rückstellungen	+ 3,0	+ 3,5
Überstunden	+ 2,6	+ 2,0
Prämien, Provisionen	+ 2,4	+ 3,4
Gesamt	+ 6,3	+16,1

Abb. 92: Inhaltsadäquate graphische Darstellung

3.4.2 Online-Präsentation

Die Online-Präsentation ist weniger für die Verständlichkeit der Berichte, als für die intuitive Erfassbarkeit der Funktionalität des Business-Intelligence-Tools wichtig. Dies gilt v.a. für Nutzer elektronischer Berichtshefte bzw. Online-Nutzer, die nicht dem Controlling zugehörig sind und deshalb ein solches Tool seltener benutzen. Die Gestaltbarkeit der Oberfläche variiert aber und ist tw. nur geringfügig veränderbar. Hier ist es wichtig, dass die Bedeutung der dezentralen Nutzung und deren Auswirkungen auf die Software-Auswahl festgelegt werden.

Für die nachfolgend dargestellten Möglichkeiten der Online-Präsentation gelten die Prinzipien des Papierreporting.

Die wichtigsten Instrumente der Online-Präsentation sind:

■ Tabellen

Die online zur Verfügung stehenden Daten werden meist in Pivot-Tabellen präsentiert. Entweder wird MS-Excel oder ein Look-Alike als Front-End zur Verfügung gestellt. Die Navigation erfolgt durch Drag-and-Drop der Spalten und Zeilen, die die Auswertungsdimensionen darstellen. Auch andere, aus Excel bekannte Funktionalitäten, wie Summierungen, Sortierungen oder Gruppierungen werden eingesetzt.

■ Graphiken

Für Graphiken gilt online dasselbe wie offline. Die Gefahr der Verführung durch den Farbeinsatz ist hier noch größer. Wichtig ist, dass Tabellen und Graphiken in der Darstellung verbunden werden können.

■ Geographische Darstellung

Intuitiv leicht erfassbare Darstellungsformen, wie Landkarten o.ä. sind v.a. für Gelegenheitsuser bzw. ausgeprägt visuelle Typen und in Kombination mit Ampeloder anderen Alarmfunktionen relevant. Die Hauptanwendung liegt v.a. in regional strukturierten Vertriebsorganisationen. Als Erweiterung könnte die Anbindung eines geographischen Informationssystems (GIS) gesehen werden.

■ Alarmfunktionen

Ampelfunktionen (oder „Traffic Lighting") stellen die wichtigsten Alarmfunktionen dar. Sie erleichtern die Priorisierung und sind intuitiv erfassbar. Wichtig ist hier, dass entgegengesetzte Abweichungen auf der Detailebene sich in der aggregierten Sicht zwar mathematisch, aber nicht in der Ampelfunktion kompensieren dürfen, die negative Information muss durchschlagen.

▌ Kommentare

Auf die Bedeutung von Kommentaren im Berichtswesen wurde bereits hingewiesen. Business Intelligence Tools erlauben häufig die Erstellung von Kommentaren bzw. die Einbindung von Word-Dokumenten. Bei Vorhandensein eines Dokumentenmanagement oder Workflow-Systems ist die Sinnhaftigkeit der Anbindung zu prüfen. Das Berichtswesen soll nicht neuerlich mit einem Wust an Information überfrachtet werden.

▌ Multimediale Elemente

Mit Verstärkung der Internet-Nutzung und der Webbasierung von Reporting-Tools ist die Ergänzung um Nachrichtenfenster (sog. Newsticker), Video- oder Tondokumenten, z.B. Produktbeschreibungen denkbar. Die Verwendung von Multimedia ist allerdings eher eine Thematik der Unterstützung des Tagesgeschäfts als eine Berichtswesen-Thematik.

Fazit:

▌ „Ja" zur graphischen Unterstützung von Berichtsinhalten.

▌ Keep it simple!

▌ Überlegen Sie sich, welche Information transportiert werden soll bzw. auf welche Inhalte besonders aufmerksam gemacht werden soll.

▌ Keine Farb- und Clipartspielereien!

▌ Investieren Sie in kurze aber aussagekräftige Kommentare.

▌ Der Einsatz eines MIS-Tools alleine löst die Probleme der Datenaufbereitung nicht.

3.5 Demo-Beispiele: Steuerungsrelevante Unternehmensinformationen

Im Reporting ist die Unterscheidung in statische Berichte (Papierberichte, vorgefertigte elektronische Berichte) und dynamische Berichte (definierte Datenmengen und Merkmale, die online interaktiv analysiert werden können) wichtig. Das Buch als analoges Medium ist nur unzureichend zur Veranschaulichung einer mehrdimensionalen Datenanalyse geeignet, dennoch werden sowohl Beispiele für das klassische Paperreporting als auch die interaktive Online-Analyse gebracht.

3.5.1 Klassische papierorientierte Berichtselemente

Abb. 93 stellt ein aggregiertes Vertriebsergebnis zahlenorientiert dar. Der Deckungsbeitrag als wichtigste Information steht zuoberst. Um in der Analyse priorisieren zu können, folgen die Umsatz- und Absatzabweichungen und danach die Abweichungsdetails in Umsatz und Absatz. In Ergänzung können noch Lagerstandsinformationen wichtig sein. Achtung: für den Lagerstand wird die kumulierte Sicht durchbrochen, da nur der Stichtag bzw. die aktuelle Periode relevant ist.

Abb. 94 stellt den Drill-Down nach Produktgruppen dar. Wichtig ist, dass der Bericht nicht nur Feed-Back (Analyse der Absatz- und Umsatzabweichungen, Deckungsbeitragssituation) darstellt, sondern auch ein Feed-Forward i.S. der Erwartungsrechnung zum Jahresende beinhaltet. Der Drill-Down kann in Richtung der Einzelprodukte (Artikelnummern) weitergeführt werden, ein Forecast wird sinnvollerweise meist nur auf Produktgruppen- oder „Hauptprodukt-"ebene durchgeführt, da eine weitere Detaillierung zu aufwändig ist und nur Scheingenauigkeiten erzeugt. Alternative Darstellungen, z.B. Deckungsbeitragsabweichungen, können sinnvoll sein.

Abb. 95 stellt den Drill-Down nach Ländermärkten dar. Die Spaltenstruktur wird durchgängig beibehalten.

Um Vertriebsaktivitäten priorisieren zu können, ist eine Kundensegmentierung sinnvoll. Damit werden gleichzeitig auch Abhängigkeiten von Großkunden sichtbar. Wichtig ist, dass die Segmentierung primär nach Deckungsbeitragsgesichtspunkten erfolgt. Die Rentabilität kann bei Alt- oder Großkunden anders als bei neuentwickelten Kunden sein. Abb. 96 zeigt einen Key-Account-Bericht, der ein Deckungsbeitragsranking enthält, aber aufgrund der dahinter liegenden Absatz- und Umsatzzahlen eine tiefer gehende Interpretation ermöglicht. Die Detailanalyse kann dann bis auf Einzelproduktumsätze je Kunde im Zeitverlauf gehen.

Abb. 97 stellt eine Produkt-Hitliste dar. Auch hier muss der Deckungsbeitrag, primär als Gesamtsumme, sekundär als Prozentsatz am Umsatz, das ausschlaggebende Segmentierungskriterium sein.

Zeitreihen sind im Reporting selektiv einzusetzen. Wichtig ist, dass nicht die Vergangenheitsbewältigung i.S. einer Rückschau über x Perioden dominiert. Abb. 98 zeigt eine Umsatzkurve ergänzt um einen Forecast und Detaildaten mit Ampelfunktion zur leichteren Interpretation. Damit wird verdeutlicht, dass es im Berichtswesen wichtig ist zu erkennen, ob es Abweichungseffekte gibt, die sich auf aggregierter Ebene ausgleichen oder kumulieren.

Abb. 99 zeigt ein primär graphikorientiertes und tw. nicht-monetäres Produktionscockpit. Graphiken sind bis auf Shop-Floor-Level leicht verständlich und daher gut einsetzbar.

Abb. 100 zeigt einen Kostenstellenbericht, der sowohl Feed-Back (Plan-Ist-Vergleich) der aktuellen und der kumulierten Perioden sowie Feed-Forward bis zum Jahresende ermöglicht (Erwartung). Als Gestaltungsvariante finden sich die Kostenarten in der Mitte des Berichts. Dies ist bei relativ vielen Spalten vorteilhaft.

Abb. 101 zeigt eine mehrstufige Fixkostendeckungs- oder Ergebnisrechnung. Eine solche Betrachtung liefert wesentlich mehr Informationen als eine Gewinn- und Verlustrechnung, indem sie nach regionalen Gesichtspunkten, Produkt- oder Kundengruppen aufgebaut werden kann. Die Darstellung der Detailplanwerte und Abweichungen ist meist auf demselben Blatt nicht mehr möglich. Im Falle der Verwendung kalkulatorischer Größen, ist es sinnvoll, die Überleitung zu einem pagatorischen Ergebnis mitzuführen. Dies erleichtert auch die Zusammenschau mit aggregierten externen Berichtselementen.

Kumulierte DBs

Periode 1-3	Gesamt		EU		EMEA		Andere		Kommentar
Produkte	Plan	Ist	Plan	Ist	Plan	Ist	Plan	Ist	
PG 1 gesamt									
PG 2 gesamt									
PG 3 gesamt									
Gesamt									

Kumulierte Abweichungen

Periode 1-3	Gesamt		EU		EMEA		Andere		Kommentar
Produkte	U netto %	Absatz %	U netto %	Absatz %	U netto %	Absatz %	U netto %	Absatz %	
PG 1 gesamt									
PG 2 gesamt									
PG 3 gesamt									
Gesamt									

Kumulierter Umsatz netto

Periode 1-3	Gesamt		EU		EMEA		Andere		Kommentar
Produkte	Plan	Ist	Plan	Ist	Plan	Ist	Plan	Ist	
PG 1 gesamt									
PG 2 gesamt									
PG 3 gesamt									
Gesamt									

Kumulierter Absatz

Periode 1-3	Gesamt		EU		EMEA		Andere		Kommentar
Produkte	Plan	Ist	Plan	Ist	Plan	Ist	Plan	Ist	
PG 1 gesamt									
PG 2 gesamt									
PG 3 gesamt									
Gesamt									

Lagerbestand

Periode 3	Lagerwert		Lagerstand		Penner		Out-of-stock	Rückstand	Kommentar
Produkte	Ist	+/- Vormonat	Ist	+/- Vormonat	Stück	Wert	Anz. Aufträge	Wert	
PG 1 gesamt									
PG 2 gesamt									
PG 3 gesamt									
Gesamt									

Abb. 93: Aggregierter Vertriebsbericht

Produkt	Umsatz netto							
	Plan-Ist-Vergleich - lfd Jahr kumuliert						Erwartung Ges	
	1-3		Abw		DB 1		1-12	
	Plan	Ist	abs	%	abs	%	Plan	Wird
PG 1								
Alpha								
Beta								
Delta								
Pi								
PG 2								
Orion								
Sirius								
PG 3								
Rosso								
Nero								
Verde								
Eigenware								
PG 1 Handel								
Gamma								
Tau								
PG2 Handel								
Jupiter								
Saturn								
PG 3 Handel								
Giallo								
Handelsware								
PG 1 gesamt								
PG 2 gesamt								
PG 3 gesamt								
Gesamt								

Abb. 94: Produktgruppendetails

Absatz									
Plan-Ist-Vergleich - lfd Jahr kumuliert						Erwartung Gesamtjahr			
Abw		1-3		Abw		1-12		Abw	
bs	%	Plan	Ist	abs	%	Plan	Wird	abs	%

Land	Umsatz netto							
	Plan-Ist-Vergleich - lfd Jahr kumuliert						Erwartung Gesamtj	
	1-3		Abw		DB 1		1-12	
	Plan	Ist	abs	%	abs	%	Plan	Wird
EU								
D								
NL								
A								
DK								
IRL								
UK								
S								
SF								
N								
F								
E								
P								
BEL								
I								
LUX								
GR								
EMEA								
H								
HR								
SLO								
ROM								
BUL								
Andere								
CH								
USA								
Gesamt								

Abb. 95: Regionale Details

		Absatz							
		Plan-Ist-Vergleich - lfd Jahr kumuliert				Erwartung Gesamtjahr			
w		1-3		Abw		1-12		Abw	
	%	Plan	Ist	abs	%	Plan	Wird	abs	%

Key Accounts		Kumulierter DB 1			Kumul	
		1-3		% von	1-3	
Key Accounts	Rang	abs	% DBU	gesamt	Plan	Ist
Kunde x	1					
Kunde ...	2					
	3					
	4					
	5					
	6					
	7					
	...					
Key Accounts gesamt						
B-Kunden gesamt						
C-Kunden gesamt						
Gesamt						

Abb. 96: Hitliste Key Accounts

satz netto				Kumulierter Absatz						
Abw.			% von	1-3		Abw.			% von	
bs	%	Rang	gesamt	Plan	Ist	abs	%	Rang	gesamt	
		2						1		
		1						3		
		4						4		
		...						...		

| Produkt | Rang | Kumulierter DB 1 | | % von | Kumuli | |
| | | 1-3 | | | 1-3 | |
		abs	% DBU	gesamt	Plan	Ist
Delta	1					
Orion	2					
Giallo	3					
...	4					
	5					
	6					
	7					
	...					
A-Produkte / Renner						
B-Produkte						
C-Produkte / Renner						
Gesamt						

Abb. 97: Hitliste Produkte

atz netto				Kumulierter Absatz						
Abw.			% von	1-3		Abw.			% von
s	%	Rang	gesamt	Plan	Ist	abs	%	Rang	gesamt
		2						1	
		1						3	
		4						4	
		...						...	

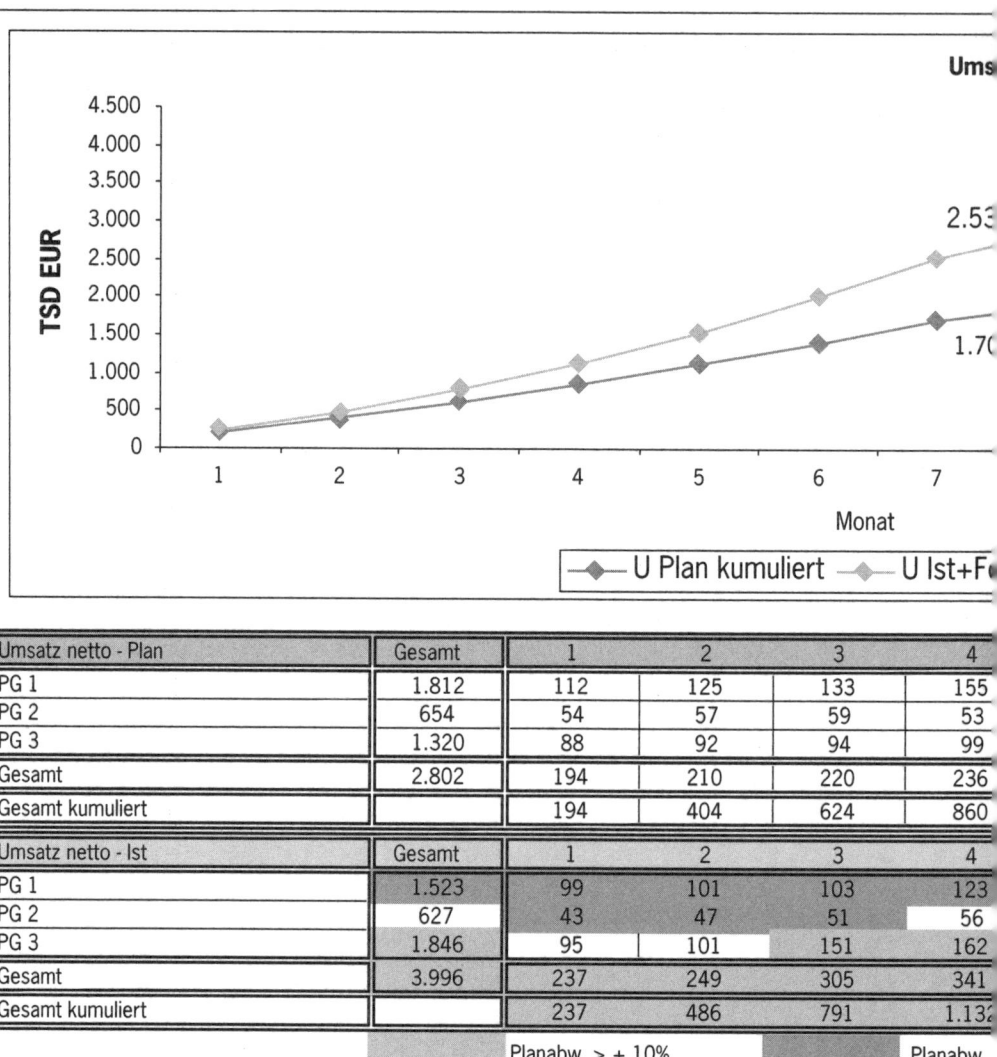

Umsatz netto - Plan	Gesamt	1	2	3	4
PG 1	1.812	112	125	133	155
PG 2	654	54	57	59	53
PG 3	1.320	88	92	94	99
Gesamt	2.802	194	210	220	236
Gesamt kumuliert		194	404	624	860
Umsatz netto - Ist	Gesamt	1	2	3	4
PG 1	1.523	99	101	103	123
PG 2	627	43	47	51	56
PG 3	1.846	95	101	151	162
Gesamt	3.996	237	249	305	341
Gesamt kumuliert		237	486	791	1.132
		Planabw. > + 10%			Planabw.

Abb. 98: Umsatzentwicklung

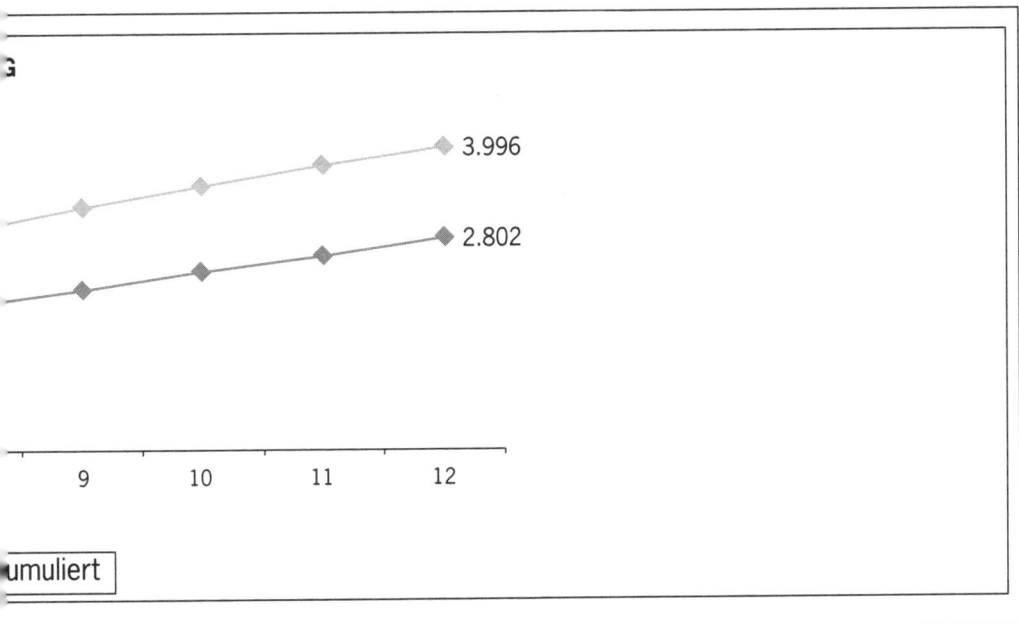

3.996

2.802

umuliert

5	6	7	8	9	10	11	12
77	190	223	121	125	147	149	155
56	56	55	58	54	55	49	48
14	133	157	178	131	89	78	67
61	274	306	207	207	230	226	231
121	1.395	1.701	1.908	2.115	2.345	2.571	2.802

5	6	7	8 FC	9 FC	10 FC	11 FC	12 FC
44	186	187	95	105	125	125	130
52	61	59	58	50	50	50	50
05	244	265	223	130	110	90	70
01	491	511	376	285	285	265	250
533	2.024	2.535	2.911	3.196	3.481	3.746	3.996

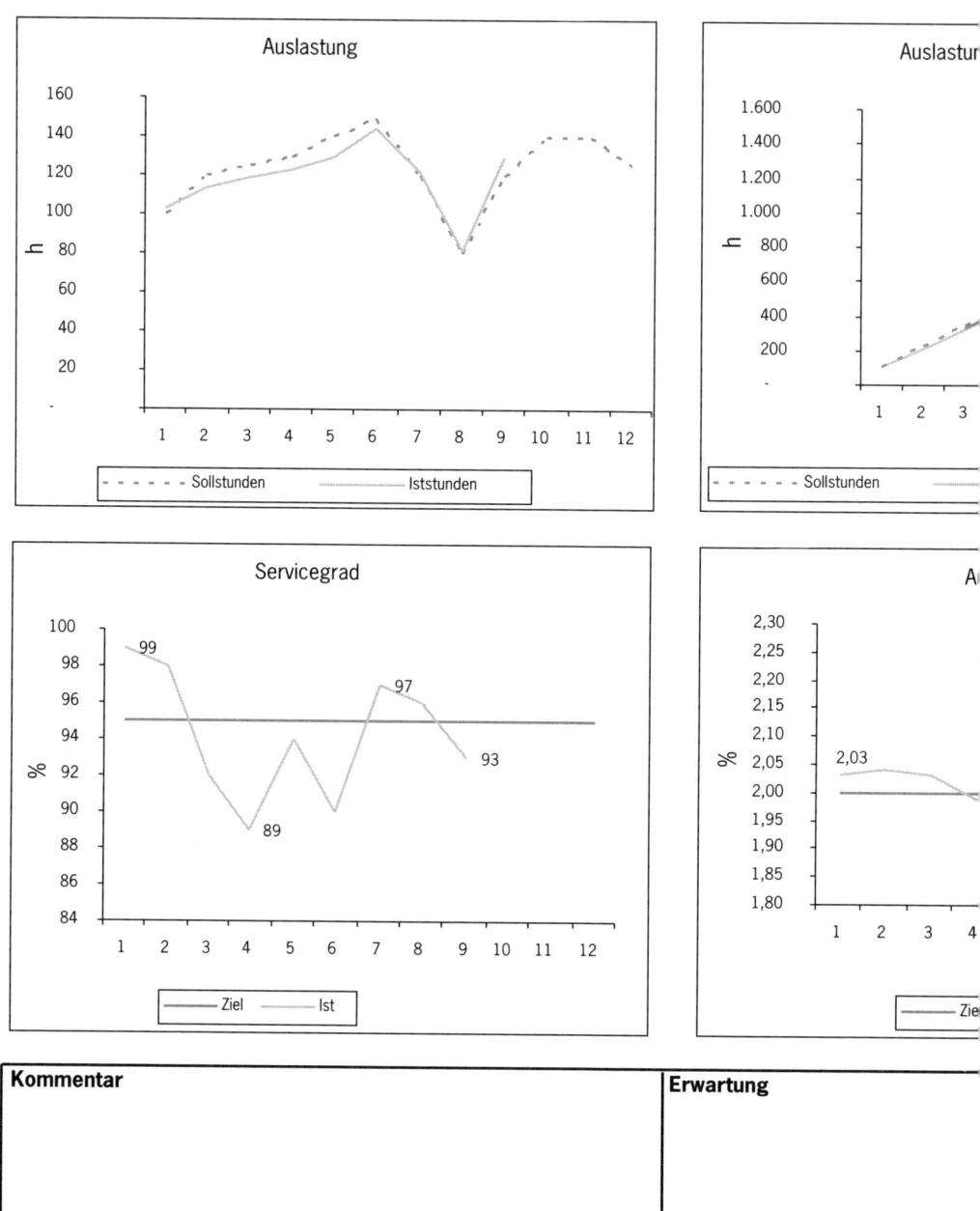

Abb. 99: Produktionscockpit

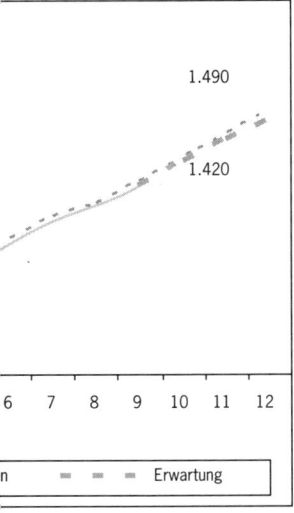

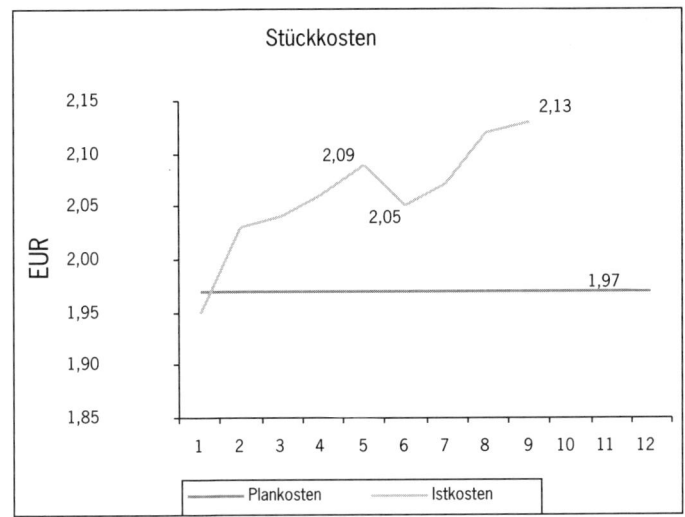

1.490

1.420

6 7 8 9 10 11 12

n – – – Erwartung

Stückkosten

2,15

2,10 2,09

2,05 2,05

2,00

1,95

1,90

1,85

1 2 3 4 5 6 7 8 9 10 11 12

2,13

1,97

EUR

Plankosten Istkosten

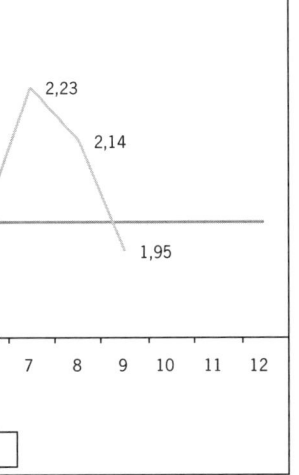

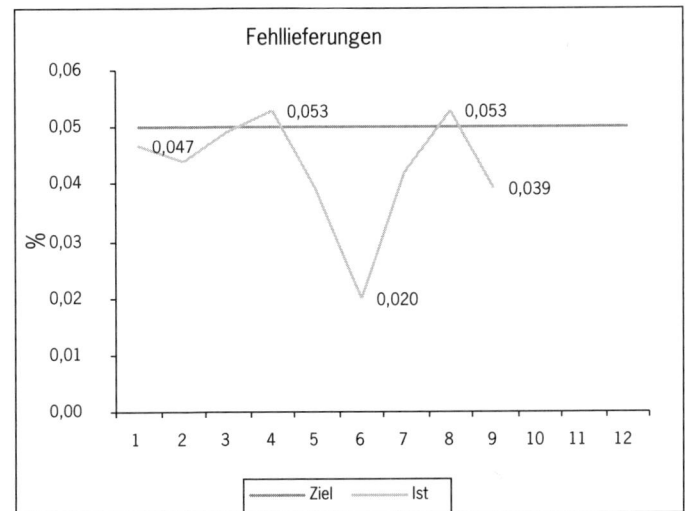

2,23

2,14

1,95

7 8 9 10 11 12

Fehllieferungen

0,06

0,05 0,047

0,04

% 0,03

0,02 0,020

0,01

0,00

1 2 3 4 5 6 7 8 9 10 11 12

0,053 0,053

0,039

Ziel Ist

Maßnahmen

KST-Nr				KST-Bezeichnung	Verantwortlich
Aktuelle Periode					
		Abweichung			
Plan	**Ist**	**abs.**	**%**	**KOA-Nr**	**Kostenart**
				51xxxx	Hilfsstoffe
				54xxxx	Reinigungsmaterial...
				61xxxx	Löhne
				61xxxx	Lohnnebenkosten
				65xxxx	Überstunden
				66xxxx	Freiwilliger Sozialaufwand...
				71xxxx	Instandhaltung
				72xxxx	Büromaterial
				76xxxx	Repräsentation
				77xxxx	Abschreibung BuG
				91xxx	ILV (Belastung)
					Summe beeinflussbare Kost
				53xxxx	Energie
				62xxxx	Gehälter
				62xxxx	Gehaltsnebenkosten...
				77xxxx	Abschreibungen Gebäude
				78xxxx	Versicherungen
				99xxxx	Umlagen
					Summe nicht beeinflussbare
					Gesamtsumme

Abb. 100: Kostenstellenbericht

Datum								
Kumulation				**Erwartung**				
		Abweichung				**Abweichung**		
Plan	**Ist**	**abs.**	**%**	**Plan**	**Wird**	**abs.**	**%**	

Periode 1-9 kumuliert	Plan
Umsatz netto	
Wareneinsatz	
Sondereinzelkosten Vertrieb	
Deckungsbeitrag 1	
Regionale Vertriebskosten	
Deckungsbeitrag 2 - Ländermarkt	
Regionsfixkosten	
Deckungsbeitrag 3 - Region	
Marketing- und Vertriebsfixkosten	
Logistikfixkosten	
Produktionsfixkosten	
Deckungsbeitrag 4	
Verwaltungsfixkosten	
Deckungsbeitrag 5 / kalkulatorisches Ergebnis	
+/- Überleitung	
Ergebnis der gewöhnlichen Geschäftstätigkeit / pagator. Erg.	

Kommentar

Abb. 101: Mehrstufige Ergebnisrechnung

nt		Ländermärkte					
	Abw.	D	UK	F	so. EU	EMEA	Andere
		x	x	x	x	x	x
		x	x	x	x	x	x
		x	x	x	x	x	x
		x	**x**	**x**	**x**	**x**	**x**
		x	x	x	x	x	x
		x	**x**	**x**	**x**	**x**	**x**
				x		x	x
				x		**x**	**x**
				x			
				x			
				x			
				x			
				x			
				x			

3.5.2 Online-Analyse und Steuerungs-Cockpits

Die Möglichkeiten der Online-Analyse mittels dynamischer Berichte wird anhand der Abb. 102 bis Abb. 105 verdeutlicht. Aufbauend auf einem „Umsatzdatenwürfel" der Merkmale (Produkte, Vertriebsmitarbeiter, Regionen, Vertriebskanäle,...), Daten (Umsatz, Absatz, Deckungsbeitrag), Wertetypen (Plan, Ist, Forecast) und die Zeitachse enthält, kann beliebig aggregiert, disaggregiert oder querverdichtet werden.

Eine Darstellung von Prozentverteilungen lässt schnell Umsatzschwerpunkte erkennen. Die Hinterlegung einer Ampellogik filtert positive und negative Entwicklungen heraus (s. Abb. 102). Der Einsatz bekannter Tools wie MS-Excel im Front-End-Bereich nutzt häufig schon vorhandene Kenntnisse in der Datennavigation, z.B. die Funktionalität von Pivot-Tabellen. Alle definierten Merkmale stehen zur Auswertung zur Verfügung, Zeilen- und Spaltendarstellung können dabei frei gewählt werden (s. Abb. 103). Als Front-End, z.B. bei web-basiertem Reporting, können auch interaktive HTML-Pages verwendet werden (s. Abb. 104). In Abb. 105 unterstützt wird die Online-Analyse zusätzlich graphisch unterstützt.

Abb. 106 erweitert die Umsatzanalyse um eine Portfoliodarstellung, Abb. 107 demonstriert die Anwendung im Sinne eines Auftragsstand-Forecasts und Abb. 108 stellt die Unterstützung der Datenanalyse mittels geographischer Aufbereitung dar.

Anstelle oder in Ergänzung der Umsatzdarstellungen können natürlich auch Deckungsbeitragsinformationen gewählt werden.

Steuerungscockpits sind in der Lage, alle steuerungsrelevanten Inhalte zu integrieren (s. 2.3). Wird ein dezidiertes BSC-Tool zum Einsatz gebracht (s. 4.4) stehen auch Online-Analysemöglichkeiten zur Verfügung (s. Abb. 109 und Abb. 110). Die Analyse kann in diesem Fall dann, im Gegensatz zu rein hierarchischer Navigation, auch nach Ursache-Wirkungsketten erfolgen. Alle Informationsaufbereitungsmöglichkeiten, wie Graphiken, Ampellogik, Symbole und Kommentare können genutzt werden. In einigen Fällen wird auch ein Workflow unterstützt. Eine BSC lässt sich über ihren Unternehmenssteuerungs- und Reportingaspekt auch in Richtung eines persönlichen Portals, dass alle persönlich relevanten Informationen inklusive Nachrichtenticker, Kalender, Links zu Favoriten o.ä. abdeckt, erweitern (s. Abb. 111).

Der Drill-Down aus der BSC erfolgt kausal entlang der Key Performance Indikatoren, die die kritischen Erfolgsfaktoren messen. Wichtig ist, dass bei Nutzung der Ampellogik „rote" Kennzahlen durchschlagen, sonst werden sich kompensierende Entwicklungen übersehen. Ist man am Ende der Ursache-Wirkungskette angelangt, kann im Sinne der Online-Analyse weiter in den Datenwürfeln navigiert werden (s. Abb. 112 bis Abb. 114).

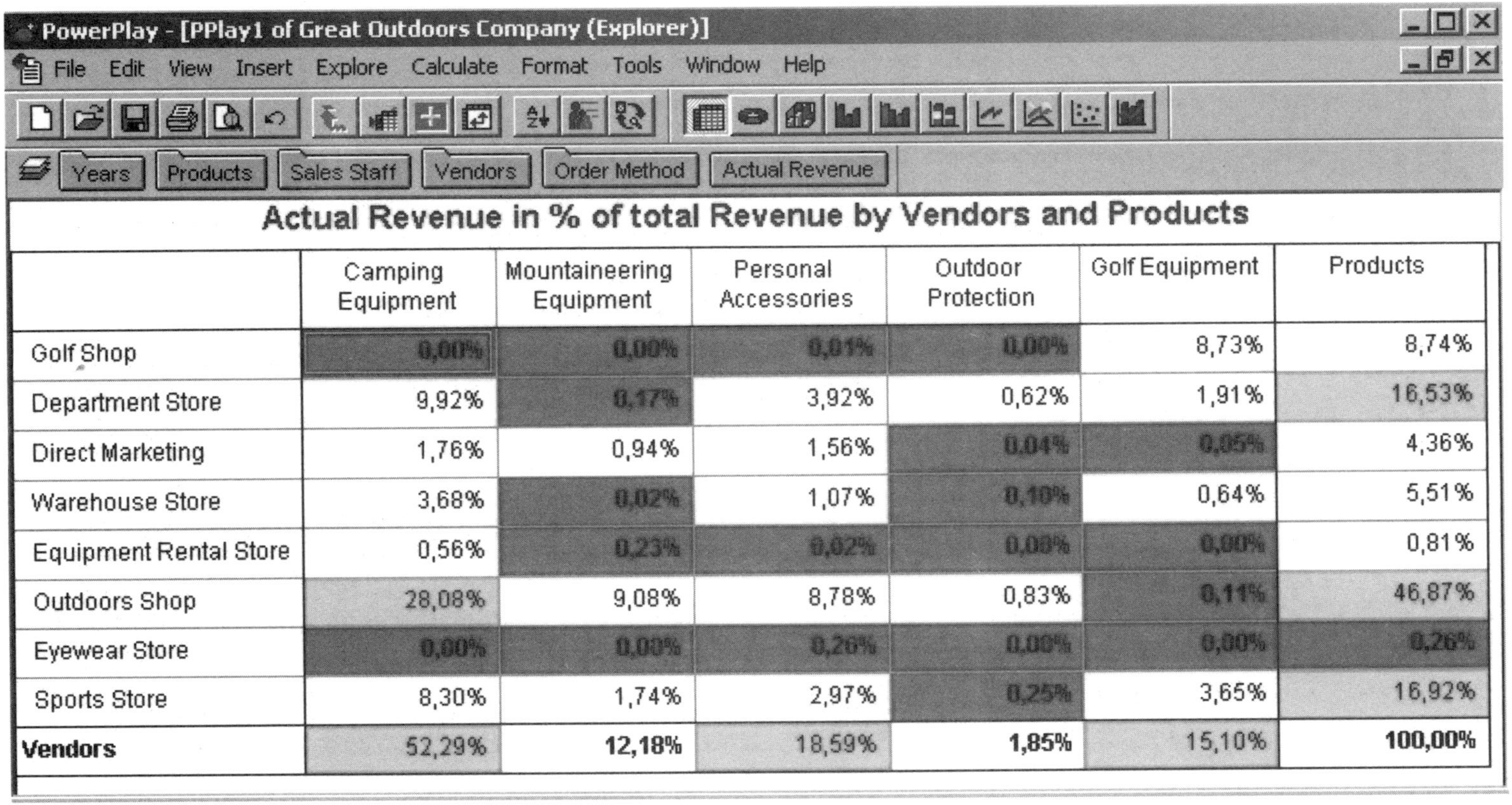

PowerPlay - [PPlay1 of Great Outdoors Company (Explorer)]

File Edit View Insert Explore Calculate Format Tools Window Help

Years | Products | Sales Staff | Vendors | Order Method | Actual Revenue

Actual Revenue in % of total Revenue by Vendors and Products

	Camping Equipment	Mountaineering Equipment	Personal Accessories	Outdoor Protection	Golf Equipment	Products
Golf Shop	0,00%	0,00%	0,01%	0,00%	8,73%	8,74%
Department Store	9,92%	0,17%	3,92%	0,62%	1,91%	16,53%
Direct Marketing	1,76%	0,94%	1,56%	0,04%	0,05%	4,36%
Warehouse Store	3,68%	0,02%	1,07%	0,10%	0,64%	5,51%
Equipment Rental Store	0,56%	0,23%	0,02%	0,00%	0,00%	0,81%
Outdoors Shop	28,08%	9,08%	8,78%	0,83%	0,11%	46,87%
Eyewear Store	0,00%	0,00%	0,20%	0,00%	0,00%	0,26%
Sports Store	8,30%	1,74%	2,97%	0,25%	3,65%	16,92%
Vendors	**52,29%**	**12,18%**	**18,59%**	**1,85%**	**15,10%**	**100,00%**

Screenshot Cognos Power Play

Abb. 102: Dynamische Umsatzanalyse (1)

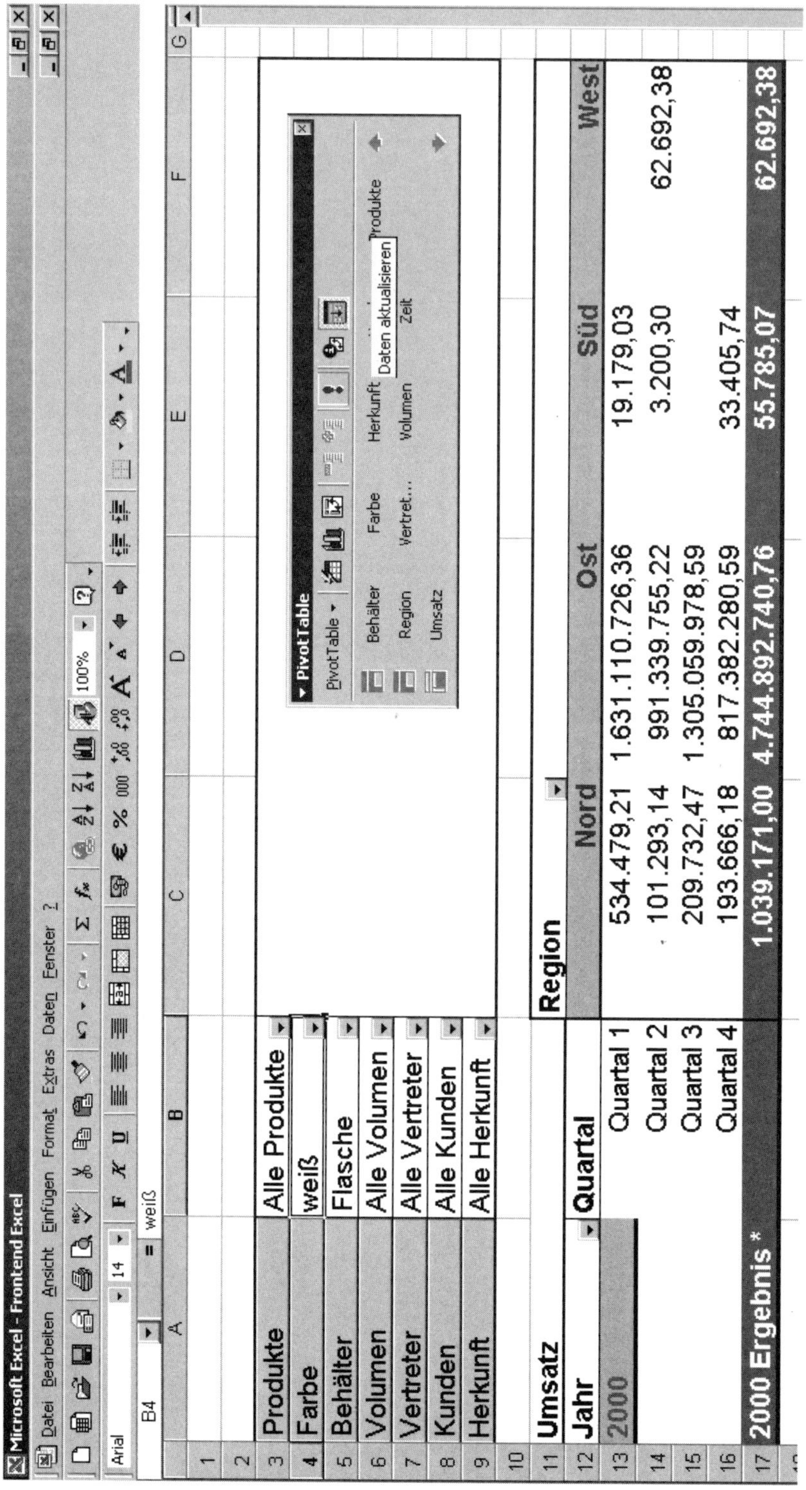

Microsoft Excel - Frontend Excel

Datei Bearbeiten Ansicht Einfügen Format Extras Daten Fenster ?

Arial   14   F K U

B4   =   weiß

	Produkte	Alle Produkte
	Farbe	weiß
	Behälter	Flasche
	Volumen	Alle Volumen
	Vertreter	Alle Vertreter
	Kunden	Alle Kunden
	Herkunft	Alle Herkunft

Umsatz		Region			
Jahr	Quartal	Nord	Ost	Süd	West
2000	Quartal 1	534.479,21	1.631.110.726,36	19.179,03	62.692,38
	Quartal 2	101.293,14	991.339.755,22	3.200,30	
	Quartal 3	209.732,47	1.305.059.978,59		
	Quartal 4	193.666,18	817.382.280,59	33.405,74	
2000 Ergebnis *		1.039.171,00	4.744.892.740,76	55.785,07	62.692,38

PivotTable

PivotTable ▾

Behälter   Farbe   Herkunft   Produkte
Region   Vertret...   Volumen   Zeit
Umsatz

Daten aktualisieren

Screenshot MS OLAP Services / Excel

Abb. 103: Dynamische Umsatzanalyse (2)

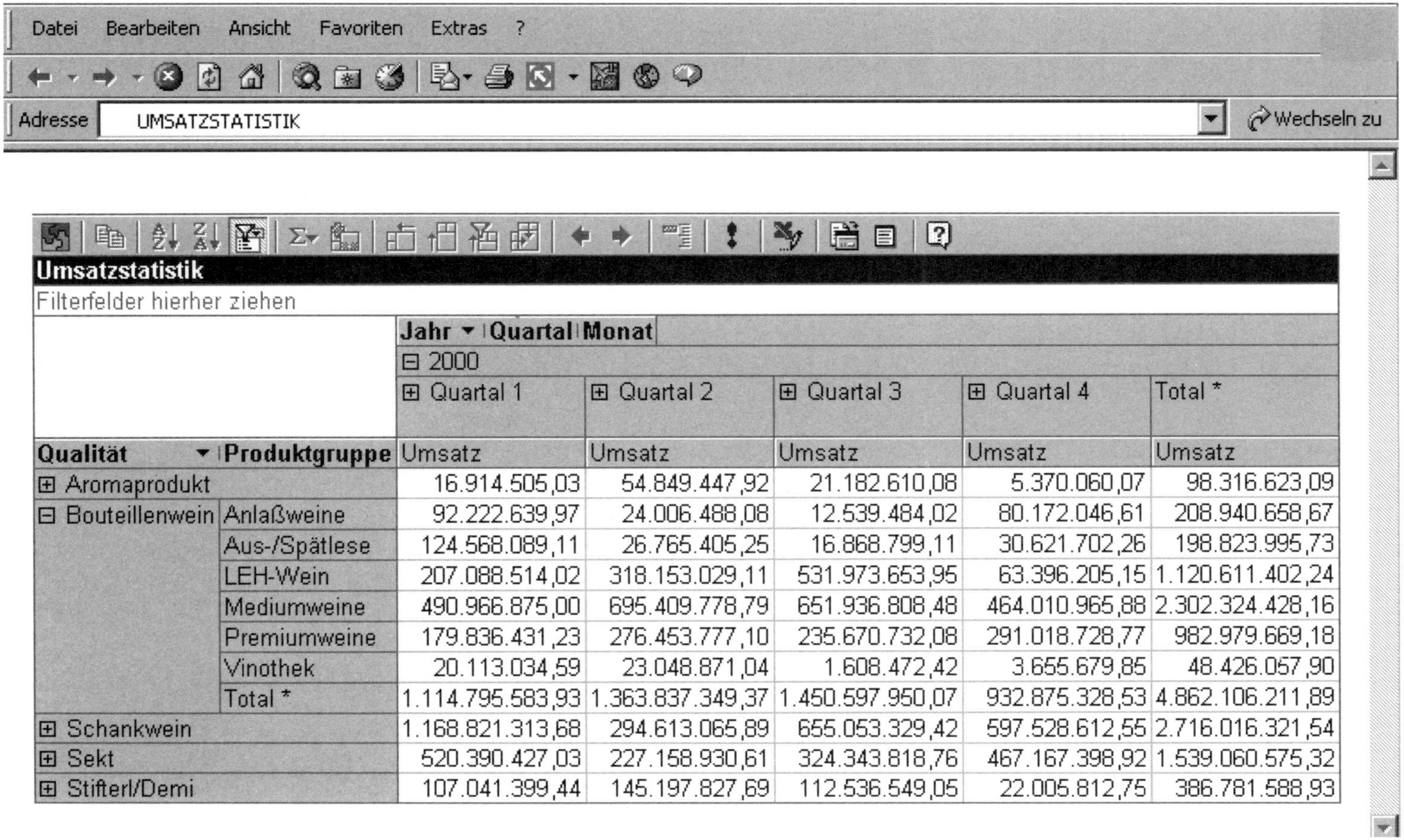

Datei   Bearbeiten   Ansicht   Favoriten   Extras   ?

Adresse   UMSATZSTATISTIK   ⟳ Wechseln zu

Umsatzstatistik

Filterfelder hierher ziehen

Qualität ▾ Produktgruppe		Jahr ▾ | Quartal | Monat				
		2000				Total *
		Quartal 1	Quartal 2	Quartal 3	Quartal 4	
		Umsatz	Umsatz	Umsatz	Umsatz	Umsatz
Aromaprodukt		16.914.505,03	54.849.447,92	21.182.610,08	5.370.060,07	98.316.623,09
Bouteillenwein	Anlaßweine	92.222.639,97	24.006.488,08	12.539.484,02	80.172.046,61	208.940.658,67
	Aus-/Spätlese	124.568.089,11	26.765.405,25	16.868.799,11	30.621.702,26	198.823.995,73
	LEH-Wein	207.088.514,02	318.153.029,11	531.973.653,95	63.396.205,15	1.120.611.402,24
	Mediumweine	490.966.875,00	695.409.778,79	651.936.808,48	464.010.965,88	2.302.324.428,16
	Premiumweine	179.836.431,23	276.453.777,10	235.670.732,08	291.018.728,77	982.979.669,18
	Vinothek	20.113.034,59	23.048.871,04	1.608.472,42	3.655.679,85	48.426.057,90
	Total *	1.114.795.583,93	1.363.837.349,37	1.450.597.950,07	932.875.328,53	4.862.106.211,89
Schankwein		1.168.821.313,68	294.613.065,89	655.053.329,42	597.528.612,55	2.716.016.321,54
Sekt		520.390.427,03	227.158.930,61	324.343.818,76	467.167.398,92	1.539.060.575,32
Stifterl/Demi		107.041.399,44	145.197.827,69	112.536.549,05	22.005.812,75	386.781.588,93

Screenshot MS OLAP Services / HTML

Abb. 104: Dynamische Umsatzanalyse (3)

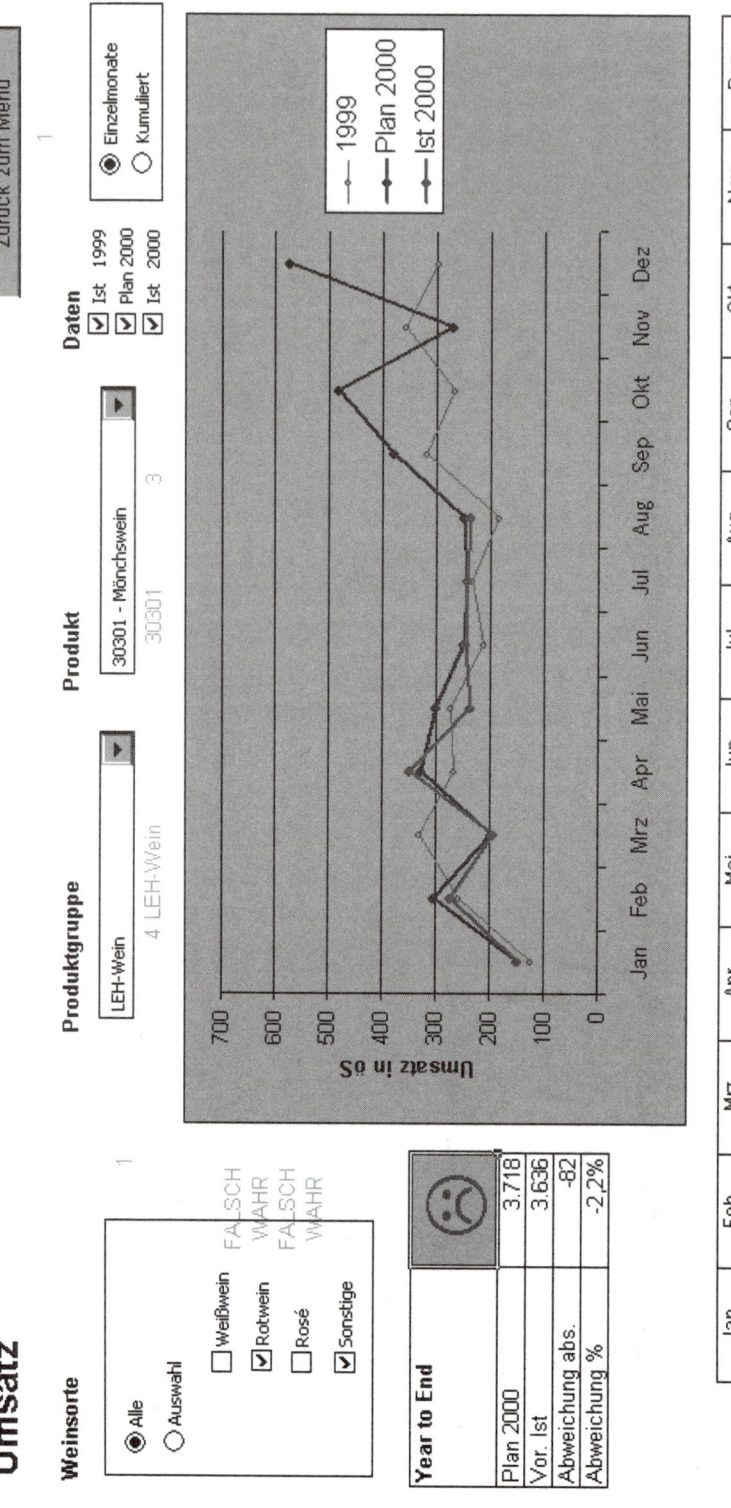

Abb. 105: Umsatzcockpit

© Österreichisches Controller-Institut, Schnait

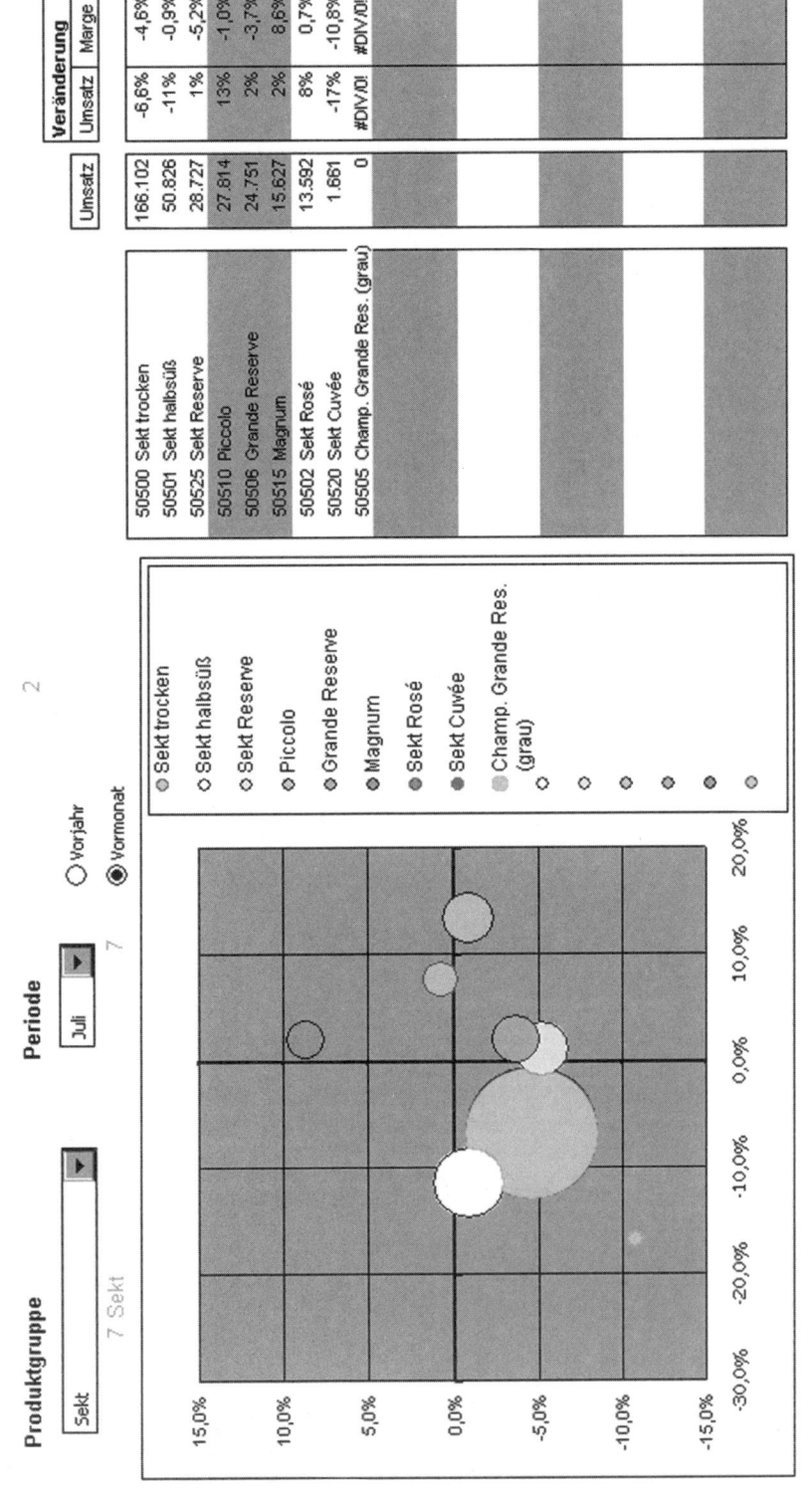

© Österreichisches Controller-Institut, Schnait

Abb. 106: Portfolio-Analyse

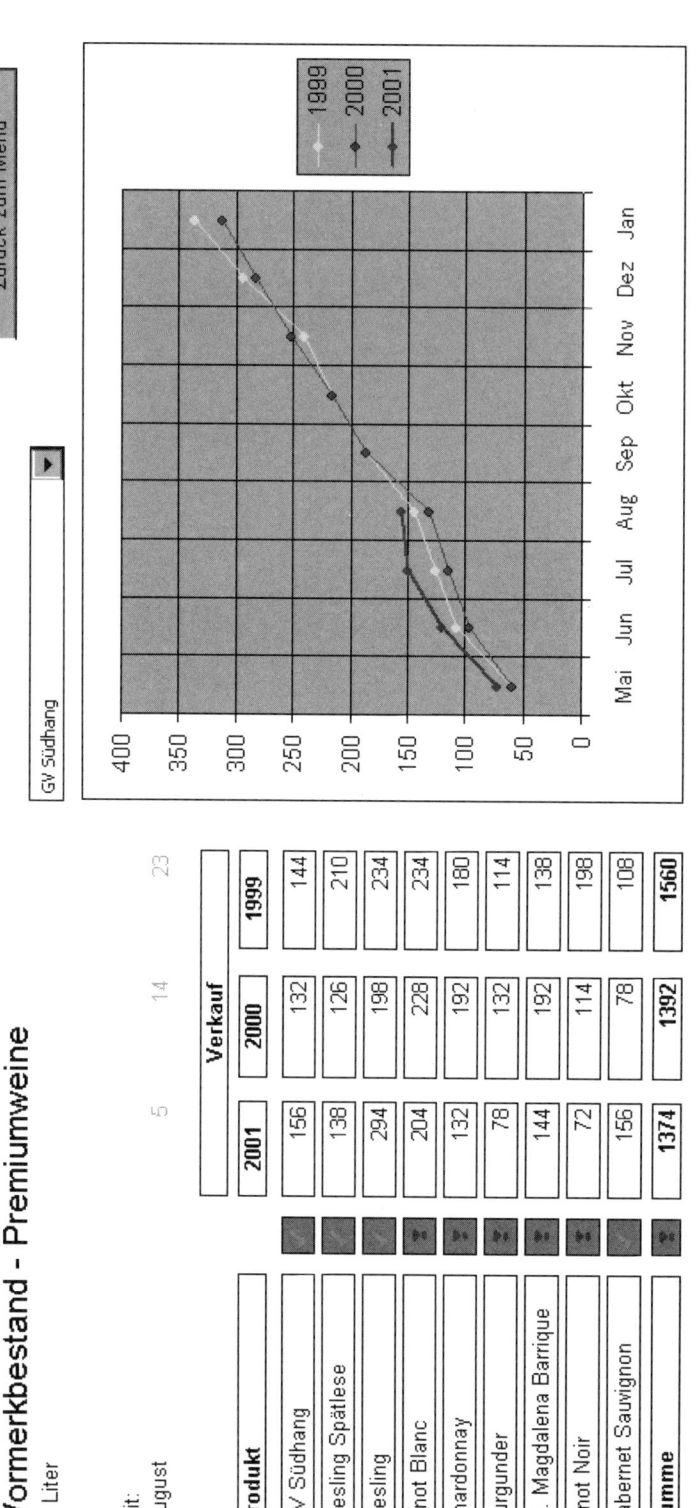

Vormerkbestand - Premiumweine
in Liter

mit:
August

Produkt	2001	2000	1999
		Verkauf	
GV Südhang	156	132	144
Riesling Spätlese	138	126	210
Riesling	294	198	234
Pinot Blanc	204	228	234
Chardonnay	132	192	180
Burgunder	78	132	114
St. Magdalena Barrique	144	192	138
Pinot Noir	72	114	198
Cabernet Sauvignon	156	78	108
Summe	**1374**	**1392**	**1560**

© Österreichisches Controller-Institut, Schnait

Abb. 107: Auftragsstand

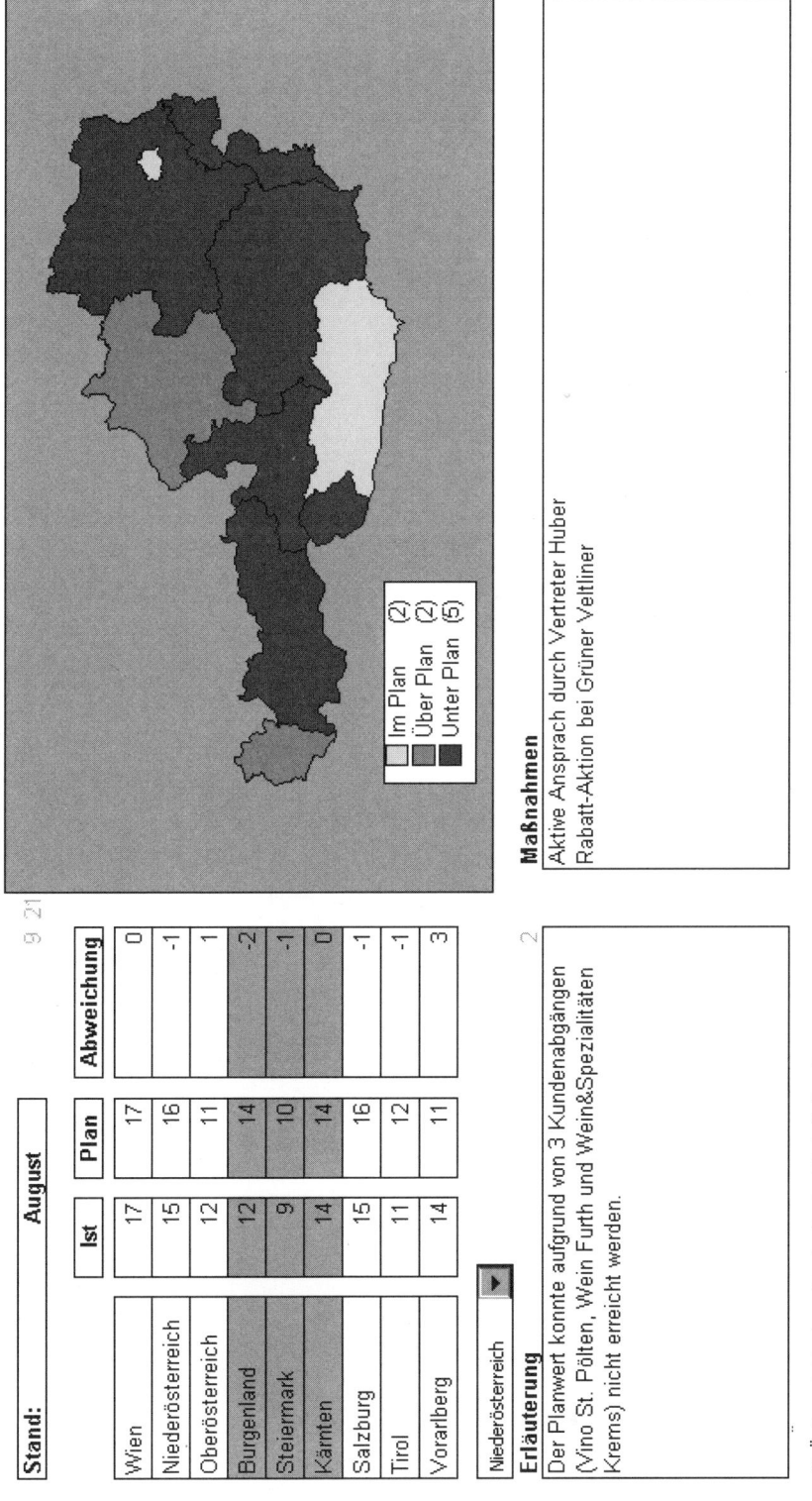

Vinothek
Anzahl belieferter Vinotheken

Stand:	August		
	Ist	**Plan**	**Abweichung**
Wien	17	17	0
Niederösterreich	15	16	-1
Oberösterreich	12	11	1
Burgenland	12	14	-2
Steiermark	9	10	-1
Kärnten	14	14	0
Salzburg	15	16	-1
Tirol	11	12	-1
Vorarlberg	14	11	3

Niederösterreich ▶

Erläuterung

Der Planwert konnte aufgrund von 3 Kundenabgängen (Vino St. Pölten, Wein Furth und Wein&Spezialitäten Krems) nicht erreicht werden.

Maßnahmen

Aktive Ansprach durch Vertreter Huber
Rabatt-Aktion bei Grüner Veltliner

Zurück zum Menü

Im Plan (2)
Über Plan (2)
Unter Plan (5)

© Österreichisches Controller-Institut, Schnait

Abb. 108: Geographische Informationen

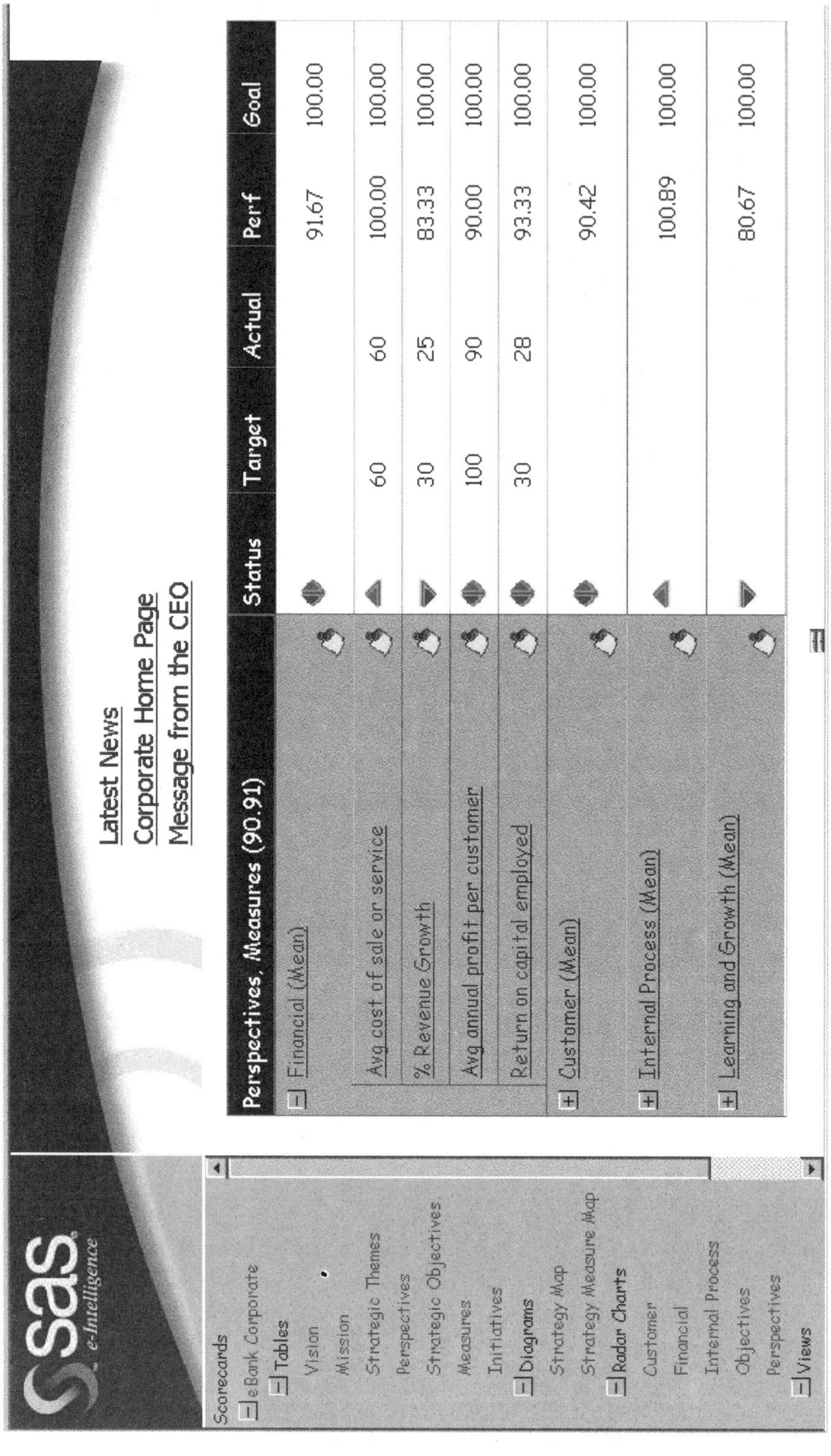

Perspectives, Measures (90.91)	Status	Target	Actual	Perf	Goal
Financial (Mean)	◆			91.67	100.00
Avg cost of sale or service	◀	60	60	100.00	100.00
% Revenue Growth	▶	30	25	83.33	100.00
Avg annual profit per customer	◆	100	90	90.00	100.00
Return on capital employed	◆	30	28	93.33	100.00
Customer (Mean)	◆			90.42	100.00
Internal Process (Mean)	◀			100.89	100.00
Learning and Growth (Mean)	▶			80.67	100.00

Latest News
Corporate Home Page
Message from the CEO

Scorecards
- eBank Corporate
  - Tables
    - Vision
    - Mission
    - Strategic Themes
    - Perspectives
    - Strategic Objectives
    - Measures
    - Initiatives
  - Diagrams
    - Strategy Map
    - Strategy Measure Map
  - Radar Charts
    - Customer
    - Financial
    - Internal Process
    - Objectives
    - Perspectives
  - Views

Abb. 109: BSC-Überblick

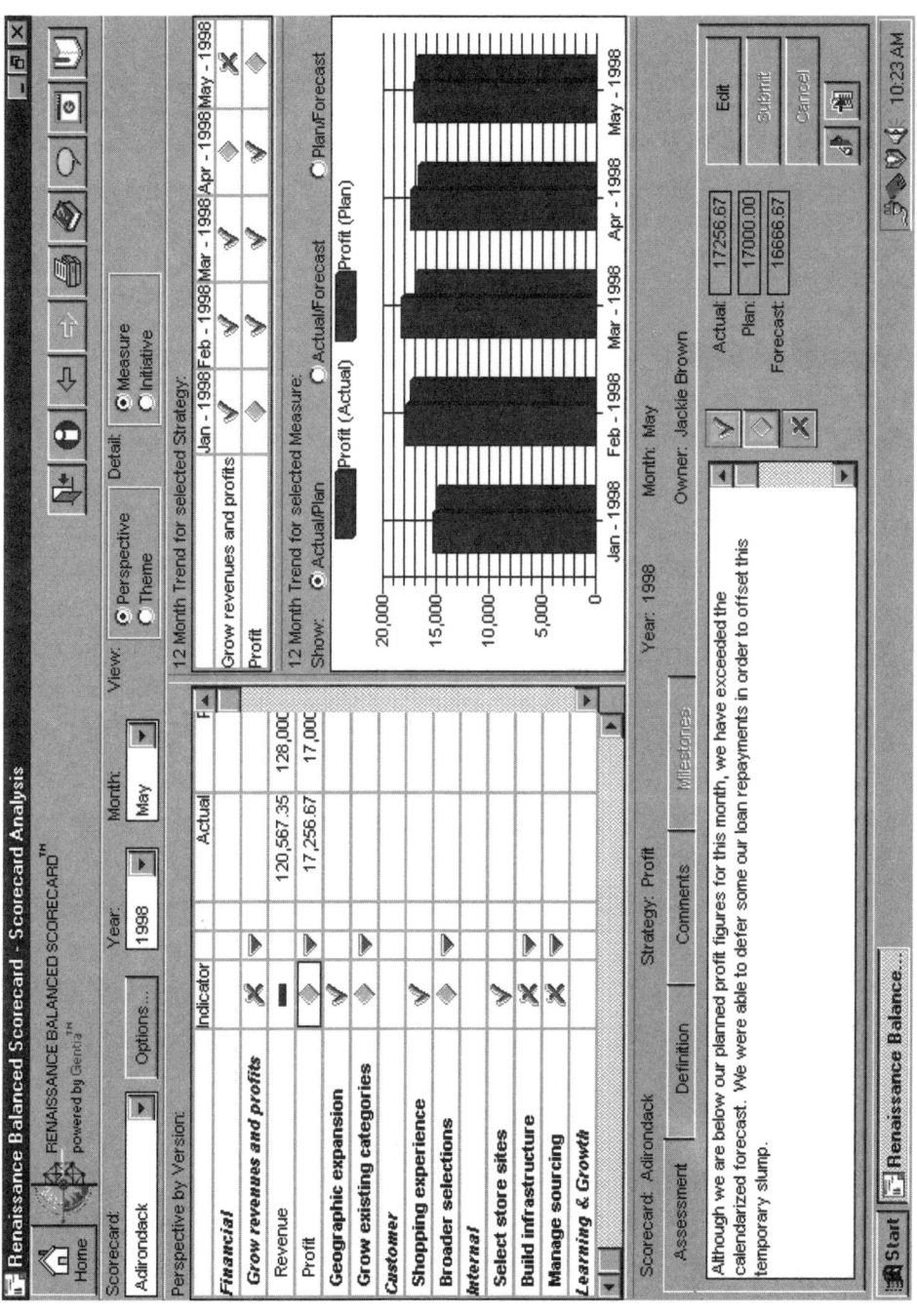

Abb. 110: Erweiterter BSC-Überblick

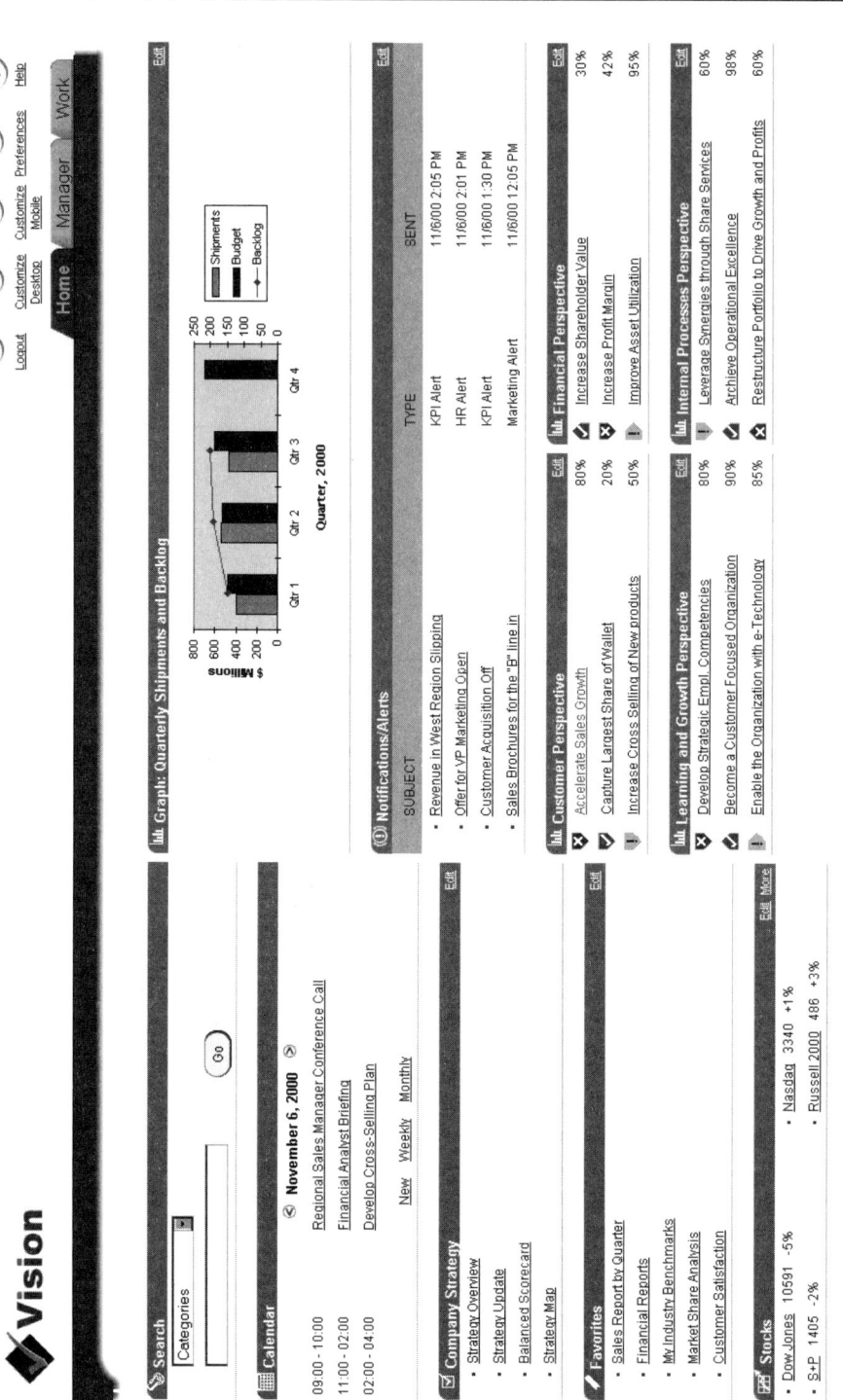

Abb. 111: BSC als persönliches Portal

List of Scorecards > Vision

⚠ Vision

Show [Custom View 1 ▾]

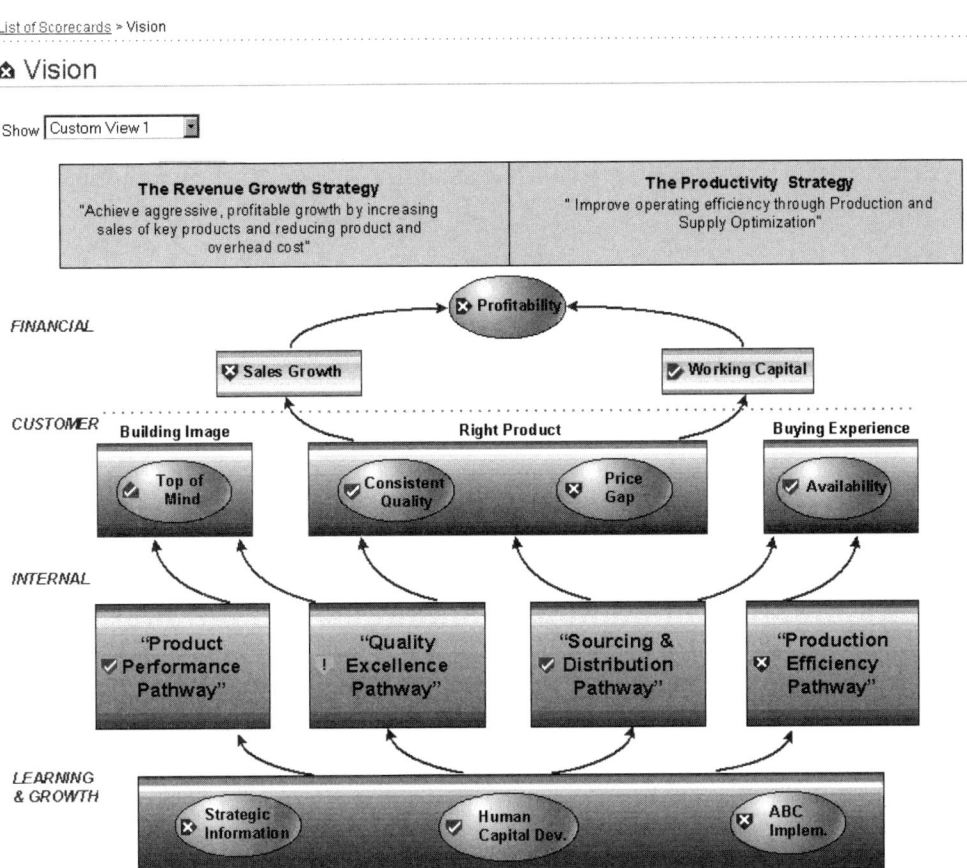

Copyright © 2001, Oracle Corporation. All Rights Reserved.

Abb. 112: Kausaler Drill-Down

⊘ Vision

Show | Detail View ▼ |

Strategic Objective	Key Performance Indicator (KPI)	Actual	Plan	Variation	% of Plan
☒ Maximize Sales Growth	☒ Sales Growth	$310.0	$356.0	-$46.0	87.1%
	☑ Top of Mind	35.4%	33.2%	2.2%	106.6%
	⚠ Quality Assurance	1.3%	1.2%	0.1%	108.3%
	☒ Price Gap	158.0%	127.4%	30.6%	124.0%
☑ Optimize Supply Chain	☑ Product Availability	76.5%	74.0%	2.5%	103.4%
	☑ Distribution Effectiveness	97.0%	95.0%	2.0%	102.1%
☑ Reduce & Control Product Overhead Cost	☒ Plant Production Efficiency	$2,100.0	$1,850.0	$250.0	113.5%
	☑ SKU Performance	33.0%	31.0%	2.0%	106.5%
	⚠ Overhead Expenses	9.3%	8.9%	0.4%	104.5%
	☒ ABC Implementation	65.0%	75.0%	-10.0%	86.7%
⚠ Maximize Value Creation	☑ Working Capital	43.2%	40.0%	3.2%	108.0%
	☒ Profitability	28.5%	32.0%	-3.5%	89.1%
	⚠ Return on Equity	26.5%	27.0%	-0.5%	98.2%
☒ Marketing Intelligence	☒ Strategic Information	43.0%	55.0%	-12.0%	78.2%
	☑ Human Capital Development	75.0%	60.0%	15.0%	125.0%

Abb. 113: Beispiel Key Performance Indikatoren

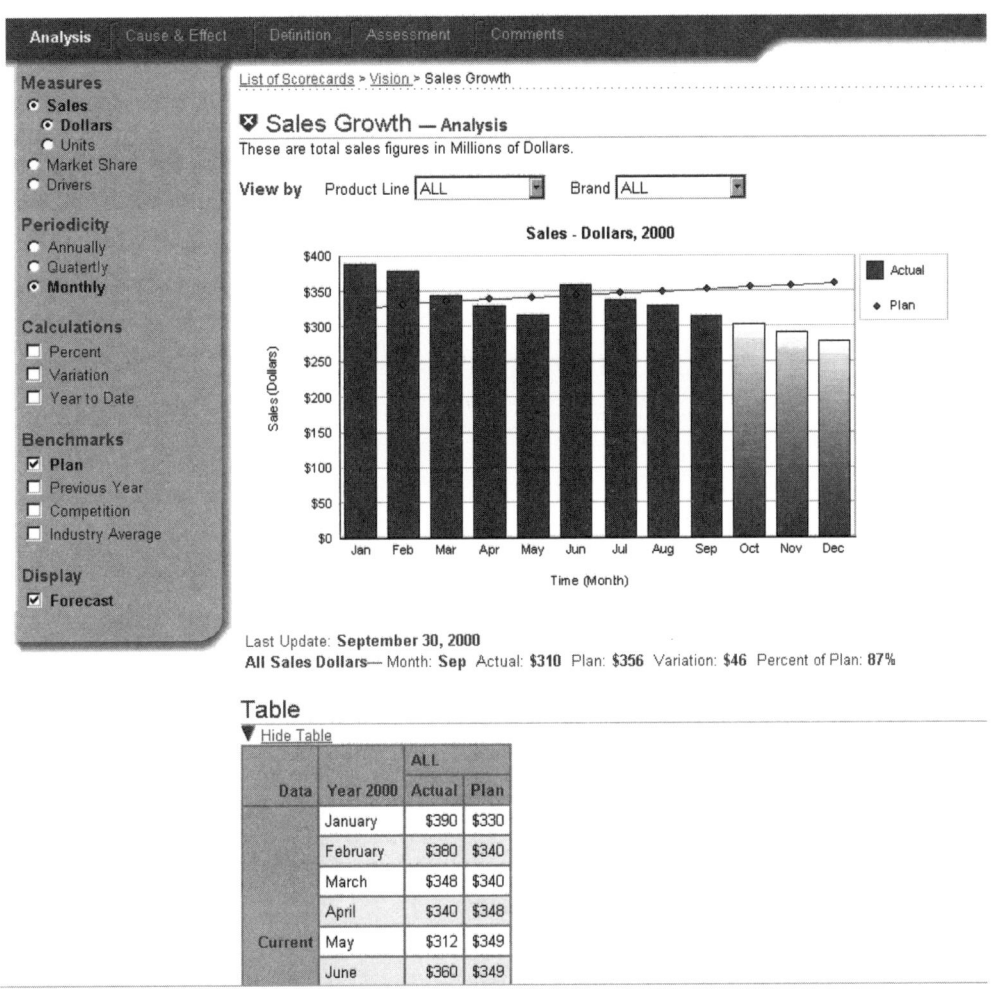

Abb. 114: Detailanalyse eines KPIs

Fazit:

- Die Online-Analyse ist wesentlich mächtiger als das Papierreporting, setzt gleichzeitig aber einen höheren Ressourceneinsatz (Software, Endbenutzerzugang, Schulung) sowie Know-how und Akzeptanz der Adressaten voraus.
- Die Balanced Scorecard ist aus Sicht des Reporting sehr gut zur integrierten und aktiven Unternehmenssteuerung geeignet.
- Die derzeit oberste Stufe der Entwicklung stellen persönliche Portale, die alle im Tagesgeschäft relevanten internen und externen Informationen technisch integrieren, dar.

3.6 Controlling Empowerment: Die Ergebnis-kommunikation als Schlüsselfaktor

3.6.1 Interaktion zwischen Controlling und Controlling-Kunden

In der Controllerarbeit spielt die psychologische Komponente eine wichtige Rolle. 6 psychologische Regeln sind hier relevant (vgl. Horak/Pelzwahn 1996, S.579ff):

1. Motivation

Controlling muss sicherstellen, dass positive Informationen im Unternehmen Priorität haben. Es gilt zu vermeiden, dass sich Organisationen hauptsächlich auf ihre Probleme fixieren. Um Verhalten zielgerichtet beeinflussen zu können, ist es wichtig, entsprechende Grundlagen für Anerkennung und Belohnung zu schaffen. Durch Lernen am Erfolg werden positive Verhaltensweisen verstärkt.

Motivationale Aspekte gibt es entlang des gesamten Controlling-Regelkreises zu beachten. Im Rahmen des Berichtswesens im Besonderen ist sicherzustellen, dass die Abweichungsanalyse nicht zur Sündenbocksuche mutiert, sondern dass stets das aktive Lernen und Verbessern im Vordergrund steht.

2. Feed-Back

Feed-Back steht für den Vergleich Erwartungen (z.B. einem Plan) und Realisiertem (z.B. Istkosten). Über das Delta gilt es zu kommunizieren. Fehler müssen erlaubt sein, denn Controlling ist nicht Revision. Wichtig ist, dass positive Abweichungen mindestens ebenso genau analysiert werden müssen, wie negative Abweichungen. In der Praxis steht häufig das Suchen nach Problemfeldern im Vordergrund. Damit werden zwar möglicherweise Schwächen abgebaut, Stärken werden damit aber nicht gefördert. Es ist wissenschaftlich erwiesen, dass positive Erwartungen auch Erfolge nach sich ziehen, d.h. dass Mitarbeiter, denen man viel zutraut, auch erfolgreicher sein werden, als jene, denen man skeptisch gegenübertritt (sog. „Pygmalion-Effekt").

Um sinnvoll Feed-Back geben zu können, muss der Controller aber auch zuhören können, d.h. von „Senden" auf „Empfangen" umschalten. Damit lernt das Controlling die Adressaten, deren Bedürfnisse und Fähigkeiten besser kennen, der Know-how-Austausch zwischen den Fachabteilungen und dem Controlling wird forciert, Selbstcontrolling wird erleichtert und gegenseitiges Verständnis gefördert.

3. Kommunikation

Die Ergebniskommunikation wird erleichtert, wenn ein paar wichtige psychologische Regeln beachtet werden:

▌ Berichte brauchen eine Übergabe

Je formloser Informationen ausgetauscht werden, desto weniger Wertschätzung wird ihnen entgegengebracht. Die bloße Verteilung von Berichten auf Papier oder Mail ist ein klassisches Beispiel hiefür. Kann das Controlling den Bericht tatsächlich „übergeben" und in weiterer Folge mit dem Adressaten diskutieren, wird auch die Wichtigkeit der Inhalte betont.

▌ Fragen stellen statt Aussagen treffen

Aussagen wirken bisweilen dogmatisch oder überheblich und rufen Opposition hervor. Fragen erlauben es leichter, die unterschiedlichen Standpunkte einzubinden und einen Konsens über zu setzende Maßnahmen zu erzielen. Die Verantwortlichen fühlen sich besser eingebunden und nehmen die Diskussionsergebnisse als ihre eigenen an.

▌ Kritik zulassen

In einem Klima der Offenheit ist auch Platz für Kritik. Wichtig ist sicherzustellen, dass die Kritik den sachlichen Inhalt betrifft und nicht rein auf persönlichen Animositäten fußt.

▌ Aktiv zuhören

Ein guter Controller ist ein guter Zuhörer. Ein schlechter Controller glaubt, die Zahlen sagen alles. Zuhören verbessert nicht nur den Kenntnisstand, es drückt auch Wertschätzung gegenüber dem Gesprächspartner aus und verbessert damit die Arbeitsbeziehung. Indem der Sender immer wieder auch auf Empfang umgestellt wird, stellt das Controlling sicher, dass Missverständnisse rasch ausgeräumt werden können.

▌ Verstehen heißt nicht Übereinstimmen (vgl. Hierhold/Laminger 1995, S.99).

Argumente können verstanden werden, dennoch können unterschiedliche Meinungen über die daraus zu ziehenden Konsequenzen bestehen. Wichtig ist aber, dass beide Parteien glaubhaft signalisieren, um Verständnis bemüht zu sein und nicht Justament-Standpunkte zu vertreten.

> GESAGT heisst noch nicht GEHÖRT
> GEHÖRT heisst noch nicht VERSTANDEN

VERSTANDEN heisst noch nicht ZUGESTIMMT
ZUGESTIMMT heisst noch nicht BEREIT ZUM HANDELN

▌ Einhalten der richtigen Reihenfolge
Ursachen haben Gründe, verursachen Wirkungen und benötigen Maßnahmen. Wenn Sie bei den Maßnahmen beginnen, ohne vorher klarzulegen, worin diese begründet sind, wird die Kommunikation nicht verständlich sein. Die Gründe erscheinen dann häufig nicht mehr als Entscheidungsgrundlagen, sondern als bloße Rechtfertigung für die Maßnahmen.

▌ Die Gegenseite ins Boot holen
Zur Durchsetzung eines Anliegens, z.B. Beschluss einer Personalkostenreduktion, ist es notwendig, dies für die operativ Verantwortlichen möglichst schmerzfrei zu gestalten. Eine „Beweisführung" i.S. des Belegs der Notwendigkeit durch das Controlling ist nicht immer notwendig oder hilfreich, zielführender ist es, Umsetzungsvarianten aufzuzeigen.

▌ Die Botschaft besteht aus Inhalt plus Absender
Das Controlling kommuniziert Fakten. Der Empfänger bewertet diese Fakten aber immer vor dem Hintergrund seiner persönlichen Erfahrungen. War die Abweichungsanalyse in der Vergangenheit fehlerhaft, so werden auch aktuelle Berichte skeptisch betrachtet werden.

▌ Leser lesen und Hörer hören
Kommunikation ist mit dem Empfänger. Empfänger, die „Leser" sind, legen Wert auf schriftliche Information und messen einer verbalen Information wenig Wert bei und umgekehrt. Dennoch sollte es Ziel des Controlling sein, in jedem Fall die Präsentation und Ergebniskommunikation im Rahmen des Berichtswesens zu forcieren.

4. Vertrauensbildung

Die Führungskräfte müssen dem Controlling vertrauen können, umso mehr, wenn es um negative Inhalte geht. Vertrauen wird durch Objektivität, persönliche Integrität und Qualitätssicherung im Berichtswesen gewonnen. Vertrauen wird durch Unzuverlässigkeit, Informationsfilterung, Inkompetenz, Ehrgeiz ohne Loyalität und die Vertretung von Eigeninteressen verloren. Vertrauen wird wesentlich schneller verloren, als aufgebaut.

5. Durchsetzung

Die Durchsetzung von Entscheidungen kann unter Druck oder im Konsens herbeigeführt werden. Aus Sicht des Controlling muss versucht werden, den konsensualen Weg zu beschreiten, denn dadurch werden die Verbindlichkeit und Dauerhaftigkeit erhöht.

Die Harvard-Methode stellt ein solches konsensuales Konzept dar und beruht auf 4 Grundsätzen (vgl. Fisher et al. 1999, S. 31 bzw. 37ff):

a) Menschen und Probleme müssen getrennt voneinander behandelt werden:
  ▸ Diskutieren Sie Dinge sachlich und weisen Sie niemandem persönlich Schuld zu.
  ▸ Drücken Sie Wertschätzung für die investierte Zeit und Mühe aus.
  ▸ Hören Sie zu und zeigen Sie persönliche Anerkennung für die Gegenseite.
  ▸ Versetzen Sie sich in die Lage des anderen und seien sie nicht blind für die Beweggründe der Gegenseite.
  ▸ Psychologische Probleme können nicht durch Zugeständnisse in der Sache gelöst werden.

b) Interessen, nicht Positionen müssen in den Mittelpunkt gestellt werden
  ▸ Finden Sie Interessen, die beiderseitigen Nutzen haben.
  ▸ Versuchen Sie, der Gegenseite die Entscheidung zu erleichtern.
  ▸ Finden Sie die „echten" Interessen (z.B. Sicherheit, Anerkennung, Selbstbestimmung o.ä.) heraus, finanzielle Interessen werden häufig überbetont.

c) Vor der Entscheidung sind Wahlmöglichkeiten zu entwickeln.
  ▸ Suchen Sie nicht nach der einzigen Lösung.
  ▸ Schaffen Sie Wahlmöglichkeiten, indem Sie mehrere Optionen aufzeigen.

d) Das Ergebnis baut auf objektiven Entscheidungsprinzipien auf
  ▸ Einigen Sie sich auf objektive Kriterien, die Standpunkte legitimieren.
  ▸ Seien Sie offen für Vernunftgründe und verschließen Sie sich Drohungen.

6. Wandel

Veränderungen werden latent als Bedrohung gesehen. Um Wandel zu ermöglichen, müssen die Mitarbeiter sich eingebunden fühlen und die Notwendigkeit zu handeln erkennen. Das Controlling bringt für Veränderungsprozesse Fach-Know-how und soziales Know-how ein, das Management muss die organisatorischen Rahmenbedingungen für den Wandel schaffen und die Durchsetzung ermöglichen.

3.6.2 Warum ist Kommunikation wichtig?

Der Mensch behält durchschnittlich (vgl. Neuhäuser-Metternich/Witt 2000, S. 110)

▸ Ca. 20% von dem, was er hört,

▸ Ca. 30% von dem, was er sieht,

▸ Ca. 50% von dem, was er hört und sieht,

▸ Ca. 70% von dem, worüber er redet,

▸ Ca. 90% von dem, was er selbst tut.

Wenn Sie jetzt an klassisches Berichtswesen im Sinne der Informationsverteilung denken, sind diese Zahlen ernüchternd. Wird über die Inhalte kommuniziert (z.B. in einem Controlling-Gespräch), steigt die Nutzenstiftung durch das Controlling deutlich an und sollte auch zu einer rascheren und verbesserten Entscheidungsfindung führen.

Die Kommunikation zwischen Controlling und Management hat aus Controllingsicht das Ziel, die Akzeptanz und Handlungsorientierung beim Management zu fördern. Abb. 115 liefert eine Übersicht akzeptanzfördernder bzw. -mindernder Faktoren (vgl. Kemper 1999, S. 107):

Akzeptanzfördernde Faktoren	Akzeptanzmindernde Faktoren
• Initiierung der Systementwicklung durch den Vorstand	• Verordnung der „Akzeptanz" durch Vorstandsbeschluss
• Existenz von Macht- und Fachpromotoren	• Erzeugung von Akzeptanz durch Präsentations-Prototypen
• Kontinuierliche Adaption der Systeme an die Bedürfnisse des Managements (Erweiterung bzw. Reduktion des Systemumfangs)	• Existenz von parallelen Berichtswegen
• Einrichtung periodischer Benutzertreffen	• inhaltliche Systemmängel
• Schaffung institutionalisierter Unterstützungseinheiten	• komplexe Bedienbarkeit der Syteme

Abb. 115: Akzeptanzbeeinflussende Faktoren

Im Rahmen der Kommunikation ist nicht nur das „Was" zu beachten, sondern v.a. auch das „Wie". Wie müssen Berichte verfasst werden, dass sie vom Benutzer verstanden werden, Interesse und Handlungsbereitschaft erzeugen und nicht zu einer Abwehrhaltung oder Ignorierung führen?

Die Verständlichkeit von Berichten wird in formaler Hinsicht durch Standardisierungen gefördert (s. 3.3.3.3). Wichtig ist aber auch, dass Kommentare und Textpassagen verständlich sind. Dies wird gewährleistet, indem schriftliche Berichte in klarer, „jargonfreier" Ausdrucksweise verfasst werden.

Checkliste 10: Verständliche Sprache

- Berücksichtigung des Kunden-Know-hows
- Konversationsstil
- Überprüfung der Verständlichkeit langer Sätze
- Limitierter Einsatz passiver Sprache
- Grammatikalische Richtigkeit
- Aufbau logischer Struktur für lange Berichte.

Bei besonders wichtigen Berichten sollte vor Erstverteilung (auch bei neuen Standardberichten) ein Controlling-Kollege oder noch besser ein „Testkunde" den Bericht checken. Dies sollte bei Bedarf zu einer Überarbeitung vor endgültiger Vorlage führen.

Im Rahmen der Kommunikation ist das Transportieren von negativen Inhalten besonders sensibel. Folgende Tipps helfen Ihnen, auch bei negativen Inhalten zu einer konstruktiven Arbeitsbasis zu finden:

Checkliste 11: Kommunikation negativer Inhalte

- Die Vorabkommunikation von Ergebnissen hilft, um Gerüchte zu vermeiden und gibt den Verantwortlichen nicht das Gefühl, überfallen zu werden.
- Die Kundensicht muss besondere Berücksichtigung finden („Abholen").
- Die Problemlösung, nicht das Problem wird in den Vordergrund gestellt.
- Negative Inhalte werden im „Sandwich" kommuniziert: Positives – Negatives – Positives.
- Vorsichtige bzw. abgeschwächte Begriffswahl kann hilfreich sein.

3.6.3 Kommunikationsmittel

In der Controllingpraxis spielen eine Reihe von Kommunikationsmitteln eine wichtige Rolle:

▌ Schriftliche Berichte
Im klassischen Papierberichtswesen wird über unterschiedliche Berichtselemente kommuniziert, z.B. periodisierte Berichte (Monats- oder Quartalsberichte), Projekt-, Analyse- oder Maßnahmenberichte (Zwischen- und Endberichte, Executive Summaries).

▌ Meetings und Präsentationen
Idealerweise werden Berichte präsentiert und diskutiert, etwa in „Controlling-Jour-Fixes", Arbeitssitzungen oder persönlichen Diskussionen und Vier-Augen-Gesprächen.
Für externe Adressaten haben gewisse Meetings Öffentlichkeitscharakter (z.B. Bilanzpressekonferenzen).

▌ Kurzkommunikationmittel
Wesentliche Inhalte oder wichtige Punkte werden häufig vorab kommuniziert, hauptsächlich über Mails oder Memos. Faxe spielen aufgrund der geforderten Vertraulichkeit und der Erreichbarkeit praktisch aller Controlling-Kunden via e-Mail eher eine untergeordnete Rolle.

▌ Newsletter, Bulletins, Broschüren
„Presseähnliche" Kommunikationsmittel dienen eher zum Transport allgemeiner Information, weniger zur Vermittlung von Berichtsinhalten. Für die Darstellung unternehmensweit wichtiger Projekte können solche Medien aber sinnvoll eingesetzt werden.

▌ Internet und Intranet
Web-basiertes Reporting wird in Zukunft mehr Bedeutung erlangen. Es ermöglicht Selbst-Controlling der Kunden und kann einen komfortablen Zugriff auf adressatenspezifische Information ermöglichen.

3.6.4 Der Controller als Verkäufer von Wissen

3.6.4.1 *Gestaltung des Informationssystems*

Es wurde bereits mehrfach darauf hingewiesen, dass Informationen aktiv zum Kunden transportiert werden müssen. Daten sind im Überfluss vorhanden, Informationen müssen daraus adressatengerecht destilliert und Wissen generiert werden. Um dies zu gewährleisten, muss das Controlling für die

▸ Gestaltung des Informationssystems (Adressaten, Frequenz und Inhalte, Software-, Hardwareauswahl)

▸ Verknüpfung zu anderen Unternehmensbereichen und Informationsquerflüsse ermöglichen und

▸ Koordination der Informationsaktivitäten

verantwortlich sein (vgl. Neuhäuser-Metternich/Witt 2000, S.151).

3.6.4.2 Kommunikation zur Verkaufsförderung von Information

Bereits einleitend wurde festgehalten, dass Kommunikation nicht nur aus „Senden" sondern auch „Empfangen" besteht. Aktives Zuhören-Können muss eine wesentliche Fähigkeit eines guten Controllers sein. „ Zuzuhören ist das beste einzelne Werkzeug, um eine große Anzahl anderer leistungsfähiger zu machen." (zit. n. Peters 1991, S.526). Aktives Zuhören bedeutet auch, von anderen Lernen zu wollen, den eigenen Wissenstand mit dem anderer zu „benchmarken".

Das Controlling muss im Rahmen der Faktenvermittlung kommunikationsfördernde Verhaltensweisen einsetzen, zum einem um für die Kunden mehr Nutzen zu stiften und damit zum anderen selbst ein Gefühl der Befriedigung aus der eigenen Wirkung zu beziehen.

Checkliste 12: Kommunikationsfördernde Verhaltensweisen

▪ Non-verbale Kommunikation beachten
▪ Verständlich formulieren
▪ Persönliche Historie bewusst machen und berücksichtigen
▪ Gesprächspartner als gleichberechtigt betrachten

3.6.4.3 Berichtsdiskussion in Kleingruppen

Für das Controlling sind Vier-Augen-Gespräche und Kleingruppen relevant. Die größere Bedeutung wird dabei der Arbeit in Teams oder Kleingruppen beigemessen. Da diese auch in der Zusammenarbeit komplexer sind, wird dieser Punkt dezidiert behandelt.

Die Kommunikation in Kleingruppen darf nie ein Monolog, z.B. des Controlling über den abgelaufenen Monat, sein. Ziele der Kommunikation mit Kleingruppen sind

▸ Aufmerksamkeit zu erlangen
▸ Glaubwürdigkeit auszustrahlen
▸ Überzeugung zu erreichen und
▸ Einwilligung zur Maßnahmenumsetzung zu erzielen.

Das Controlling muss den wesentlichen ergebnisbezogenen Input liefern, die Ursachen und Konsequenzen müssen aber im Sinne einer moderierten Diskussion aufgearbeitet werden. Wichtig ist hierbei, dass die Diskussion auf ein Thema und ein Arbeitsziel ausgerichtet ist (z.B. Trends in der Marktentwicklung und deren sichtbare oder erwartete ergebnismäßigen Konsequenzen). Diskussionen sind v.a. für Themen mit Entscheidungscharakter geeignet, denn sie bieten die Möglichkeit, der Analyse tatsächliche Maßnahmen folgen zu lassen. Das Problem in der Praxis ist in der Regel die Analysedominanz und Untergewichtung der Ergebnisdiskussion und Maßnahmenfindung.

Diskussionen bergen aber auch die Gefahren:

▸ „Hierarchische" Diskussion: Vorgesetzte sprechen, Mitarbeiter schweigen
▸ „Personengetriebene" Diskussion: wer gerne diskutiert und sich in Szene setzt, diskutiert (im Extremfall auch ohne inhaltlichen Kontext), Mauerblümchen schweigen
▸ „Emotionale" Diskussion: persönliche Differenzen ersetzen Inhalte.

Um diese Gefahren zu vermeiden, empfiehlt es sich, einen Fahrplan mit Spielregeln für die Diskussion zu vereinbaren.

Phasen der moderierten Berichtsdiskussion sind:

1. Einstimmung
   ▸ Was ist der Grund des Meetings?
   ▸ Was ist das heutige Thema? Gibt es besondere Schwerpunkte?
   ▸ Wie sieht der Zeitplan aus?

Das Einstimmen hat v.a. für anlassbezogene Meetings Bedeutung, bei Routine-Meetings oder Jour-Fixes sind diese Punkte meist klar.

2. Berichtspräsentation

Es kann sinnvoll sein, die Berichtspräsentation in mehrere separat diskutierbare Teile aufzuteilen, um die Interaktion zu fördern. Falls Verständnisfragen bestehen, so sind diese gleich zu stellen, die Diskussion sollte en bloc nach Präsentationsende erfolgen. Die Berichtspräsentation muss immer auch auf die in den vergangenen Meetings beschlossenen Maßnahmen Bezug nehmen, um ein Umsetzungscontrolling zu gewährleisten und Lerneffekte über (un-)wirksame Maßnahmen zu ermöglichen.

3. Berichtsdiskussion
   ▸ Feed-Back der Meetingteilnehmer
   ▸ Sammlung ergänzender Information
   ▸ Festlegung von Maßnahmenschwerpunkten (Themenspeicher)

4. Erarbeitung von Maßnahmen
Eine Kleingruppe erlaubt die gemeinsame Erarbeitung von Maßnahmen. Eine Großgruppe müsste dafür nach Themengebieten aufgeteilt werden. Werden mehrere Optionen erarbeitet, so ist zu priorisieren, welche Aktivitäten vordringlich umgesetzt werden sollen. Die anderen Maßnahmen werden verschoben oder verworfen.

5. Maßnahmenplan
Wer setzt was wie bis wann um?

Ohne die dezidierte Zuordnung von Verantwortung, Zeit- und Ressourcenbudgets werden Maßnahmen nicht umgesetzt. Die Umsetzung ist zu kontrollieren (s.o.).

6. Abschluss
Eine allgemeine Abschlussrunde soll nochmals Feedback zur Besprechung, v.a. zur Zielerreichung einholen.

3.6.4.4 *Berichtspräsentationen an Großgruppen*
Gerade bei Präsentationen vor größeren Gruppen ist es essentiell, dass die Rahmenbedingungen überprüft werden. Die Kompetenz des Vortragenden wird u.a. anhand der Vorbereitung und der Handhabung des technischen Equipments beurteilt. Die Zeit der Führungskräfte ist kostbar und niemand wartet gerne.

Checkliste 13: Berichtspräsentation

❚ Allgemeine Überlegungen: eigene Präsentationsversion oder Präsentation der schriftlichen Berichte
❚ Gruppengröße
   ▸ 4-Augen-Gespräch
   ▸ Kleingruppe / Tischpräsentation
   ▸ Großgruppe / Plenum
❚ Equipment
   ▸ Overheads, Beamer, Datendisplays

> ‣ ist verfügbar?
> ‣ kompatibel mit PC oder Laptop?
> ‣ Funktioniert und ist lesbar (Lichtstärke, Schärfe)?
> ‣ Handouts ja/nein
> ‣ Sicherheitskopien ja/nein
> ‣ Folien als Back-Up für wichtige Präsentationen ja/nein

Gerade in Präsentationssituationen und in der eher anonymen Kommunikation an Großgruppen spielen verbale und non-verbale Kommunikation eine wichtige Rolle. Das Controlling ist weitgehend zahlen- und faktenorientiert. Als Konsequenz daraus wird auch in der Kommunikation stärker der inhaltlichen und zu verbalisierenden Ebene Aufmerksamkeit geschenkt. Non-verbale Kommunikation ist aber mindestens ebenso wichtig. Sie kann die Kommunikation der Inhalte unterstützen oder auch völlig konterkarieren.

Die Darstellung von Do's und Don'ts verbale und non-verbale Kommunikation soll Ihnen helfen, Fakten überzeugender zu vermitteln.

Fazit:

▪ „Der Ton macht die Musik." Das WIE der Kommunkation harter Fakten hat großen Einfluss auf die Wirkung des Controlling im Allgemeinen und des Berichtswesen im Speziellen.

▪ Versuchen Sie die Rahmenbedingung der Berichtskommunikation positiv zu gestalten.

▪ Berichte müssen kommunizert werden, eine Verteilung (papier- oder web-basiert) reicht nicht aus.

Verbale Kommunikation	Do's	Don'ts
Atmung	• bewusstes Ausatmen vor dem ersten Wort • gleichmäßige Atmung	• tief Luftholen und bis zur totalen Ausatmung sprechen • Worte herauspressen
Modulation	• nach Bedeutung wechselnde Betonung • leiser sprechen, wenn Publikum lauter wird • moderates bis zügiges Sprechtempo • Pausen einlegen	• monotones Sprechen • Publikum übertönen • Sprechstakkato
Verständlichkeit	• logische Abfolge beachten • kurze Sätze • falls nötig Begriffe erklären (1 Laie im Publikum reicht) • sparsamer Konjunktiv • fremdsprachige Begriffe nur dort, wo es notwendig ist • Beispiele bringen • Füllwörter vermeiden (regelmäßig Feedback zur Sensibilisierung einholen)	• unstrukturierter Vortrag • Schachtelsätze • technischer Kauderwelsch • zu weicher, unentschlossener Ausdruck • zu viele fremdsprachige Begriffe („moderne" Anglizismen) • abstrakt bleiben • Füllwörter verwenden (bzw. ein Füllwort durch ein anderes ersetzen)
Dauer	• so lang als nötig, so kurz als möglich	• so lang als Zeit zur Verfügung steht • so lange es den Vortragenden interessiert
Stil	• frei auf Basis der Unterlagen sprechen	• ablesen

Abb. 116: Verbale Kommunikation

Non-verbale Kommunikation	Do's	Don'ts
Spannung	• leicht merkbares Lampenfieber (signalisiert Eigeninteresse an der Thematik)	• betonte Lässigkeit / demonstriertes Desinteresse • Augen-zu-und-durch-Auftritt
Haltung	• „sicherer", aufrechter Stand • moderate Bewegungen (Gewichtsverlagerungen, wenige Schritte)	• breitbeiniger Stand („Türsteher"), zu enger Stand („verklemmt") • vorne übergebeugt (z.B. über Unterlagen) • Hände in den Hosentaschen • hektisches Herumlaufen • Auf- und Abwippen
Mimik	• offener, neutraler, freundlicher Gesichtsausdruck • sparsamer Ausdruck von Emotion • Mimik muss zur Botschaft passen	• verkniffen (negativer Ausdruck bei hoher Konzentration) • extremer Ausdruck positiver oder negativer Emotion (zu geringe Sachorientierung) • Lachen bei negativen Abweichungen (Beschönigung) und vice versa
Gestik	• gezielter Einsatz der Hände zur Unterstreichung der Inhalte • Zeigegegenstände nur in die Hand nehmen, um tatsächlich etwas zu zeigen	• wildes Gestikulieren • Spielen mit Gegenständen (Kugelschreiber…)
Blickführung	• ALLE Teilnehmer regelmäßig ansehen • Mimik beachten • niemanden anstarren	• kein Blickkontakt • nur wenige Teilnehmer (z.B. besonders kritische) ansehen • „Stress des unausgesetzten Blicks" verbreiten

Non-verbale Kommunikation	Do's	Don'ts
Kleidung	• der Unternehmenskultur angepasst • eher over-dressed • Verpackung lenkt nicht vom Inhalt ab • gepflegt	• „Ich bin ich und die Normen sind mir egal"
Technisches Equipment	• bedienen können • vorher testen • neben dem Medium (der Projektionsfläche) stehen • zum Publikum sprechen	• jemanden zur Bedienung benötigen bzw. daran scheitern • vor der Projektionsfläche stehen • mit dem Rücken zum Publikum stehen und sich selbst die Inhalte erklären

Abb. 117: Non-verbale Kommunikation

4 Tools und Trends

Ein zeitgemäßes Berichtswesen ist ohne dezidierte technische Unterstützung nicht in der Lage, die Anforderungen der Controlling-Kunden zeitnah und mit vertretbarem Ressourceneinsatz zu erfüllen. Die im Berichtswesen einsetzbaren Tools werden einfacher zu bedienen, billiger und erlauben meist die Integration heterogener Vorsysteme. Dennoch ist es wichtig, den EDV-Einsatz nur als Mittel zum Zweck der inhaltlichen Optimierung des Berichtswesens zu sehen.

4.1 IT-Architektur im Berichtswesen

In der Praxis wird häufig nur zwischen den Begriffen „Transaktionssystem" (OLTP – Online Transactional Processing) und „Data Warehouse" unterschieden, d.h. das Data Warehouse steht als Schlagwort für alles, was für Reportingzwecke ausserhalb des operativen Systeme geschieht.

Aus technischer Sicht ist eine differenzierte Architektursicht nötig:

▶ Die Vorsysteme dienen der Abwicklung und Verbuchung der Geschäftsfälle, liefern also das Datenmaterial in atomistischer Detaillierung. Wenn externe Daten angebunden werden, dann erfolgt dies in der Regel ebenfalls nicht direkt an das Data Warehouse, sondern über eine zwischengeschaltete interne Quelle (im einfachsten Fall ein Excel-Sheet).

▶ Aus den Vorsystemen müssen Daten in das Data Warehouse geladen werden. Die Daten werden dabei selektiert (nur relevante Daten werden übernommen), harmonisiert (z.B. themenspezifisch zusammengefasst), verdichtet (z.B. je Konto und Periode) und angereichert (z.B. abgeleitete Stammdatenmerkmale, Abweichungsberechnungen). Die Befüllung des Data Warehouse erfolgt in festgelegten Intervallen.

▶ Die Daten werden im Data Warehouse gespeichert und verwaltet. Im Data Warehouse werden auch die Meta-Daten (z.B. Feldbezeichnungen, Maßeinheiten, Kennzahlendefinitionen) gehalten.

▶ Aus dem im Data Warehouse vorhandenen Datenpool werden Sichten oder sog. Würfel generiert, die für Analyse- und Reportingzwecke höherverdichtete Ausschnitte aus dem Data Warehouse darstellen. Standard- oder

Individualauswertungen basieren nicht direkt auf dem Data Warehouse-Datenbestand, sondern auf den OLAP-Würfeln.

▸ Die Analyse- und Berichtsdaten werden mittels Business Intelligence Tools an den Benutzer gebracht, d.h sie werden entweder für einen schriftlichen Bericht aufbereitet oder ermöglichen dem Nutzer die Online-Navigation und -Analyse.

Abb. 118 stellt ein Referenzmodell der Data Warehouse Architektur dar (vgl. Schinzer et al. 2000, S.7).

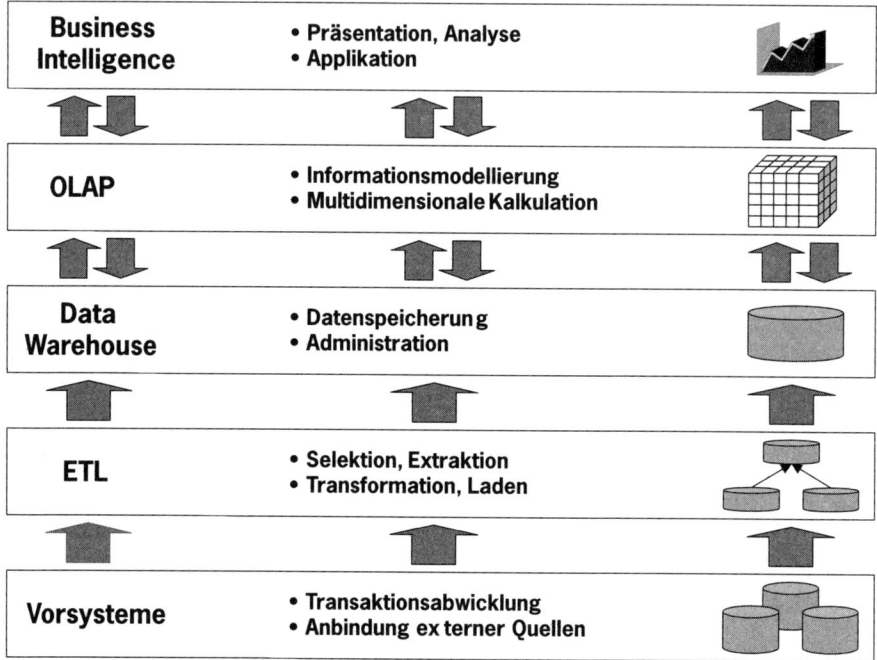

Abb. 118: Data Warehouse Referenzmodell

Da „Berichtswesen optimieren" die Anforderungen der Controlling-Kunden in den Vordergrund stellt, werden in weiterer Folge nur reporting-relevante Aspekte der Thematiken Data Warehouse, OLAP und Business Intelligence in knapper Form dargestellt.

4.2   Data Warehouse

In den letzten Jahren schien es, als ob es auf alle Probleme im Berichtswesen eine einfache Antwort gäbe: ein Data Warehouse muss aufgebaut werden!

Eine steigende Anzahl an wenig erfolgreichen oder gescheiterten, in den meisten Fällen aber teuren Data Warehouse-Projekten lässt die Sensibilität für Problemursachen und Problemlösungen wieder steigen. Ein Data Warehouse kann eine exzellente und mächtige Basis für ein Berichtswesen darstellen, allerdings sind vorneweg eine Reihe von Fragen zu klären, um nicht im Zuge der Projektumsetzung bzw. im Echtbetrieb Enttäuschungen zu erleben.

Checkliste 14: Notwendige Klärungen vor Start eines Data Warehouse-Projektes

Zielsetzung
- Was soll mit dem Data Warehouse erreicht werden?

Ausgangssituation
- Wie sieht die Datenhaltung aktuell aus?
- Welche und wieviele Vorsysteme sind zu integrieren?
- Wie heterogen ist die Systemlandschaft / Wie breit ist die Kern-ERP-Lösung an der Basis?

Inhalte / Reporting
- Welche Reporting-Verbesserungen sollen umgesetzt werden?
- Welche Bedeutung haben nicht-monetäre Daten?
- Welche Bedeutung haben externe Daten?
- Soll eine Balanced Scorecard realisiert werden?
- Welche Berichtsintervalle werden angestrebt?

Technik
- Wie soll das Data Warehouse administriert werden?
- Wie erfolgt die Datenextraktion aus den Vorsystemen?
- In welchen Intervallen sollen Daten aktualisiert werden?
- Wie sollen Daten gespeichert werden?
- Welche Abfragemöglichkeiten müssen vorhanden sein?
- Sind statistische Tools und Data Mining relevant?

> Projektablauf
> ▌ Wann ist die Konzeption abgeschlossen?
> ▌ Wie erfolgt die Tool-Auswahl?
> ▌ Wann soll das Data Warehouse produktiv sein?
> ▌ Wie wird das interne Projektmanagement gewährleistet?

Im Rahmen der technischen Umsetzung können unterschiedliche Realisierungsvarianten in Frage kommen (vgl. Schinzer et al. 1999, S. 20ff):

▌ Virtuelles Data Warehouse

Diese „Einstiegsvariante" in ein Data Warehouse simuliert ein Data Warehouse, in dem am Arbeitsplatz komfortabel Analyseabfragen formuliert werden können. Die für Auswertungszwecke nötigen Daten liegen nach wie vor in den operativen Systemen. Auswertungen werden auf Basis eines Client-Werkzeugs definiert, dann aber in den Transaktionssystemen durchgeführt und am PC ausgegeben.

▌ Zentrales Data Warehouse

Mit dem Begriff „Data Warehouse" wird im Allgemeinen ein zentrales Data Warehouse gemeint. Eine physische Datenbasis, in der redundant zu den operativen Systemen Daten gehalten werden, ist Kennzeichen dieser Realisierungsform.

▌ Data Marts

Data Marts stellen inhaltliche bzw. abteilungsspezifische Ausschnitte aus dem Gesamtdatenbestand dar. Diese Daten werden ebenfalls physisch redundant, allerdings separat je Data Mart, gehalten. Die Datenhaltung ist häufig dezentral.

In Abb. 119 sind die Architekturunterschiede sichtbar (vgl. Schinzer et al. 1999, S.19).

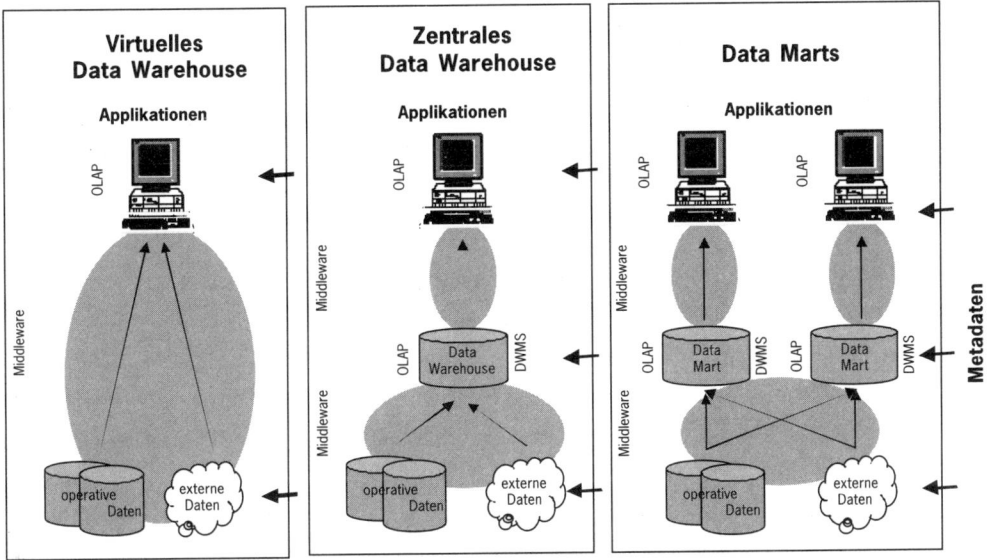

Abb. 119: Data Warehouse-Architekturen und ihre Bestandteile

Nachfolgend werden die konzeptionellen Unterschiede dargestellt (in Anlehnung an Schinzer et al. 2000, S.6).

Merkmal	Virtuelles Data Warehouse	Data Warehouse	Data Mart
Philosophie	anwendungs- und adressatenorientiert	anwendungs- und adressatenneutral	anwendungs- und adressatenorientiert
Adressaten	Abteilungen, Funktionen	Gesamtunternehmen	Abteilungen, Funktionen
Vorherrschende Datenbank-technologie	multidimensional	relational	multidimensional
Granularität der Daten	niedrig bis mittel	mittel bis hoch	niedrig bis mittel
Datenmenge	gering	hoch	niedrig bis mittel
Umfang der Indizierung	niedrig	hoch	niedrig
Menge historischer Daten	abh. von operativen Systemen	hoch	niedrig bis mittel
Optimierungsziel	effiziente Bereitstellung themen- oder funktionsspezifischer Teilmengen	Integration großer Datenmengen aus heterogenen Vorsystemen	effiziente Bereitstellung themen- oder funktionsspezifischer Teilmengen

Anzahl	eines („wichtigster Data Mart") oder mehrere	eines	mehrere
Datenmodell	Unternehmensmodell oder Modell je Data Mart	Unternehmensmodell	Modell je Data Mart

Abb. 120: Konzeptionelle Unterschiede Data Warehouse und Data Mart

Da ein Data Warehouse immer unternehmensspezifisch ist, muss anhand der Vor- und Nachteile der einzelnen Realisierungsvarianten über deren Einsatztauglichkeit im Einzelfall entschieden werden. Da ein virtuelles Warehouse aufgrund der Architektur nur einen eingeschränkten Leistungsumfang hat, wird in der Praxis v.a. die Realisierungsentscheidung zwischen den Alternativen Data Mart und Data Warehouse fallen.

DWH-Typ	Vorteile	Nachteile
Virtuelles Data Warehouse	• schnelle und kostengünstige Realisierung • kurze Projektdauer • geringes Realisierungs- und Investitionsrisiko	• nur für kleine Zielgruppe geeignet • keine Performance-Verbesserung bei Antwortzeiten • begrenzter Zugriff auf Altdaten • nur lesender Zugriff
Zentrales Data Warehouse	• performt durch Client-Server-Architektur und effiziente Datenverwaltung • allgemein wiederverwendbare Abfragen • Abdeckung breiter und heterogener Adressatenkreise • bessere Integration heterogener Datenquellen	• ggf. hohe Investionskosten • hohe Realisierungskomplexität • sorgfältige konzeptionelle Vorbereitung nötig • professionelles Projektmanagement nötig
Data Marts	• effiziente Unterstützung von dezentralen Einheiten und Fachabteilungen • ggf. tieferes Detaillierungsniveau • rasche Realisierbarkeit der einzelnen Data Marts	• höherer Adminstrations- und Synchronisationsaufwand • höheres dezentrales Fachwissen nötig

Abb. 121: Vor- und Nachteile von DWH-Realisierungsvarianten

4.3 Online Analytical Processing (OLAP) und Business Intelligence (BI)

4.3.1 Prinzipien des Online Analytical Processing (OLAP)

Aufbauend auf den im Data Warehouse gehaltenen Daten ist es notwendig, multidimensionale Sichten generieren zu können. Unter dem Begriff Online Analytical Processing (OLAP) werden die konzeptionellen Prinzipien der dynamischen Datenanalyse verstanden.

Codd fasste diese Prinzipien in 12 Regeln zusammen (vgl. Codd et al. 1995, S.40):

1. mehrdimensionale konzeptionelle Perspektiven

Es muss dem Anwender möglich sein, Daten aus unterschiedlichen Sichten betrachten zu können (z.B. Produktsicht oder Kundensicht).

2. Transparenz

Es soll für den Anwender irrelevant sein, wo die mehrdimensionale Analyse technisch realisiert wird (z.B. als Teil der Applikation des Clients oder auf einem Server).

3. Zugriffsmöglichkeit

Das OLAP-Tool muss ein eigenes Datenbankschema verwalten und auf relationale und nicht-relationale Datenquellen zugreifen können.

4. Konsistente Leistungsfähigkeit und Berichterstellung

Die Anzahl der verwendeten Dimensionen darf keinen Einfluss auf die Zeit für Berichterstellung und Anfragebearbeitung haben.

5. Client-Server-Architektur

Serverseitige Komponenten eines OLAP-Tools sollen Clients mit minimalem Aufwand integrieren können.

6. Generische Dimensionalität

Es soll nur eine logische Struktur für alle Dimensionen existieren.

7. Dynamische Handhabung dünn besetzter Matrizen

Die Speicheroptimierung hinsichtlich leerer Felder einer Matrix soll gewährleistet werden.

8. Mehrbenutzer-Unterstützung

Gleichzeitiger Zugriff, Sicherheits- und Integritätsregeln müssen unterstützt werden.

9. Uneingeschränkte kreuzdimensionale Operationen

Dimensionsübergreifende Berechnungen und andere Aktivitäten müssen problemlos ausführbar sein.

10. Intuitive Datenbearbeitung

Die Darstellung der Daten aus unterschiedlichen Sichten ist für den Anwender durch Drill Down, Roll Up, etc. einfach zu gewährleisten.

11. Flexible Berichterstellung

Der Anwender soll die Ergebnisdaten für eine spätere Ausgabe frei gestalten können.

12. Unbegrenzte Dimensions- und Aggregationsebenen

Die Werkzeuge sollen in der Lage sein, bis zu 20 Dimensionen verwalten zu können.

Ein knappere Zusammenfassung der Prinzipien liefert der „OLAP-Report" von Pendse unter dem Schlagwort FASMI (www.olapreport.com):

▸ Fast: keine Abfrage soll eine Antwortzeit größer als 20 Sekunden haben.
▸ Analysis: Der Anwender muss ohne Programmierkenntnisse in der Lage sein, komplexe Abfragen zu erstellen.
▸ Shared: Das OLAP-Tool muss mehrbenutzerfähig sein.
▸ Multidimensional: Der Benutzer muss eine multidimensionale Sicht auf die Daten haben.
▸ Information: Alle benötigten Daten müssen kapazitativ verwaltbar sein.

OLAP-Tools ermöglichen es, einen Datenraum aufzuspannen, innerhalb dessen es für den Anwender möglich ist, zu navigieren und zu analysieren.

Häufig wird zur Veranschaulichung dieses Datenraums die Darstellungsform und der Begriff des Würfels verwendet. Die interessierenden Auswertungsdimensionen stellen die Achsen dieses Würfels dar. Dies ist insofern nicht ganz korrekt, als dadurch die Limitation der Auswertung auf 3 Dimensionen suggeriert wird, tatsächlich können aber deutlich mehr Dimensionen interessant sein und auch technisch verwaltet werden (s.o., bzw. Abb. 122).

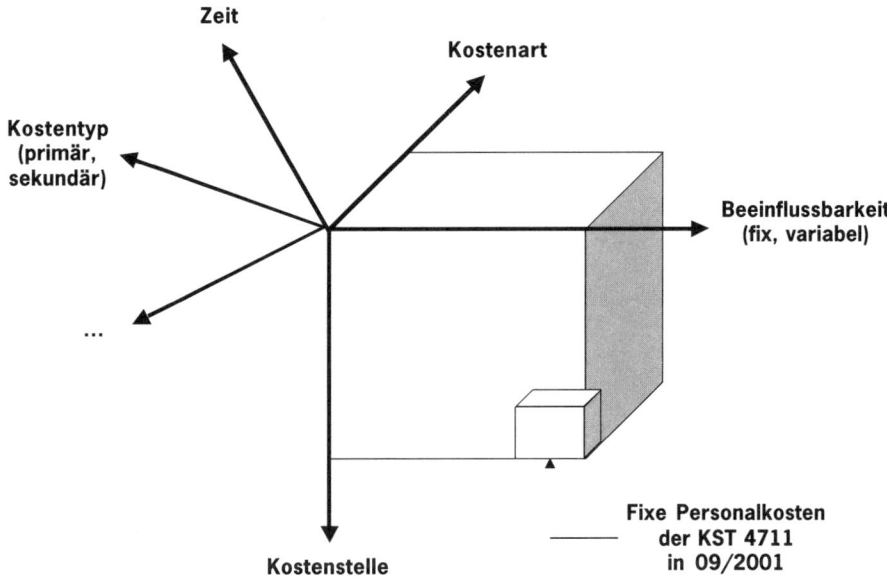

Abb. 122: Datenwürfel und Auswertungsdimensionen

Da eine hohe Anzahl von Dimensionen als Achsen graphisch schwierig darstellbar ist, kann man zur Darstellung der auswertungsrelevanten Dimensionen in Form eines Rechenschiebers greifen. Hier lassen sich problemlos eine größere Anzahl an Dimensionen darstellen. Aus den Merkmalsausprägungen können weitere Ableitungen getroffen werden (z.B. das Artikel A0817 „Sunny" zur Artikelgruppe A0 „Waschmittel" gehört).

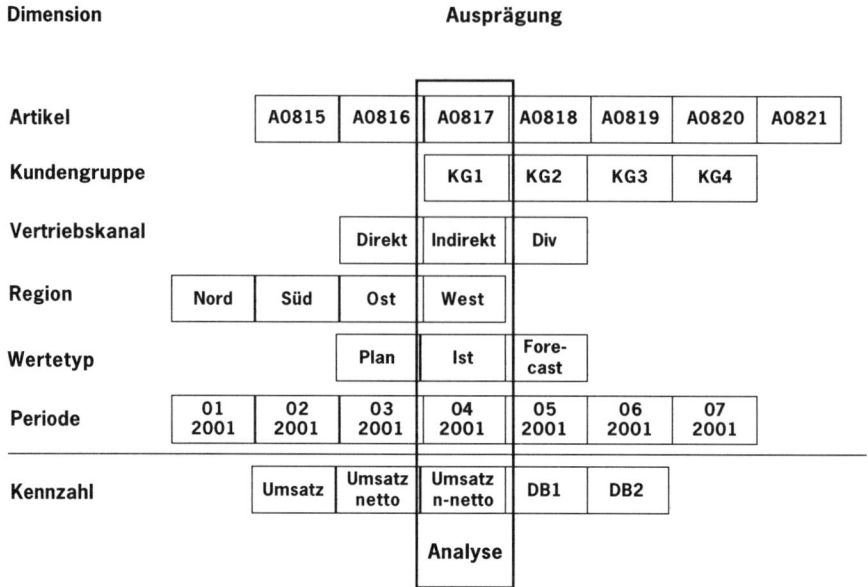

Abb. 123: Auswertungsdimensionen

4.3.2 Online-Analyse

Im Zuge der Online-Analyse, die ja den wesentlichen Vorteil von OLAP-Tools darstellt, kann zwischen einer gerichteten und einer ungerichteten Analyse unterschieden werden.

Die „klassische" gerichtete Analyse geht von einer allgemeinen oder situationsspezifischen Interessenslage aus. Die Fragestellung „Wieviel Umsatz haben wir letzten Monat mit Kunden X gemacht?" führt zu einer gezielten Analyse der bestehenden Daten, um die Anfrage beantworten zu können. Diese Thematik wird unter der Schlagwort „Navigation" betrachtet.

„Welche Artikel werden häufig gemeinsam gekauft?" stellt eine ungleich schwierigere Aufgabenstellung dar. Eine Abfrage aller möglichen Artikelkombinationen, folgend der Hypothese, dass Artikel A häufig gemeinsam mit Artikel B gekauft wird, und diese Hypothese zu bestätigen oder zu verwerfen, ist weder sinnvoll noch machbar. Anstelle einer Unzahl gerichteter Analysen durchzuführen, ist eine ungerichtete Analyse, die die statistisch signifikanten Artikelkombinationen erbringt, notwendig. Die ungerichtete Datenanalyse wird gemeint, wenn von „Data Mining" die Rede ist.

4.3.2.1 Navigation im Datenbestand

OLAP-Würfel oder „Cubes" stellen n-dimensionale Datenbestände dar, innerhalb derer frei navigiert werden kann. Abb. 124 zeigt die unterschiedlichen Navigationsmöglichkeiten.

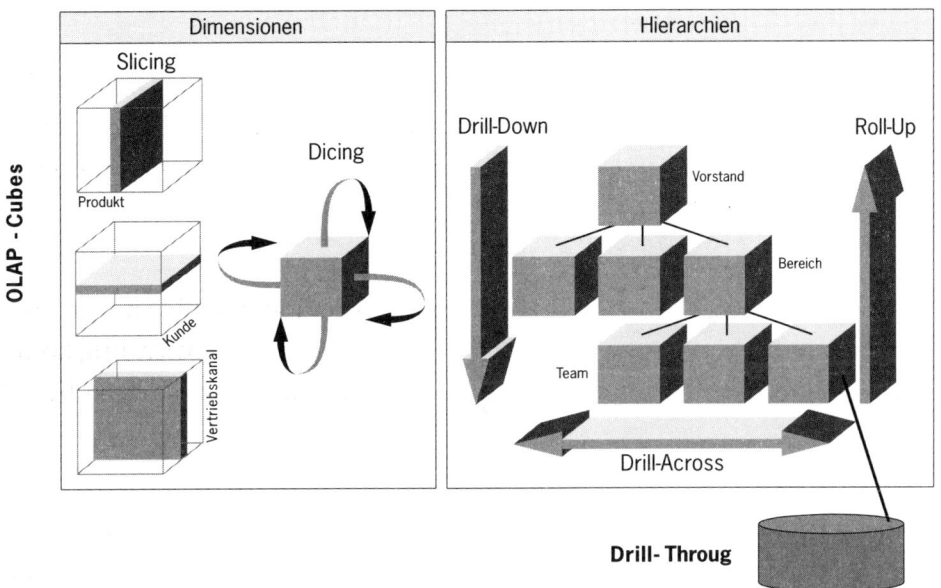

Abb. 124: OLAP-Navigationsmöglichkeiten

▮ Auswahl interessierender Daten: Slicing und Dicing

Mittels Slicing wählt der Benutzer einen Ausschnitt aus dem Datenbestand, z.B. ein Produkt, einen Kunden oder einen Vertriebskanal. Die ausgewählte Dimension kann im Zeitverlauf oder bezogen auf einen zeitlichen Abschnitt betrachtet werden. Ein Produktmanager wird stärker an Produkten und Produktgruppen interessiert sein, ein Außendienstmitarbeiter an Kunden oder einer Region.

Mittels Dicing können die auswählten Dimensionen ausgetauscht (z.B. Kundengruppenumsatz im Zeitverlauf ersetzt durch Produktgruppenumsatz) oder pivotiert werden (z.B. Kundenumsatz nach Produktgruppen für Periode X).

In den meisten Fällen ähneln diese Funktionalitäten der aus Excel bekannten Pivottabelle. Die Navigation wird in der Regel durch Drag-and-Drop unterstützt.

▮ Navigation in der Hierarchie

In den OLAP-Tools kann entlang der hinterlegten Hierarchien navigiert werden. Häufig angelegte Hierarchien sind Kostenstellen, Kostenarten, Artikelstamm, Kundenstamm und regionale Hierarchien.

▌ Drill-Down

Ausgehend von einem aggregrierten Wert (z.B. Gesamtkosten) kann entlang der hinterlegten Hierarchien in immer tiefere Details vorgedrungen werden. Ein solcher Drill-Down kann entlang der Kostenstellenhierarchie bis auf Ebene der einzelnen Kostenstelle und dann noch entlang der Kostenartenhierarchie bis auf Ebene der einzelnen Kostenart erfolgen.

▌ Drill-Across

Drill-Across steht für Querauswertungen, z.B. kann man sich die interessierende Kostenart Kostenstelle für Kostenstelle anzeigen lassen. Alle anderen Einstellungen der Abfrage (z.B. Periode) bleiben erhalten.

▌ Roll-Up

Roll-Up ermöglicht die Verdichtung der Detailinformation. Dabei kann ein anderer Analyseweg als beim Drill-Down beschritten werden. Die Verdichtung könnte zuerst über die einzelne Kostenarten über alle Kostenstellen und danach über alle Kostenarten wieder zu den Gesamtkosten erfolgen.

▌ Verlassen des OLAP-Tools: Drill-Through

Die Analyse ergibt eine hohe Plan-Ist-Abweichung in einer einzelnen Kostenart. Das Warum kann aufgrund der Voraggregation der Daten im Data Warehouse und damit auch im Datenwürfel nicht erklärt werden. Mittels Drill-Through wird aus dem OLAP-Tool auf die Einzelbelegebene des Transaktionssystems durchnavigiert. Dieses Analysedetail sollte aber nur äussert selten notwendig sein. Eine Übernahme unverdichteter Daten in das Data Warehouse und damit in die OLAP-Cubes ist aus Performance- und Kostengründen nicht sinnvoll.

4.3.2.2 *Data Mining*

Data Mining steht für die ungerichtete, hypothesenfreie Analyse von Datenbeständen auf Basis statistischer Verfahren. Da zum einen dezidierte Data Mining Tools noch relativ teuer sind und zum anderen die Vorteile v.a. im Rahmen der Analyse sehr großer Datenbestände (tw. im Tera-Byte-Bereich) genutzt werden können, wird dadurch die Relevanz auf größere Unternehmen eingeschränkt. Es ist eine Entwicklung in Richtung abgeschlankter, in Business Intelligence Tools integrierter Werkzeuge zu beobachten. Die Vorteilhaftigkeit des Einsatzes über große Datenmengen bleibt natürlich bestehen.

Neben der Anwendung statistischer Verfahren in der Datenanalyse (z.B. Cluster- oder Diskriminanzanalyse, Assoziierungen) können im Data Mining auch

Aspekte der Selbstweiterentwicklung des Systems auf Basis maschinellen Lernens (z.B. Entscheidungsbäume für Klassifizierungen und Prognosen) oder neuronaler Netze umgesetzt werden.

Der Einsatz von Data Mining ist häufig situationsbezogen und problemorientiert. Abb. 125 gibt einen Überblick über Anwendungfelder in der Praxis. Derzeit ist ein Vertriebsschwerpunkt erkennbar (in Anlehnung an Schinzer et al. 1999, S. 123):

Unternehmens-bereich	Anwendung	Spezifikation
Vertrieb/Marketing	Preisfindung	Erklärung des Zusammenhangs zwischen Produktattributen und Kaufbereitschaft
	Database Marketing	Zielgruppensegmentierung für Direct Marketing Maßnahmen (z.B. Mailings)
	Marktsegmentierung	Identifikation homogener Marktsegmente
	Mikromarketing	Reaktion auf individuelle Marktbedürfnisse (One-to-One-Marketing)
	Kundenbindung, Churn Management	Identifikation abwanderungsgefährdeter Kunden
	Warenkorbanalyse	Identifikation von Verbundeffekten im Produktsortiment oder Leistungsangebot
	Absatzprognose	Erkennen saisonaler Effekte
Finanz-/Rechnungswesen	Risikomanagement	Erkennen von Risikomustern im Rahmen der Bonitätsprüfung zur Vermeidung von Zahlungsausfällen; Betrugsentdeckung
Produktionsplanung und -steuerung	Prozess- und Qualitätskontrolle	Analyse von Prüfmessungen, Identifikation von Einflussfaktoren der Produktqualität
	Anlagenüberwachung und -instandhaltung	Optimierung Facility Management-Zyklen, präventive Fehlererkennung
	Bedarfsermittlung	Abschätzung Materialbedarf und Produktionsauslastung

Abb. 125: Anwendungsfelder Data Mining

4.3.3 Informationsbereitstellung und Präsentation der Daten

Die generierten Informationen können zur gezielten Abfrage bereitgestellt werden (Pull-Prinzip) oder aktiv verteilt werden (Push-Prinzip, sog. „Publish & Subscribe" über Internet oder Mail, SMS oder Fax).

Business-Intelligence-Tools bieten in der Regel unterschiedliche Möglichkeiten der Informationsbereitstellung. In der Praxis sollten für unterschiedliche Adressatenkreise auch unterschiedliche Medien genutzt werden. Die verstärkte Nutzung elektronischer Medien im Berichtswesen bietet sowohl Chancen, als auch Gefahren.

Die Chancen liegen v.a. im Bereich des Selbstcontrolling, d.h. der eigenständigen Beschäftigung mit unternehmensrelevanten Sachverhalten, einer raschen Reaktion auf Abweichungen und einer effizienten Zusammenarbeit mit dem Controlling.

Die Gefahren können aus folgenden Entwicklungen resultieren:

▶ Die Ermöglichung des Selbstcontrolling ist so ein „Erfolg", dass das Controlling als nicht mehr notwendig angesehen wird. Dies würde wieder zur Verfolgung von Partikularinteressen, Schattenbuchhaltungen und einer neuerlichen Begriffsverwirrung führen.

▶ Die Komplexität vor Ort wird unterschätzt, entsprechendes Know-how kann nicht ausreichend aufgebaut werden, die Anwender sind frustriert und die technischen Möglichkeiten werden nicht genutzt.

Tool	Chancen	Gefahren
OLAP-Front-End	• volle Analysemöglichkeit vor Ort • intensives Selbstcontrolling • rasche Problemerkennung, Maßnahmendefinition und -umsetzung	• intensiver Know-how-Aufbau nötig • Überforderungen der operativen Mitarbeiter • keine ausreichende Nutzung vor Ort • Schwächung des zentralen Controlling • Doppelarbeiten
Tabellen-kalkulation	• geringer Einschulungsaufwand • Selbstcontrolling	• keine ausreichende Nutzung vor Ort • Schwächung des zentralen Controlling • Doppelarbeiten

Tool	Chancen	Gefahren
Browser	• kaum Einschulungsaufwand	• keine ausreichende Nutzung vor Ort
elektronisches Berichtsheft	• kaum Einschulungsaufwand	• wenig Selbstcontrolling • keine ausreichende Nutzung vor Ort
Papier-Reports	• kein Einschulungsaufwand	• Aufwand für Wartung und Pflege der Berichtshefte • wenig Selbstcontrolling

Abb. 126: Chancen und Gefahren elektronischer Informationspräsentation

Je mehr Analysemöglichkeiten dem Benutzer gegeben werden sollen, desto höher sind die spezifischen Know-how-Anforderungen.

Auf vielen Vorstandsschreibtischen steht noch kein PC. Ein Papierberichtswesen ist dort die einzige Möglichkeit, Informationen zu kommunizieren. Ein elektronisches Berichtsheft und Browser, die kaum Navigationsmöglichkeiten haben, können mit begrenztem allgemeinem PC-Know-how bedient werden, bieten allerdings kaum zusätzliche Analysemöglichkeiten zum Papier-Reporting. User mit allgemein gutem PC-und Office-Applikations-Know-how können mit Tabellenkalkulations-Front-Ends bedient werden, hier setzt Excel den Standard. Damit wird auch eine detailliertere Analyse vor Ort möglich. Die Zuverfügungstellung des echten OLAP-Front-Ends ist nur für User mit ausreichendem PC-Know-how, spezifischem Tool-Know-how und der regelmäßigen Nutzung des Tools im Tagesgeschäft sinnvoll. Dafür kann die volle Mächtigkeit in Abfrage und Analyse genutzt werden. Eine häufige Form der Navigation im Datenwürfel ist die Pivot-Tabelle, die in jenen Tools, die eine eigene Oberfläche haben, von der Funktionalität von Excel sehr ähnlich sind.

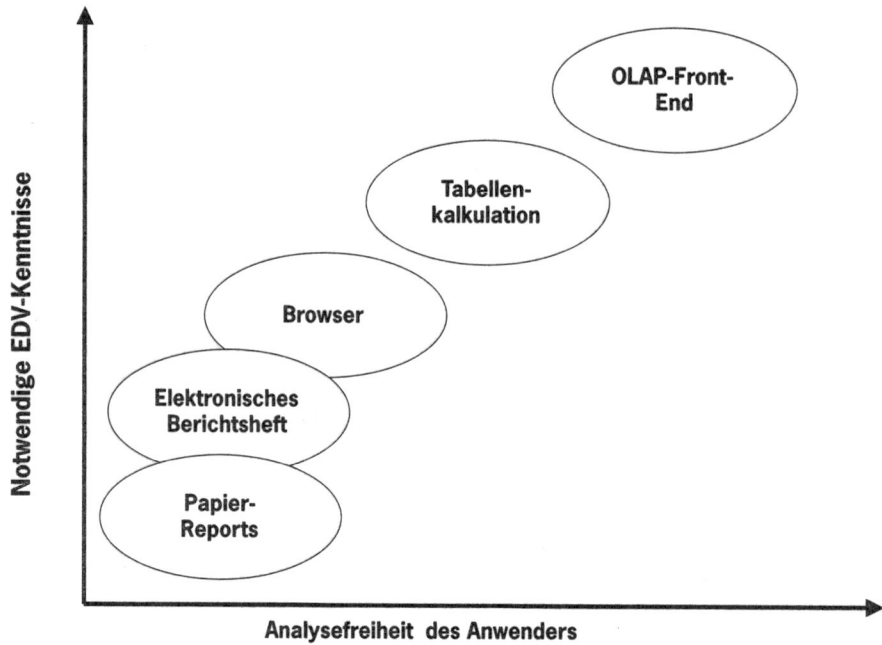

Abb. 127: Möglichkeiten der Informationsbereitstellung

Fazit:

Die Vorteile der Nutzung von OLAP- und Business Intelligence-Tools für das Controlling liegen in:

▌ einer klaren Trennung von Daten und Reports

▌ der zentralen Administration der Datenmodelle

▌ einer transparenten und einheitlichen Datenbasis betreffend Stamm- und Bewegungsdaten (Achtung: die Qualität der Datenpflege muss in den Transaktionssystemen gewährleistet werden)

▌ individuellen und vielfältigen Aufbereitungsmöglichkeiten

▌ der Möglichkeit zur Integration der graphischen Unterstützung

▌ der Integration in die Office-Welt (XL, Word)

▌ einem zunehmend geringen Lernaufwand für Anwender

▌ und dem Erhalt der Möglichkeit zur Offline-Bearbeitung.

Ob die Nutzung von OLAP- und Business Intelligence-Tools durch die Controlling-Kunden bereits jetzt Vorteile bringt, hängt von den unternehmensspezifischen Rahmenbedingungen, den Einzelpersonen und einer klaren inhaltlichen Positionierung des Selbstcontrolling ab.

4.4   Software-Marktüberblick

Aufgrund der schwierigen Abgrenzungsmöglichkeiten der Gesamtmarktes und der Vielzahl an angebotenen Software-Produkten stellt der nachfolgende Marktüberblick nur einen Auszug dar und erhebt keinen Anspruch auf Vollständigkeit. Auf eine Bewertung der Produkte wird verzichtet, da dies im Zuge dieses Buches nur anhand eines abstrakten Szenarios erfolgen kann und wenig differenzierende Ergebnisse zu erwarten sind. Dennoch sei an dieser Stelle nochmals auf die Sinnhaftigkeit der Evaluierung im Rahmen der Software-Auswahl im projektbezogenen Einzelfall verwiesen. Im Rahmen des Software-Auswahlprozesses (s. 3.3.4) wurde die Definition von Knock-Out-Kriterien in der Erstphase der Selektion empfohlen. Aus Kundensicht sind Kriterien wie Referenzkunden, breite Installationsbasis und Verfügbarkeit der Implementierung – jeweils im eigenen Land – relevant.

Fazit:

- ▐ Der Softwaremarkt bietet eine breite Palette an technischen Lösungen.
- ▐ Die Leistungsspektren der Produktkategorien überlappen sich.
- ▐ Knock-Out-Kriterien helfen, den Markt rasch auf relevante Lösungen einzuengen.
- ▐ Nur eine Evaluierung der unternehmensspezifischen Anforderungen ermöglicht eine unter Kosten-/Nutzengesichtspunkten optimale Entscheidung.

Die Daten basieren auf den bei Redaktionsschluss verfügbaren Cirka-Angaben der Hersteller. Die Kategorisierung der Produkte nach Data Warehouse und OLAP/ Business Intelligence erfolgte in Anlehnung an bestehende Marktüberblicke (vgl. Schinzer et al. 1999, S. 163ff bzw Schinzer et al. 2000, S.4ff).

Anbieter	Link	Produktname	DWH	OLAP	BI	BSC
Accrue Software	www.pilotsw.com	Pilot Balanced Scorecard				x
		Pilot Decision Support Suite	x	x		
		Pilot Analysis Server		x		
Applix	www.applix.com	iTM1		x		
Arcplan	www.arcplan.com	dynaSight		x		
Bissantz&Company	www.bissantz.com	DeltaMiner		x		
		Power Client		x		
Brio	www.brio.com	Brio Performance Suite		x		
		Brio Intelligence ™		x		
		Brio Report ™		x		
		Brio Portal ™		x		
Business Objects	www.businessobjects.com	Business Objects Product Suite		x		
Cognos	www.cognos.com	Business Intelligence Plattform		x	x	
Comshare	www.comshare.com	Comshare Decision		x		
CorVu	www.corvu.com	CorManage		x		
		Rapid Scorecard				x
Crystal Decisions	www.crystaldecisions.com	Seagate Info		x		
		Seagate Analysis		x		
		Holos Analytic System		x		
Gentia	www.gentia.com	Gentia Balanced Scorecard				x
Hummingbird	www.hummingbird.com	BI/Suite		x		
Hyperion	www.hyperion.com	Essbase OLAP Server	x	x		
		Hyperion Performance Scorecard				x
		Hyperion Analyzer		x		
IBM	www.ibm.com	DB2 Warehouse Manager	x			
		DB2 OLAP Server		x		
		Informix extended parallel server	x			
		Informix Meta Cube		x		
Information Builders	www.informationbuilders.com	Web Focus		x		
Microsoft	www.microsoft.com	SQL Server 2000	x			
MicroStrategy	www.microstrategy.com	Microstrategy 7	x			
MIK	www.mik.com	MIKsolution+		x		
MIS AG	www.mis.com	MIS DecisionWare		x		
NCR	www.ncr.com	Teradata Warehouse	x			
Oracle	www.oracle.com	Oracle 9i Database	x			
		Oracle 9i OLAP	x	x		
		Business Intelligence System		x		
		Balanced Scorecard				x
SAP	www.sap.com	Business Information Warehouse	x	x		
		SEM Corporate Performance Monitor				x
SAS	www.sas.com	SAS System	x			
		CFO Vision		x		
		Strategic Vision				x

*Anzahl Unternehmen; ** NL: eigene Niederlassung bzw. Zentrale (Anz. MA); P: Partner; -: keine lokale Vertretung; *** Lizenzen

Abb. 128: Software-Marktübersicht

Installationen*			Lokale Vertretung**			Implementierung		
Ö	CH	Weltweit	D	Ö	CH	D	Ö	CH
			NL					
20	10		NL (60)	P	NL (2)	NL/P	NL/P	NL/P
90	180	1.500	NL (40)/P	P	P	NL/P	P	P
			NL			NL/P	P	P
2	4	10.000						
10	50		NL (35)/P	NL/P	über NL Frankreich/P	NL/P	NL/P	NL/P
15	90							
2	5							
100	100	15.000	NL (70)	P	NL (30)	NL/P	NL/P	NL/P
200	1.161	17.000	NL (130)	NL (14)	NL (20)	NL/P	NL/P	NL/P
1	10	>2.000	NL (23)	-	P	NL	NL	P
-	3	70	NL	P	P	NL/P	NL/P	NL/P
-	3	43	NL	P	P	P	P	P
-	-	20	P	über P CH	P	NL/P	NL/P	NL/P
1	41	4.000	NL (35)	-	NL (5)	NL/P	NL/P	NL/P
		4.000						
		50	NL/P	NL/P	NL/P	NL/P	NL/P	NL/P
		2.000						
15	10	1.500	NL (35)	über NL D/P	über NL D/P	NL/P	P	P
10	50	800	NL (100)	NL (5)	NL (25)	NL	NL	NL
120		900	NL (495)	NL (52)	NL (4)	NL/P	NL/P	NL/P
6	4	> 1.100	NL (1.000)	NL (120)	NL (300)	NL	NL	NL
		> 1.000.000***						
		> 5.000	NL (> 1.700)/P	NL (> 200)/P	NL (> 500)/P	NL/P	NL/P	NL/P
		> 10.000						
		> 100						
73	114	3.601	NL	NL (350)	NL (370)	NL/P	NL/P	NL/P
12	10	1.045						
110	100	37.000						
2	8	380	NL (600)	NL (40)	NL (70)	NL/P	NL/P	NL/P
3	3	210						

4.5 Trends

Weder Unternehmen noch Steuerungskonzepte und -instrumente sind statisch. Aus den vielfältigen Trends, die in der Praxis festzustellen sind, werden jene, die Berichtswesenrelevanz haben, herausgegriffen und in Ergänzung zu den aktuellen Entwicklungslinien (s. 2.2) dargestellt.

4.5.1 eControlling

Unter eControlling wird zum einen das Controlling von eBusiness-Aktivitäten, zum anderen die Nutzung des Internet in Controlling-Prozessen (Planung, Istdaten-Erfassung und Reporting) verstanden.

Der Großteil der am Markt verfügbaren MIS-Lösungen ist web-fähig, d.h. der Zugriff auf OLAP-Daten kann von jedem PC mit Internet-Zugang nach Maßgabe des Sicherheits- und Berechtigungskonzepts erfolgen. Damit findet Controlling dort statt, wo man ist und handelt.

EControlling beinhaltet als Trend für das Controlling sowohl Chancen als auch Gefahren.

Auswirkung eControlling	Chance	Gefahr
Planung	• Erleichterung dezentrale Planung • kein manueller Datenübertrag zentral • leichtere Administration der Abstimmrunden • bessere Kommentierbarkeit	• Sind alle Planenden einbindbar oder müssen 2 Planungssystematiken (z.B. Web und XL) verwendet werden? • Datenqualität steigt nicht mit technischer Integration, Plausibilisierung und Knetung müssen sichergestellt sein • Daten müssen in das ERP-System zurückschreibbar sein (z.B. zur KST-Tarifermittlung)
Istdatenerfassung	• Beschleunigung	• Datenqualität steigt nicht mit technischer Integration,

Auswirkung eControlling	Chance	Gefahr
	• auch ohne PC-Zugang möglich (WAP)	Plausibilisierung muss sichergestellt sein
Reporting	• Erleichterung dezentrales Reporting • Personalisierung möglich (Berichte oder Portal) • mehr Selbstcontrolling • kürzerer Controlling-Regelkreis • Geographische Distanzen werden überwunden	• Informationsverarbeitung bei den dezentralen Adressaten muss sichergestellt werden • Controlling-Meetings dürfen nicht ersetzt werden

Abb. 129: Chancen und Gefahren von eControlling

4.5.2   Planung und Simulation

Die Planung entwickelt sich stärker in Richtung Integration (Leistungsbudget, Finanzplan, Planbilanz bzw. Integration der Teilpläne) und Flexibilisierung im Sinne der Rollierung. Simulationen und Sensitivitätsanalysen gewinnen aufgrund der verbesserten EDV-Unterstützung ebenfalls an Bedeutung.

Bei konsequenter Umsetzung der Controlling-Philosophie wird die Rollierung bereits auf unterschiedlichen Ebenen, z.B.

▶   in der Integration der strategischen und operativen Planung und

▶   in der Erwartungsrechnung als rollierender unterjähriger Planung

gelebt.

Der Trend geht jedoch weiter in Richtung Rolling Forecast oder permanent rollierender Planung (vgl. Waniczek 2001, S.102ff). Dies bedeutet die weitgehende Loslösung vom Geschäftsjahr als dominantem Zeithorizont der Steuerung auf operativer Ebene und damit einhergehend die Orientierung an einem gleichbleibend vorlaufenden Zeithorizont. Der Rolling Forecast muss ein „Plan" sein und darf nicht hochgerechnet werden. Ein solcher rollierender Forecast sollte auf 12 oder 18 Monaten basieren. Der Vorteil gegenüber der klassischen Erwartungsrechnung liegt in der größeren Reichweite der Vorschaurechnung. In der Erwartungsrechnung werden aufgrund des Geschäftsjahresbezuges die kommenden 9, 6 oder 3 Monate abdeckt, im Extremfall sogar nur noch 1 Monat. Dies betrifft dann aber nur noch die Ergebnisprognose ohne echter, d.h. nicht rein bilanzieller Möglichkeit der Ergebnisbeeinflussung (Stichwort Gewinnwarnung). Änderungen in den Rahmenbedingungen oder im Markt können aufgrund der längeren Planungsperiode ebenfalls besser in den Forecast eingearbeitet werden.

Wichtig ist zu beachten, dass dennoch jener Forecast, der deckungsgleich mit dem Geschäftsjahr ist, besondere Bedeutung hat. Zum einen werden von den Eigentümern noch immer periodenbezogene Pläne und Budgets freigegeben und daher wird auch auf dieser Ebene der primäre Ergebnisvergleich gezogen, zum anderen muss auch die Kosten- und Ergebnisverantwortung auf eine definierte Periode bezogen werden. Ein als qualifizierte Messlatte geeigneter rollierender Forecast muss zumindest die Quartale einzeln abbilden, sonst ist er zur kurzfristigen Steuerung nicht geeignet. Ein quartalsbasierter Forecast erlaubt es den Unternehmen auch weiterhin, eine Erwartungsrechnung für das Geschäftsjahresende zur Verfügung zu haben.

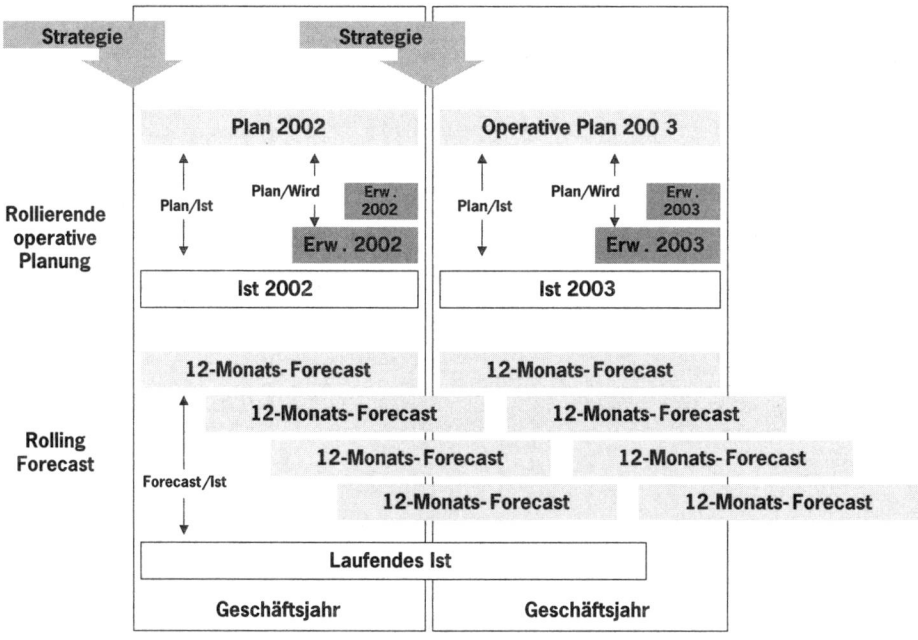

Abb. 130: Unterschied rollierende operative Planung und Rolling Forecast

An die betriebswirtschaftlichen Analysetools wird zunehmend die Forderung herangetragen, auch die Planung zu unterstützen (s.o.), deren Zyklen sich in der Praxis verkürzen. Um diese zusätzlichen Aufgaben übernehmen zu können, müssen aber zusätzliche technische Funktionalitäten gewährleistet sein:

▸ Schreibender Zugriff muss zentral und dezentral auf dezidierte Daten möglich sein

▸ Schreibender Zugriff auf Daten aus Transaktionssystemen muss verhindert werden

▸ Konsistenz bei rollierender Planung muss gewährleistet werden

▸ Kommentierung muss möglich sein

▸ Simulationen und Szenarien sollten abgebildet werden können.

4.5.3 Weitere Verbreitung von OLAP- und BI-Tools

In welchem Ausmaß EDV-Lösungen die Unternehmenspraxis penetrieren, hängt neben der Leistungsfähigkeit stark vom Preis ab. Unternehmen sehen die EDV-Unterstützung zunehmend entmystifiziert unter Kosten-Nutzen-Überlegungen an. MIS-Projekte, die als Projektsachkosten (deutliche) 6-stellige Euro-Beträge veranschlagen, werden in der Regel vom unternehmerischen Mittelstand, der ja die breite Masse ausmacht, nicht akzeptiert. Der Nutzen eines solchen Projektes ist dazu noch nur qualifiziert, nicht aber quantifiziert.

Es ist festzustellen, dass die Preise für MIS-Lösungen bei gleichzeitig steigender Funktionalität im Sinken begriffen sind. Die Ausweitung des Funktionalitätenumfangs geht in drei Bereiche:

1. Web-Fähigkeit: s. 4.5.1

2. ungerichtete, auf statistischen Verfahren beruhende Datenanalyse (Data Mining):
   Dezidierte Data-Mining-Tools sind noch immer für eine Anwendung im Mittelstand zu teuer, aber auch hier zeichnet sich eine Änderung ab.

3. Verbesserung im Bereich der Präsentationsfähigkeit und Berichtsaufbereitung
   OLAP-Tools waren oder sind vielfach nicht in der Lage, neben der mächtigen Online-Analyse auch vorlagefähige Berichte zu generieren. Hier werden die Verbesserungen in Richtung automatischer Schnittstellen zu MS-Office-Applikationen (z.B. automatische Erstellung eines MS-Word-basierten Berichtsheftes) vorangetrieben.

Die Probleme eines primär Excel- oder Access-basierten Berichtswesens in den Bereichen Datensicherheit, Wartbarkeit und Performance sind offenkundig. Je geringer die Investitionshemmschwelle für eine „echte" Reporting-Unterstützung ist, desto mehr dieser eigenentwickelten Lösungen werden technisch modernisiert. Dennoch soll an dieser Stelle nochmals auf die Wichtigkeit der konzeptionellen Verbesserung des Berichtswesens als Grundlage für die volle Nutzung einer modernen MIS-Lösung hingewiesen werden (s. 3.3).

Fazit:

■ Der Controlling-Regelkreis verkürzt sich durch eControlling, das alle Controlling-Prozesse verändert und durch die rollierende Planung, die Planungs- und Reportingzyklus integriert.

■ Das steigende Leistungsspektrum und sinkende Preise der MIS-Tools lassen die weitgehende Ablösung MS-Office-basierter Reportingsysteme erwarten.

5 Finales Feed-Back und Feed-Forward

Ziel des Controlling ist es, das Management mit einem, an die individuellen Rahmenbedingungen angepassten Instrumentarium zu unterstützen und damit die Qualität der Unternehmenssteuerung zu verbessern. Gerade dieser Nutzen, den das Controlling stiften soll und will, wird in jüngerer Vergangenheit zunehmend kritisch diskutiert. V.a. das Berichtswesen, das ja nur ein Aufgabengebiet im Controlling darstellt, wird als zu detailverliebt und dokumentationsorientiert und als zu wenig entscheidungsunterstützend kritisiert.

Da das Berichtswesen die wesentliche Brücke zwischen Controlling und Management darstellt, ist diese Kritik überaus ernst zu nehmen. Wenn Controlling den maximalen Nutzen stiften soll, dann ist dafür eine ausreichende Management-Attention wesentlich, d.h. diese Brücke muss begehbar bleiben und ausgebaut werden. Die mangelnde Wirkung des Controlling beruht zwar in vielen Fällen nicht auf konzeptionellen Schwächen, sondern auf falschem Führungsstil und fehlendem Verständnis für die Controlling-Philosophie beim Management, dennoch sind die Signale der Unzufriedenheit stark genug, um sich kritisch mit dem Status und den Verbesserungsmöglichkeiten im Reporting auseinanderzusetzen.

Die wesentlichen Schwachpunkte des Berichtswesens in der Praxis sind eine zu geringe Adressatenorientierung, mangelhafte Datenqualität und Zeitverzögerungen. Jeder dieser drei Punkte bietet Möglichkeiten sowohl für konzeptionelle bzw. prozessorientierte Verbesserungen, als auch für eine verbesserte EDV-Unterstützung. Es ist in jeden Fall ratsam, eine Problemstellung primär als inhaltliches Problem und erst sekundär als EDV-technisches Problem zu begreifen. Zu häufig wird der sprichwörtliche alte Wein in neue Schläuche gegossen.

Um mehr Adressatenorientierung zu erreichen, müssen die Kundenkreise des Controlling individueller betreut werden. Als Individualisierungsmöglichkeiten stehen Anpassungen in Inhalten, Frequenzen, Berichtsmedien, sowie ein geändertes Ausmaß an Selbstcontrolling zur Verfügung. Die Inhalte müssen meist um nicht-monetäre und nicht-finanzielle Größen ergänzt und in Richtung der Strategieoperationalisierung werden. Die Frequenz darf sich nicht sklavisch an ein Standardintervall klammern, sondern ist selektiv einzusetzen. Alle Berichtsmedien müssen genützt werden, um die unterschiedlichen Adressatenkreise zu bedienen und durch eine Mischung aus Selbstcontrolling und Betreuung durch das Controlling zu einer optimalen Informationsversorgung und -verarbeitung zu kommen.

Die Verbesserung der Datenqualität kann nur über materielle Verbesserungs- und Integrationsmaßnahmen in den Vorsystemen und zu einer Berichts- oder Controllingdatenbank hin erreicht werden. Dies muss trotz einer heterogenen Softwarelandschaft gelingen, denn eine Komplettintegration in ein allumfassendes ERP-System ist nicht realistisch.

Die Integration der Vorsysteme stellt neben der weitgehenden Automatisierung des Berichtserstellungsprozesses eine wesentliche Vorbedingung zur Beschleunigung im Reporting selbst dar. Diese wiederum ermöglicht zeitnahe Informationsbereitstellung für alle Berichtsintervalle.

Durch die konzeptionellen, prozessbezogenen und EDV-technischen Verbesserungen im Berichtswesen wird das Controlling von nicht-wertschöpfenden Datenaufbereitungstätigkeiten entlastet. Die verfügbare Controllingkapazität muss in die Zusammenarbeit, das „Partnering" mit dem Management investiert werden. Das Management selbst muss das Controlling als Ansprechpartner und internen Berater akzeptieren und so die aktive, auf einem Balanced Controlling basierende, Unternehmenssteuerung realisieren.

Abb. 131: Balanced Controlling – Schöpferische Ergänzung im Gespann

6   # Nützliche Links

Thema	Link
Performance Management /	www.contrast.at
Controlling allgemein	www.oeci.at
	www.controllingworld.org
	www.bettermanagement.com
	www.competence-site.de
Balanced Scorecard	www.bscol.com
	www.balancedscorecard.org
OLAP	www.olapreport.com
	www.barc.de
IT-Entwicklungen und Trends	www.metagroup.com
	www.gartnergroup.com
Software-Anbieter	s. 4.4

Für Diskussionen und Anregungen stehe ich Ihnen gerne unter
mirko.waniczek@contrast.at
zur Verfügung.

7 Abkürzungsverzeichnis

BI:	Business Intelligence
BSC:	Balanced Scorecard
CF:	Cashflow
CFROI:	Cashflow Return on Investment
CRM:	Customer Relationship Management
DB:	Deckungsbeitrag
DSS:	Decision Support System
DWH:	Data Warehouse
EIS:	Executive Information System
ETL:	Extrahieren – Transformieren – Laden
EVA:	Economic Value Added
F&E:	Forschung und Entwicklung
FIBU:	Finanzbuchhaltung
FIS:	Führungsinformationssystem
GuV:	Gewinn- und Verlustrechnung
HSK:	Herstellkosten
IAS:	International Accounting Standards
IT:	Informationstechnologie
IS:	Informationssysteme
KEF:	Kritische Erfolgsfaktoren
KLR:	Kosten- und Leistungsrechnung
KORE:	Kostenrechnung
KPI:	Key Performance Indicators
MIS:	Management Information System
MSS:	Management Support System
OLAP:	Online Analytical Processing
OLTP:	Online Transactional Processing
ROCE:	Return on Capital Employed
ROE:	Return on Equity
ROS:	Return on Sales
SHV:	Shareholder Value
US-GAAP:	US – Generally Accepted Accounting Principles

8 Literaturverzeichnis

Literaturangaben zu Kapitel 1

Eccles, Robert G.; Herz, Robert H.; Keegan, E. Mary; Phillips, David M. H.: The Value Reporting Revolution, John Wiley&Sons, New York 2001

Eschenbach, Rolf (Hrsg.): Controlling, 2. Aufl., Schäffer-Poeschel, Stuttgart 1996

International Group of Controlling (Hrsg.): Controller-Wörterbuch, Schäffer-Poeschel, Stuttgart 1999

Laudon, Kenneth C.; Laudon, Janet P.: Essentials of Management-Information Systems, 4th edition, Prentice Hall, Upper Saddle River 2001

Peters, Tom: Thriving on Chaos, Harper Perennial, New York 1991

Price Waterhouse Financial & Cost Management Team: CFO – Architect of the Corporation's Future, Wiley & Sons, New York 1997

Schadenhofer, Manfred: Neuausrichtung des Controlling, Hrsg. Österreichisches Controller-Institut (Controlling – Wissen & Praxis), Service Fachverlag, Wien 2000

Weber, Jürgen: Einführung in das Controlling, 7. Aufl., Schäffer-Poeschel, Stuttgart 1998

Literaturangaben zu Kapitel 2

Auer, Kurt V. (Hrsg.): Die Umstellung der Rechnungslegung auf IAS/US-GAAP, Ueberreuter, Wien 1998

Brandner, Andreas (1999a): Sind Sie Wissensmanager?, in ControllerNews 2/1999, S. 58-59

Brandner, Andreas (1999b): Instrumente des Wissensmanagements oder wie Sie Voraussetzungen für Wissensmanagement schaffen, in ControllerNews 3/1999, S.93-95

Gerecke, Ulf: Customer Relationship Management – Strategische Ausrichtung des CRM unter IT-Gesichtspunkten, in Controlling H. 4/5 2001, S.235-241

Günther, Thomas; Landrock, Bert; Muche, Thomas: Gewinn- versus unternehmenswertbasierte Performancemaße – Eine empirische Untersuchung auf Basis der Korrelation von Kapitalmarktrenditen; Teil 1: (2000a), Controlling, H. 2. 2000, S. 69-76; Teil 2: (2000b) Controlling, H. 3. 2000, S. 129-134

Hoffmann, Werner H.; Köchelhuber, Nikolaus: Welche österreichischen Unternehmen schaffen tatsächlich Wert?, in ControllerNews 5/2000, S. 140-143

Hoffmann, Werner H.; Wüest, Gerhard: Die Shareholder Value Analyse als Controllinginstrument, krp, 42. Jg., 1998, H.4, S.187-195

International Group of Controlling (Hrsg.): Controller-Wörterbuch, 2. Aufl., Schäffer-Poeschel, Stuttgart 2001

Lingle, John H.; Schiemann, William A.: From Balanced Scorecard to Strategic Gauges: Is Measurement worth it?; American Management Association, March 1996, S.56-61

Kaplan, Robert S., Norton, David P.: Balanced Scorecard, Schäffer-Poeschel, Stuttgart 1997

Krump, Franz: Umstellung auf IAS und US-GAAP aus Controllingperspektive; Teil 1: (2000a), ControllerNews, 5/00, S. 145-148; Teil 2: (2000b), ControllerNews, 6/00, S. 182-184

Peters, Tom: Thriving on Chaos, Harper Perennial, New York 1991

Striening, Hans-Dieter: „Qualität im indirekten Bereich durch Prozess-Management", in K.J. Zink (Hrsg): „Qualität als Managementaufgabe", 2. Aufl., moderne industrie, Landsberg/Lech 1992, S. 153-183

Wagenhofer, Alfred: International Accounting Standards; 3. Aufl., Ueberreuter, Wien, Frankfurt 2001

Weber, Jürgen: Einführung in das Controlling, 7. Aufl., Schäffer-Poeschel, Stuttgart 1998

Literaturangaben zu Kapitel 3

Böhm, Christian; Müller, Jürgen: Führungskräfteinformation, in Eschenbach (Hrsg.): Controlling, 2. Aufl., Schäffer-Poeschel, Stuttgart 1996; S. 505-521

Deyhle, Albrecht; Steigmeier, Beat: Controller und Controlling, Die Orientierung Nr 93, Schweizerische Volksbank, Bern 1988

Fisher, Roger; Ury, William; Patton, Bruce M.: Das Harvard-Konzept; 18. Aufl., Campus, Frankfurt/Main, New York 1999

Hierhold, Emil; Laminger, Erich: Gewinnend argumentieren, Ueberreuter, Wien 1995

Horak, Christian; Pelzwahn, Linda: Psychologische Regeln für die Einführung und Durchsetzung von Controllingsystemen, in Eschenbach (Hrsg.): Controlling, 2. Aufl., Schäffer-Poeschel, Stuttgart 1996; S. 579-604

Kemper, Hans-Georg; Architektur und Gestaltung von Management-Unterstützungs-Systemen, Teubner, Stuttgart-Leipzig, 1999

Laudon, Kenneth C., Laudon, Janet P.: Essentials of Management-Information Systems, 4. Aufl., Prentice Hall, Upper Saddle River 2001

Lingle, John H.; Schiemann, William A.: From Balanced Scorecard to Strategic Gauges: Is Measurement worth it?; American Management Association, March 1996, S.56-61

Müller, Jürgen: Controlling-Standardsoftware, Service Fachverlag, Wien 1991

Müller, Christoph; Müller, Jürgen: EDV-Unterstützung von Controllingsystemen, in Eschenbach (Hrsg.): Controlling, 2. Aufl., Schäffer-Poeschel, Stuttgart 1996; S. 605-628

Neuhäuser-Metternich, Silvia; Witt, Frank-Jürgen: Kommunikation und Berichtswesen, 2. Aufl., Beck, München 2000

o.V.: Fast Close; is report 4/2001, S. 20-25

Peters, Tom: Thriving on Chaos, Harper Perennial, New York 1991

Scheer, August-Wilhelm: Wirtschaftsinformatik, 5. Aufl., Berlin 1994

Zelazny, Gene: Wie aus Zahlen Bilder werden, 3. Aufl., Gabler, Wiesbaden 1992

Literaturangaben zu Kapitel 4

Codd, Eddar F.; Codd, Sharon B.: Ein neuer Begriff: OLAP – Online Analytical Processing; IT-Mgt 1.2.95, S.39-46

Oehler, Karsten: OLAP – Grundlagen, Modellierung und betriebswirtschaftliche Lösungen, Hanser, München Wien 2000

Schinzer, Heiko D.; Bange, Carsten; Mertens, Holger: Data Warehouse und Data Mining – Marktführende Produkte im Vergleich, 2. Aufl., Vahlen, München 1999

Schinzer, Heiko D.; Bange, Carsten; Mertens, Holger: OLAP und Business Intelligence, Oxygon, Feldkirchen 2000

Waniczek, Mirko: Rollierende Planung oder Rolling Forecast; ControllerNews, 4/2001, S. 102-105

9 Abbildungsverzeichnis

10 Stichwortverzeichnis

contrast
MANAGEMENT - CONSULTING

Contrast Management-Consulting ist der größte rein österreichische Top-Managementberater mit mehr als 50 Mitarbeitern, einem Jahresumsatz von 7 Millionen Euro und Büros in Wien, Prag und Laibach. Contrast ist in folgenden Beratungsbereichen tätig:

Strategie und Change Management
Von derAnalyse zu strategischen Perspektiven
Strategische Ausrichtung
Veränderungsmanagement
M&A-, Allianz- und Integrationsberatung

Performance Management
Controlling Systeme
Prozessmanagement
Kostenmanagement

eBusiness
Orientierung im eBusiness
Entwicklung von eBusiness-Strategien
Technische und organisatorische Umsetzung aus einer Hand

Wissensmanagement
Wissens-Audit
Vom Individual- zum Unternehmenswissen
Wissensaufbau

Nonprofit und Public Management
Umfassende betriebswirtschaftliche Beratung
New Public Management
Verständnis für die spezifische Situation von NPOs

Zu den Kunden von Contrast zählen internationale und österreichische Großunternehmen, mittelständische Familienbetriebe, öffentliche Verwaltungeinrichtungen sowie Nonprofit-Organisationen.

Contrast Management-Consulting
Billrothstraße 4
A-1190 Wien
Tel.: +43/1/368 68 88-0
Fax: +43/1/368 68 88-888
beratung@contrast.at, www.contrast.at

Wer mit wem, wann, wie lange und wie oft?

Wer kennt das nicht: langweilige Sitzungen, ergebnislose Besprechungen, endlose Konferenzen – wo viele reden und wenig herauskommt.

Dieses Buch zeigt effiziente Wege, wie unnötige Sitzungen vermieden, konkrete Ergebnisse erzielt, alle Teilnehmer zum Mitdenken motiviert, Beschlüsse umgesetzt und Zeitkapazitäten für Besprechungen drastisch reduziert werden. Viele Arbeitstechniken, Checklisten, Tipps und Tricks bieten dem Leser ein breites Instrumentarium zur Optimierung von Meetings aller Art.

176 Seiten
Format 14,5 x 21
Hardcover
ISBN 3-8323-0087-3
€ 19,90

Dr. Gerhard Scheibel aus Wien arbeitete mehrere Jahre als Führungskraft in Non-profit- und Profit-Organisationen. Seit 1992 ist er selbstständiger Organisationsberater, Managementtrainer und Moderator.

REDLINE WIRTSCHAFT
bei ueberreuter

Die Due Diligence der Unternehmenskultur

Weshalb sehen Fusionen in der Theorie immer anders aus als sie in Wirklichkeit verlaufen? Weshalb verlassen dabei die besten Mitarbeiter oft das Unternehmen? Die Antwort liegt in der Unternehmenskultur, besser gesagt in der Tiefenstruktur der Entscheidungs-, Kommunikations- und Handlungsmuster einer Organisation. Bisher war Unternehmenskultur nicht greifbar. Mit dem Social-Rating-Modell können unterschiedliche Stufen der sozialen Kompetenz dargestellt und die Veränderungsfähigkeit und -geschwindigkeit von Organisationen bewertet werden. Der Wert einer Organisation für Investoren, Management, Mitarbeiter etc. wird somit langfristig von ihrem fünften Faktor, dem sozialen Kapital bestimmt.

224 Seiten
Format 14,5 x 21, Paperback
ISBN 3-8323-0876-8
ca. € 32,–

Dr. Manfred della Schiava ist Gesellschafter des MdS Network Unternehmens, das sich auf Wissensmanagement spezialisiert hat. Er war in führenden Managementfunktionen internationaler Unternehmen tätig und hat bereits mehrere Bücher veröffentlicht.
Otto Knapp ist Leiter des Bereiches Personal, Organisation und Informationssysteme bei AGIP Austria. Zuvor war er im Bereich Finanzierung und Leasing von Computeranlagen bei IBM tätig.
Andreas Hailand ist Wirtschaftsinformatiker und Projektmanager für Softwareentwicklung, Qualitätskontrolle und Organisationsanalyse. Zuletzt war er im IT-Management der AGIP Europa Organisation.

REDLINE WIRTSCHAFT
bei ueberreuter

Einfach genial – genial einfach

80 % aller Menschen sind überzeugt davon, dass man alles einfacher machen sollte. 40 % wissen, wie es gehen könnte. 20 % sind in der Lage, den Weg der Einfachheit zu gehen. Komplexität beherrscht das Wirtschaftsleben immer mehr. Unsicherheit und Stress auf den Führungsetagen nehmen dramatisch zu. Dabei gibt es viele gute Möglichkeiten, einfach zu sein oder etwas einfach zu machen. Radikal aufgeräumt wird in diesem Buch mit Scheinlösungen wie Wissensmanagement, dem Hang zur Perfektion und der Illusion vom Budgeting. Dagegen sind klare Ziele, Konzentration und Konsequenz, Umgang mit Angst und Risiko, die Methode Versuch und Irrtum und der Verzicht auf Überflüssiges der Schlüssel zum Erfolg, wie zahlreiche Beispiele von Unternehmen wie Aldi, Ikea und Southwest-Airlines beweisen!

176 Seiten
Format 14,5 x 21
Hardcover
ISBN 3-8323-0862-8
€ 12,90

Dieter Brandes war Geschäftsführer und Mitglied des Verwaltungsrates von Aldi Nord. Heute ist er selbstständiger Berater für Strategie und Organisation. Er ist Autor des Bestsellers *Konsequent einfach – Die Aldi Erfolgsstory* (Campus).

REDLINE WIRTSCHAFT
bei ueberreuter